U0934471

CHINA TRANSPORT STATISTICAL YEARBOOK 2019

2019 中国交通运输统计年鉴

中华人民共和国交通运输部 编
Compiled by Ministry of Transport of the People's Republic of China

人民交通出版社股份有限公司

图书在版编目(CIP)数据

2019中国交通运输统计年鉴 / 中华人民共和国交通运输部编. — 北京：人民交通出版社股份有限公司，2021.1
ISBN 978-7-114-16941-0

Ⅰ. ①2… Ⅱ. ①中… Ⅲ. ①交通运输业—统计资料—中国—2019—年鉴 Ⅳ. ①F512.3-66

中国版本图书馆CIP数据核字(2020)第228388号

2019 Zhongguo Jiaotong Yunshu Tongji Nianjian

书　　名：2019 中国交通运输统计年鉴
著 作 者：中华人民共和国交通运输部
责任编辑：张征宇　陈　鹏
责任校对：孙国靖　宋佳时
责任印制：张　凯
出版发行：人民交通出版社股份有限公司
地　　址：（100011）北京市朝阳区安定门外外馆斜街 3 号
网　　址：http://www.ccpcl.com.cn
销售电话：（010）59757973
总 经 销：人民交通出版社股份有限公司发行部
经　　销：各地新华书店
印　　刷：北京印匠彩色印刷有限公司
开　　本：880 × 1230　1/16
印　　张：17.75
字　　数：484 千
版　　次：2021 年 3 月　第 1 版
印　　次：2021 年 3 月　第 1 次印刷
书　　号：ISBN 978-7-114-16941-0
定　　价：300.00 元
（有印刷、装订质量问题的图书由本公司负责调换
本书附同版本 CD-ROM 一张，光盘内容以书面文字为准）

《2019 中国交通运输统计年鉴》

编委会和编辑工作人员

编　委　会

编辑工作人员

总　编　辑：王志清

副 总 编 辑：范振宇　崔学忠

编辑部主任：郑文英

编辑部副主任：余高潮

编 辑 人 员：李华强　林小平　刘秀华　张　慧　刘　方　陈建华
王　哲　武瑞利　王望雄　王　涛　徐瑞光　张雨希
宋晓丽　周　健　张皖杉　张京晶　张若旗　周梦婕
王　园　李鹏起　赵倩阳　陈　岩　龙博学　陈　捷
齐亚丽　李贺华　张子晗　何　涛　张　赫　张　杰
张怡君　撒　蕾　顾明臣　王英平

编 者 说 明

一、为全面反映我国公路、水路交通运输业发展状况，方便各界了解中国交通运输建设与发展情况，交通运输部组织编辑了《2019 中国交通运输统计年鉴》，供社会广大读者作为资料性书籍使用。

二、《2019 中国交通运输统计年鉴》收录了 2019 年交通运输主要指标数据，正文内容具体分为交通运输综合指标、公路运输、水路运输、城市客运、港口吞吐量、交通固定资产投资、交通运输科技、救助打捞 8 篇。各篇首设简要说明，概述本部分的主要内容、资料来源、统计范围、统计方法以及历史变动情况等；各篇末附主要统计指标解释；附录简要列示了 1978 年以来的交通运输主要指标。

三、本年鉴中公路运输、水路运输、城市客运、港口吞吐量、交通固定资产投资、交通运输科技、救助打捞数据来源于交通运输部综合规划司、运输服务司、科技司、救捞局、中国海上搜救中心、各省（区、市）交通运输厅（局、委）、交通运输部所属单位、全国港口和有关运输企业；铁路运输相关指标来源于国家铁路局；航空运输主要指标来源于中国民用航空局；邮政行业主要指标来源于国家邮政局；个别指标数据引自国家统计局的统计资料。统计数据由交通运输部科学研究院信息中心负责整理和汇总。

四、本年鉴中所涉及的全国性统计资料，除国土面积外，均未包括香港、澳门特别行政区以及台湾省的数据。

五、本年鉴部分数据对因计算单位取舍不同或计算时四舍五入而产生的计算误差未做调整。

六、本年鉴的符号使用说明：

“–” 表示该项数据为零，或没有该项数据，或该项数据不详；

“/” 表示该项不宜比较；

“…” 表示该项数据不足最小单位数；

“#” 表示其中的主要项；

“*” 或 “①、②、…” 表示有注解。

中华人民共和国交通运输部

二〇二〇年九月

目 录
CONTENTS

一、交通运输综合指标

二、公路运输

三、水路运输

四、城市客运

五、港口吞吐量

六、交通固定资产投资

七、交通运输科技

八、救助打捞

附录　交通运输历年主要指标

一、交通运输综合指标

简 要 说 明

本篇资料反映我国国民经济和交通运输的主要指标。

国民经济主要指标包括：国内生产总值、全社会固定资产投资额、全国总人口等。

交通运输主要指标包括：公路水路基础设施、港口设施、公路水路运输装备、公路水路运输量、城市客运、港口生产、交通固定资产投资等各专项指标。

1-1 国民经济主要指标

指　标	单 位	2016 年	2017 年	2018 年	2019 年
一、国内生产总值（按当年价格计算）	**亿元**	**746 395**	**832 036**	**919 281**	**990 865**
第一产业	亿元	60 139	62 100	64 745	70 467
第二产业	亿元	295 428	331 581	364 835	386 165
第三产业	亿元	390 828	438 356	489 701	534 233
二、全社会固定资产投资额	**亿元**	**596 501**	**631 684**	**635 636**	**551 478**
第一产业（不含农户）	亿元	18 838	20 892	22 413	12 633
第二产业（不含农户）	亿元	231 826	235 751	237 899	163 070
第三产业（不含农户）	亿元	345 837	375 040	375 324	375 775
三、货物进出口总额	**亿元**	**243 387**	**278 099**	**305 008**	**315 505**
其中：出口	亿元	138 419	153 309	164 128	172 342
进口	亿元	104 967	124 790	140 880	143 162
四、社会消费品零售总额	**亿元**	**332 316**	**366 262**	**380 987**	**411 649**
五、全国一般公共预算收入	**亿元**	**159 605**	**172 593**	**183 360**	**190 382**
其中：税收收入	亿元	130 361	144 370	156 403	157 992
六、广义货币供应量（M2）**余额**	**万亿元**	**155.0**	**169.0**	**182.7**	**198.6**
七、全国总人口	**万人**	**138 271**	**139 008**	**139 538**	**140 005**
其中：城镇	万人	79 298	81 347	83 137	84 843
乡村	万人	58 973	57 661	56 401	55 162
八、社会物流总费用	**万亿元**	**11.1**	**12.1**	**13.3**	**14.6**
其中：运输	万亿元	6.0	6.6	6.9	7.7
全国社会物流总额	**万亿元**	**229.7**	**252.8**	**283.1**	**298.0**

注：1. 社会物流总费用源自中国物流与采购联合会。
2. 其他数据源自国家统计局，其中 2019 年数据为初步数据。

1-2　交通运输主要指标

指 标 名 称	计算单位	2019 年	2018 年	2019 年比 2018 年增减	2019 年为 2018 年 %
一、交通设施及运输线路拥有量					
1. 铁路营业里程	万公里	13.90	13.10	0.80	106.1
其中：高铁营业里程	万公里	3.50	2.90	0.60	120.7
2. 公路线路里程	万公里	501.25	484.65	16.60	103.4
其中：高速公路里程	万公里	14.96	14.26	0.70	104.9
高速公路车道里程	万公里	66.94	63.33	3.61	105.7
二级及以上公路里程	万公里	67.20	64.78	2.42	103.7
等级公路里程	万公里	469.87	446.59	23.29	105.2
3. 公路桥梁　数量	万座	87.83	85.15	2.68	103.1
长度	万米	6 063.46	5 568.59	494.86	108.9
4. 公路隧道　数量	万处	1.91	1.77	0.13	107.5
长度	万米	1 896.66	1 723.61	173.05	110.0
5. 公共汽电车运营线路总长度	万公里	133.62	119.95	13.67	111.4
其中：无轨电车运营线路总长度	公里	1 163	1 137	26	102.3
6. 公交专用车道长度	公里	14 952	12 850	2 102	116.4
7. 轨道交通运营里程	公里	6 172	5 295	877	116.6
8. 内河航道通航里程	万公里	12.73	12.71	0.02	100.1
其中：等级航道	万公里	6.67	6.64	0.03	100.5
9. 港口生产用码头泊位	个	22 893	23 919	−1 026	95.7
其中：沿海	个	5 562	5 734	−172	97.0
内河	个	17 331	18 185	−854	95.3
其中：万吨级及以上码头泊位	个	2 520	2 444	76	103.1
10. 颁证运输机场	个	238	235	3	101.3
其中：定期航班通航机场	个	237	233	4	101.7
年旅客吞吐量达到 1000 万人次以上的机场	个	39	37	2	105.4
11. 邮路总长度	万公里	1 222.70	985.13	237.57	124.1
其中：航空邮路	万公里	872.45	654.49	217.97	133.3
铁路邮路	万公里	20.79	22.10	−1.31	94.1
汽车邮路	万公里	328.22	307.25	20.97	106.8
12. 邮政行业营业网点	处	318 516	274 635	43 881	116.0
二、交通运输工具拥有量					
1. 铁路					
客车拥有量	万辆	7.60	7.20	0.40	105.6
货车拥有量	万辆	87.80	83.00	4.80	105.8
机车拥有量	万台	2.20	2.10	0.10	104.8
2. 公路					
公路营运汽车	万辆	1 165.49	1 435.48	−269.99	81.2
载货汽车	万辆	1 087.82	1 355.82	−268.00	80.2
	万吨位	13 587.00	12 872.97	714.03	105.5
载客汽车	万辆	77.67	79.66	−1.99	97.5
	万客位	2 002.53	2 048.11	−45.59	97.8
私人汽车	万辆	22 513.39	20 574.93	1 938.46	109.4
载客汽车	万辆	20 713.10	18 930.29	1 782.81	109.4
其中：私人小轿车	万辆	13 700.94	12 596.73	1 104.21	108.8
载货汽车	万辆	1 755.24	1 605.10	150.14	109.4

1-2 （续表一）

指标名称	计算单位	2019年	2018年	2019年比2018年增减	2019年为2018年%
其他汽车	万辆	45.05	39.55	5.50	113.9
3. 城市客运					
公共汽电车运营车辆数	万辆	69.33	67.34	1.98	102.9
	万标台	79.15	76.79	2.36	103.1
其中：无轨电车运营车辆数	辆	2 582	2 585	–3	99.9
轨道交通配属车辆数	辆	40 998	34 012	6 986	120.5
巡游出租汽车运营车辆数	万辆	139.16	138.89	0.27	100.2
客运轮渡营运船舶	艘	224	250	–26	89.6
4. 营业性民用运输轮驳船拥有量					
艘数	万艘	13.16	13.70	–0.54	96.0
净载重量	万吨	25 684.97	25 115.29	569.69	102.3
载客量	万客位	88.58	96.33	–7.75	92.0
集装箱箱位	万 TEU	223.85	196.78	27.07	113.8
总功率	万千瓦	6 849.13	6 679.99	169.14	102.5
（1）机动船					
艘数	万艘	12.14	12.58	–0.43	96.6
净载重量	万吨	24 862.64	24 244.71	617.93	102.5
载客量	万客位	88.28	96.02	–7.75	91.9
集装箱箱位	万 TEU	223.61	196.49	27.12	113.8
总功率	万千瓦	6 849.13	6 679.99	169.14	102.5
（2）驳船					
艘数	万艘	1.01	1.12	–0.11	90.1
净载重量	万吨	822.34	870.57	–48.24	94.5
载客量	万客位	0.30	0.30	0.00	100.0
集装箱箱位	万 TEU	0.24	0.29	–0.05	83.3
三、客货运输量					
营业性客运量	亿人	176.04	179.38	–3.34	98.1
营业性旅客周转量	亿人公里	35 349.06	34 218.15	1 130.91	103.3
营业性货运量	亿吨	462.24	506.96	–44.72	104.8
营业性货物周转量	亿吨公里	194 044.56	199 492.37	–5 447.80	103.4
1. 铁路运输					
（1）客运量	亿人	36.60	33.75	2.85	108.4
其中：国家铁路	亿人	35.79	33.17	2.61	107.9
（2）旅客周转量	亿人公里	14 706.64	14 146.58	560.06	104.0
其中：国家铁路	亿人公里	14 529.55	14 063.99	465.56	103.3
（3）货运总量	亿吨	43.89	40.93	2.96	107.2
其中：国家铁路	亿吨	34.40	31.91	2.50	107.8
（4）货运总周转量	亿吨公里	30 181.95	28 927.84	1 254.11	104.3
其中：国家铁路	亿吨公里	27 009.55	25 800.96	1 208.59	104.7
2. 公路运输					
（1）营业性公路客运量	亿人	130.12	136.72	–6.60	95.2
（2）营业性公路旅客周转量	亿人公里	8 857.08	9 279.68	–422.60	95.4
（3）营业性公路货运量	亿吨	343.55	395.69	/	104.2
（4）营业性公路货物周转量	亿吨公里	59 636.39	71 249.21	/	100.4
3. 城市客运					
公共交通客运量	亿人次	1 279.17	1 262.24	16.93	101.3

1-2 （续表二）

指标名称	计算单位	2019 年	2018 年	2019 年比 2018 年增减	2019 年为 2018 年 %
其中：公共汽电车客运总量	亿人次	691.76	697.00	-5.24	99.2
轨道交通客运总量	亿人次	238.78	212.77	26.01	112.2
巡游出租汽车客运总量	亿人次	347.89	351.67	-3.77	98.9
客运轮渡客运总量	亿人次	0.73	0.80	-0.07	91.0
4. 水路运输					
（1）营业性水路客运量	亿人	2.73	2.80	-0.07	97.4
（2）营业性水路旅客周转量	亿人公里	80.22	79.57	0.65	100.8
（3）营业性水路货运量	亿吨	74.72	70.27	4.45	106.3
（4）营业性水路货物周转量	亿吨公里	103 963.04	99 052.82	4 910.22	105.0
5. 港口生产					
（1）港口货物吞吐量	亿吨	139.51	143.51	/	105.7
（2）港口外贸货物吞吐量	亿吨	43.21	41.89	/	104.7
（3）港口集装箱吞吐量	亿 TEU	2.61	2.51	/	104.4
（4）港口旅客吞吐量	亿人	.87	1.77	/	93.3
6. 民航运输					
（1）旅客运输量	亿人次	6.60	6.12	0.48	107.9
（2）旅客周转量	亿人公里	11 705.12	10 712.32	992.81	109.3
（3）货邮运输量	亿吨	0.08	0.07	…	102.0
（4）货邮周转量	亿吨公里	263.19	262.50	0.69	100.3
7. 邮政					
（1）邮政业务总量	亿元	16 229.63	12 345.19	3 884.44	131.5
（2）邮政函件业务	亿件	21.67	26.71	-5.04	81.1
（3）包裹业务	亿件	0.22	0.24	-0.03	89.5
（4）快递业务量	亿件	635.23	507.10	128.12	125.3
四、交通固定资产投资					
1. 铁路固定资产投资	亿元	8 029.00	8 028.00	1.00	100.0
2. 公路、水路固定资产投资	亿元	23 452.33	23 350.15	/	103.8
公路	亿元	21 895.04	21 335.18	559.86	102.6
其中：高速公路	亿元	11 503.53	9 972.51	1 531.02	115.4
普通国省道	亿元	4 923.86	6 376.76	/	89.7
农村公路	亿元	4 663.42	4 985.91	-322.50	93.5
水路	亿元	1 137.44	1 191.30	/	95.6
其中：内河	亿元	613.64	627.90	-14.26	97.7
沿海	亿元	523.81	563.40	/	93.2
公路水路其他	亿元	419.85	823.67	/	51.0
3. 民航固定资产投资	亿元	969.40	857.90	111.50	113.0
五、新增生产能力					
1. 铁路新增生产能力					
新线投产里程	公里	8 489	4 683	3 806	181.3
其中：高速铁路	公里	5 474	4 100	1 374	133.5
2. 公路、水路新增生产能力					
新建公路	公里	63 897	70 491	-6 593	90.6
改建公路	公里	254 346	279 360	-25 014	91.0
新增及改善内河航道	公里	803	1 981	-1 178	40.5
新、改（扩）建码头泊位	个	361	327	34	110.4

注：1. 铁路运输数据为确报数据，其余数据为速报数据，国家铁路含国铁集团及其控股合资铁路。
2. 民航运输数据为快报数据。
3. 城市客运统计范围指全国设市城区和县城。

二、公路运输

简 要 说 明

一、本篇资料反映我国公路基础设施、运输装备和公路运输发展的基本情况。主要包括：公路里程、民用汽车、营运车辆拥有量、公路客货运输量、交通量、道路运输以及全国道路交通事故统计资料。

二、公路里程为年末通车里程，不含在建和未正式投入使用的公路里程。从 2006 年起，村道正式纳入公路里程统计。农村公路（县、乡、村道）的行政等级依据《全国农村公路统计标准》确定。“公路通达”指标包括因村道而通达的乡镇和建制村。乡镇和建制村是否通达公路依据《全国农村公路统计标准》确定。

三、按照《国家公路网规划（2013—2030 年）》，结合各省（区、市）路网调整情况，本资料中国道、省道、县道、乡道、村道里程的统计口径做了部分调整。

四、从 2010 年起，由交通运输部门管理的公共汽电车、出租汽车，不再纳入公路载客汽车统计。该部分数据纳入城市客运运力统计。

五、从 2013 年起，公路营运载货汽车包括货车、牵引车和挂车。

六、全国民用车辆拥有量由国家统计局提供。全国公路营运车辆拥有量根据各省运输管理部门登记的车辆资料整理，由各省（区、市）交通运输厅（局、委）提供。

七、公路运输量范围为在道路运输管理部门注册登记从事公路运输的营业性运输工具产生的运输量，包括营业性客运车辆运输量和营业性货运车辆运输量。在公路上进行旅客运输的公共汽电车、出租汽车运输量不纳入公路运输量的统计范围。

八、出入境汽车运输量统计的是由中、外双方承运者完成的，通过我国已开通汽车运输边境口岸公路的旅客、货物运输量。

九、各地区年平均日交通量根据各观测路段年平均日交通量加权平均计算得出。目前，各路段年平均日交通量根据抽样调查方法取得。当观测里程发生变化时，将对年平均日交通量的计算结果产生一定影响。

十、从 2014 年起，行驶量计算方法由“机动车当量数”与“公路总里程”的乘积调整为“机动车当量数”与“公路总观测里程”的乘积。

十一、根据《“十三五”交通扶贫规划》，贫困地区包括集中连片特困地区、国家扶贫开发重点县，以及上述范围之外的一批革命老区县、少数民族县和边境县。

2-1 全国公路里程（按行政等级分）

单位：公里

地区	总计	国道		省道	县道	乡道	专用公路	村道
			国家高速公路					
全国总计	**5 012 496**	**366 135**	**108 615**	**374 812**	**580 287**	**1 198 160**	**71 093**	**2 422 008**
北京	22 366	1 921	683	2 075	3 870	7 507	1 376	5 617
天津	16 132	1 487	547	2 461	1 308	3 643	968	6 264
河北	196 983	15 710	5 364	11 359	11 814	46 007	1 771	110 322
山西	144 283	11 394	3 508	6 866	19 944	48 331	399	57 349
内蒙古	206 089	22 353	5 605	17 511	39 623	40 394	945	85 264
辽宁	124 767	10 665	3 561	10 453	8 675	30 095	815	64 066
吉林	106 660	10 160	2 931	4 902	10 710	28 332	1 540	51 015
黑龙江	168 710	14 728	3 382	13 164	3 327	50 004	18 838	68 649
上海	13 045	729	477	1 085	3 155	6 637	–	1 439
江苏	159 937	8 360	3 449	8 776	25 402	53 565	36	63 798
浙江	121 813	7 864	3 383	4 785	29 210	19 790	600	59 564
安徽	218 295	11 108	3 673	16 657	20 374	36 249	571	133 336
福建	109 785	10 875	3 749	5 520	15 151	42 104	123	36 012
江西	209 131	12 020	4 327	12 691	21 778	41 815	16	120 811
山东	280 325	13 305	4 923	12 896	28 256	38 191	2 127	185 549
河南	269 832	14 000	4 270	23 866	27 420	59 142	–	145 403
湖北	289 029	14 205	4 914	19 905	27 777	85 181	602	141 360
湖南	240 566	13 735	4 906	24 255	36 195	57 009	1 025	108 347
广东	220 290	15 241	6 041	22 389	9 136	98 677	–	74 847
广西	127 819	15 053	4 164	10 707	17 997	28 460	197	55 405
海南	38 107	2 518	1 136	2 194	2 230	6 819	19	24 327
重庆	174 284	8 051	2 634	10 290	7 078	13 071	348	135 446
四川	337 095	22 548	5 173	23 696	22 584	49 688	4 376	214 203
贵州	204 723	11 875	3 441	21 422	36 422	48 568	–	86 436
云南	262 409	19 481	4 401	13 519	62 821	106 745	3 046	56 797
西藏	103 951	14 000	38	15 146	18 753	12 126	13 085	30 842
陕西	180 070	14 001	5 043	11 726	9 577	22 539	2 027	120 200
甘肃	151 443	13 172	3 680	17 131	24 165	27 425	252	69 298
青海	83 761	13 231	3 221	8 647	9 148	21 887	1 543	29 305
宁夏	36 576	3 822	1 450	2 865	826	9 357	1 616	18 090
新疆	194 222	18 524	4 542	15 856	25 560	58 800	12 834	62 648

2-2 全国公路里程（按技术等级分）

单位：公里

地 区	总 计	等级公路						等外公路
		合 计	高 速	一 级	二 级	三 级	四 级	
全国总计	**5 012 496**	**4 698 725**	**149 571**	**117 061**	**405 345**	**446 107**	**3 580 640**	**313 771**
北 京	22 366	22 366	1 168	1 494	4 024	4 059	11 621	–
天 津	16 132	16 132	1 295	1 221	2 912	1 130	9 574	–
河 北	196 983	193 001	7 476	6 844	21 312	21 027	136 342	3 982
山 西	144 283	142 660	5 711	2 768	15 874	20 029	98 277	1 622
内蒙古	206 089	199 362	6 633	8 443	18 778	30 408	135 100	6 727
辽 宁	124 767	117 943	4 331	4 152	18 478	31 200	59 780	6 825
吉 林	106 660	101 967	3 584	2 204	9 760	9 226	77 192	4 693
黑龙江	168 710	144 966	4 512	3 038	12 361	34 028	91 027	23 744
上 海	13 045	13 045	845	553	3 664	2 623	5 359	–
江 苏	159 937	157 954	4 865	15 260	23 878	16 286	97 665	1 983
浙 江	121 813	121 710	4 643	7 383	10 673	9 205	89 807	103
安 徽	218 295	217 791	4 877	5 377	11 676	22 111	173 750	503
福 建	109 785	93 753	5 347	1 477	11 148	8 814	66 968	16 032
江 西	209 131	195 458	6 144	2 765	11 862	15 764	158 923	13 673
山 东	280 325	279 931	6 447	11 562	26 512	31 972	203 438	394
河 南	269 832	248 155	6 967	4 007	27 813	21 474	187 895	21 677
湖 北	289 029	281 422	6 860	6 465	23 936	11 330	232 830	7 607
湖 南	240 566	226 590	6 802	2 232	15 298	5 953	196 306	13 976
广 东	220 290	214 923	9 495	11 534	19 152	19 764	154 977	5 368
广 西	127 819	118 793	6 026	1 591	13 789	8 950	88 437	9 026
海 南	38 107	37 878	1 163	459	1 930	1 577	32 748	229
重 庆	174 284	155 186	3 233	953	8 777	5 697	136 526	19 098
四 川	337 095	318 092	7 523	4 310	16 652	14 653	274 954	19 003
贵 州	204 723	170 883	7 005	1 397	9 280	6 937	146 264	33 840
云 南	262 409	231 741	6 003	1 546	12 770	10 265	201 158	30 668
西 藏	103 951	91 762	38	582	1 055	11 704	78 384	12 189
陕 西	180 070	166 132	5 593	1 919	10 121	15 117	133 382	13 937
甘 肃	151 443	146 377	4 453	763	10 538	13 492	117 130	5 066
青 海	83 761	71 955	3 451	589	8 717	4 997	54 201	11 806
宁 夏	36 576	36 535	1 788	1 939	4 015	5 850	22 944	41
新 疆	194 222	164 263	5 293	2 236	18 590	30 463	107 680	29 959

2-3 国道里程（按技术等级分）

单位：公里

地区	总计	等级公路						等外公路
		合计	高速	一级	二级	三级	四级	
全国总计	**366 135**	**364 810**	**109 001**	**52 697**	**145 943**	**41 501**	**15 667**	**1 326**
北京	1 921	1 921	768	451	544	158	–	–
天津	1 487	1 487	547	546	369	20	4	–
河北	15 710	15 710	5 364	3 547	5 812	970	16	–
山西	11 394	11 391	3 508	1 324	5 701	730	128	3
内蒙古	22 353	22 327	5 605	4 541	7 754	2 874	1 554	25
辽宁	10 665	10 665	3 561	1 917	5 016	169	2	–
吉林	10 160	10 160	2 931	1 400	5 123	579	128	–
黑龙江	14 728	14 698	3 386	2 127	6 812	2 114	259	31
上海	729	729	477	106	146	–	–	–
江苏	8 360	8 360	3 454	4 283	620	4	–	–
浙江	7 864	7 864	3 383	2 462	1 723	110	186	–
安徽	11 108	11 108	3 673	3 136	3 608	494	197	–
福建	10 875	10 875	3 755	597	5 336	829	358	–
江西	12 020	12 008	4 327	1 608	5 382	467	224	12
山东	13 305	13 305	4 923	5 453	2 830	99	–	–
河南	14 000	13 967	4 270	2 759	6 273	505	160	34
湖北	14 205	14 199	4 914	2 443	6 281	236	324	6
湖南	13 735	13 735	4 906	1 011	6 342	788	689	–
广东	15 241	15 241	6 081	3 890	4 316	631	324	–
广西	15 053	15 037	4 164	1 230	7 844	1 243	556	16
海南	2 518	2 518	1 136	139	1 180	63	–	–
重庆	8 051	8 041	2 634	382	4 028	730	266	10
四川	22 548	22 354	5 175	1 990	9 335	4 236	1 618	193
贵州	11 875	11 851	3 441	906	5 349	1 366	788	24
云南	19 481	19 475	4 401	1 093	7 680	3 374	2 926	6
西藏	14 000	13 714	38	532	988	9 355	2 802	286
陕西	14 001	13 981	5 043	1 042	5 235	2 207	453	20
甘肃	13 172	13 126	3 817	299	6 838	1 726	446	47
青海	13 231	12 832	3 262	236	6 978	1 270	1 086	399
宁夏	3 822	3 822	1 450	409	1 799	164	0	–
新疆	18 524	18 309	4 607	839	8 701	3 986	176	214

2-4 省道里程（按技术等级分）

单位：公里

地 区	总 计	等级公路						等外公路
		合 计	高 速	一 级	二 级	三 级	四 级	
全国总计	**374 812**	**368 137**	**40 294**	**34 608**	**121 475**	**75 229**	**96 531**	**6 675**
北 京	2 075	2 075	400	498	1 027	150	–	–
天 津	2 461	2 461	748	505	1 087	121	–	–
河 北	11 359	11 359	2 112	2 408	5 824	1 016	–	–
山 西	6 866	6 866	2 203	567	3 377	557	162	–
内蒙古	17 511	17 481	1 028	2 736	5 099	6 065	2 554	29
辽 宁	10 453	10 432	770	1 321	7 364	928	49	21
吉 林	4 902	4 889	653	464	2 057	1 246	468	14
黑龙江	13 164	13 049	1 072	445	3 966	5 571	1 995	115
上 海	1 085	1 085	368	237	460	20	–	–
江 苏	8 776	8 776	1 400	5 325	1 926	125	–	–
浙 江	4 785	4 785	1 261	1 295	1 543	460	226	–
安 徽	16 657	16 628	1 204	1 887	5 190	5 587	2 760	29
福 建	5 520	5 520	1 566	350	2 007	930	667	–
江 西	12 691	12 571	1 801	714	4 990	3 165	1 900	120
山 东	12 896	12 896	1 523	4 045	6 669	637	21	–
河 南	23 866	23 508	2 697	1 244	10 744	4 653	4 170	358
湖 北	19 905	19 881	1 856	1 740	12 170	1 694	2 421	24
湖 南	24 255	24 182	1 897	596	6 582	2 249	12 858	74
广 东	22 389	22 361	3 414	3 249	7 046	5 269	3 383	28
广 西	10 707	10 643	1 862	181	4 165	1 632	2 802	64
海 南	2 194	2 194	28	306	620	605	635	–
重 庆	10 290	10 250	599	187	3 267	2 425	3 772	40
四 川	23 696	23 042	2 276	1 047	4 271	4 258	11 189	654
贵 州	21 422	20 890	3 564	443	3 195	3 260	10 427	532
云 南	13 519	13 432	1 601	197	3 612	2 127	5 894	87
西 藏	15 146	13 049	–	45	64	2 034	10 906	2 097
陕 西	11 726	11 708	550	458	2 525	4 393	3 782	18
甘 肃	17 131	16 722	636	284	2 408	5 474	7 919	409
青 海	8 647	7 913	188	351	1 291	2 286	3 797	733
宁 夏	2 865	2 865	338	312	682	1 432	100	–
新 疆	15 856	14 626	679	1 170	6 244	4 859	1 675	1 230

2-5 县道里程（按技术等级分）

单位：公里

地　区	总　计	等级公路						等外公路
		合　计	高　速	一　级	二　级	三　级	四　级	
全国总计	**580 287**	**567 175**	**110**	**15 891**	**79 629**	**153 416**	**318 128**	**13 112**
北　京	3 870	3 870	–	379	1 237	2 128	125	–
天　津	1 308	1 308	–	111	432	522	243	–
河　北	11 814	11 747	–	182	4 711	5 792	1 062	67
山　西	19 944	19 903	–	323	4 504	10 289	4 787	41
内蒙古	39 623	38 850	–	750	3 730	13 498	20 873	773
辽　宁	8 675	8 675	–	786	5 026	2 847	16	–
吉　林	10 710	10 573	–	134	1 781	4 847	3 811	137
黑龙江	3 327	3 297	–	72	339	2 131	754	30
上　海	3 155	3 155	–	211	1 893	1 047	5	–
江　苏	25 402	25 356	12	4 047	12 139	7 677	1 481	46
浙　江	29 210	29 208	–	3 471	5 667	5 130	14 940	1
安　徽	20 374	20 374	–	120	1 702	11 132	7 419	–
福　建	15 151	14 322	26	400	2 451	4 615	6 831	829
江　西	21 778	20 694	–	217	817	9 860	9 801	1 084
山　东	28 256	28 256	–	1 244	9 521	12 548	4 944	–
河　南	27 420	26 772	–	4	6 881	8 588	11 298	649
湖　北	27 777	27 585	–	687	3 189	5 108	18 602	191
湖　南	36 195	35 874	–	400	1 974	2 433	31 067	321
广　东	9 136	9 136	–	994	2 289	3 816	2 037	–
广　西	17 997	17 736	–	141	1 491	4 780	11 324	261
海　南	2 230	2 227	–	9	41	694	1 483	2
重　庆	7 078	7 049	–	76	579	1 274	5 120	28
四　川	22 584	22 105	72	521	1 555	3 630	16 327	479
贵　州	36 422	34 577	–	32	485	1 917	32 144	1 845
云　南	62 821	61 200	–	218	1 347	4 052	55 583	1 622
西　藏	18 753	17 788	–	–	–	139	17 649	965
陕　西	9 577	9 577	–	42	990	3 972	4 573	–
甘　肃	24 165	23 229	–	131	810	4 904	17 383	936
青　海	9 148	8 309	–	–	160	1 028	7 121	839
宁　夏	826	826	–	110	98	572	46	–
新　疆	25 560	23 594	–	80	1 789	12 446	9 280	1 965

2-6 乡道里程（按技术等级分）

单位：公里

地　区	总　计	等级公路						等外公路
		合　计	高　速	一　级	二　级	三　级	四　级	
全国总计	**1 198 160**	**1 141 141**	**–**	**7 008**	**30 396**	**116 704**	**987 034**	**57 019**
北　京	7 507	7 507	–	129	476	1 080	5 822	–
天　津	3 643	3 643	–	–	223	190	3 230	–
河　北	46 007	45 136	–	379	3 215	10 380	31 161	872
山　西	48 331	48 021	–	351	1 382	5 497	40 791	310
内蒙古	40 394	39 794	–	313	1 159	4 206	34 116	600
辽　宁	30 095	30 090	–	49	774	22 865	6 402	4
吉　林	28 332	27 636	–	90	402	1 984	25 160	695
黑龙江	50 004	46 803	–	91	591	14 237	31 883	3 201
上　海	6 637	6 637	–	–	1 133	1 452	4 052	–
江　苏	53 565	53 352	–	810	4 704	5 293	42 545	212
浙　江	19 790	19 766	–	74	664	1 756	17 271	25
安　徽	36 249	36 233	–	35	377	3 087	32 735	16
福　建	42 104	37 602	–	129	1 126	2 025	34 322	4 502
江　西	41 815	37 505	–	123	249	1 484	35 649	4 310
山　东	38 191	38 191	–	291	3 060	9 282	25 558	–
河　南	59 142	56 292	–	–	2 515	5 773	48 004	2 851
湖　北	85 181	83 400	–	505	953	3 123	78 819	1 781
湖　南	57 009	55 917	–	170	269	334	55 144	1 092
广　东	98 677	97 870	–	2 607	3 911	7 950	83 401	808
广　西	28 460	27 525	–	19	233	916	26 356	935
海　南	6 819	6 713	–	3	76	116	6 519	106
重　庆	13 071	12 423	–	11	75	419	11 918	648
四　川	49 688	47 164	–	332	791	1 501	44 539	2 525
贵　州	48 568	43 509	–	3	131	253	43 123	5 059
云　南	106 745	95 343	–	26	90	560	94 667	11 402
西　藏	12 126	11 370	–	6	–	27	11 338	756
陕　西	22 539	22 311	–	26	223	2 487	19 575	228
甘　肃	27 425	25 757	–	23	258	840	24 636	1 668
青　海	21 887	18 758	–	–	13	167	18 578	3 129
宁　夏	9 357	9 338	–	400	593	2 803	5 542	19
新　疆	58 800	49 534	–	12	731	4 616	44 175	9 266

2-7 专用公路里程（按技术等级分）

单位：公里

地 区	总 计	等级公路						等外公路
		合 计	高 速	一 级	二 级	三 级	四 级	
全国总计	**71 093**	**51 105**	**159**	**1 305**	**4 395**	**8 784**	**36 463**	**19 988**
北 京	1 376	1 376	–	27	640	254	455	–
天 津	968	968	–	58	583	146	181	–
河 北	1 771	1 746	–	83	296	289	1 079	24
山 西	399	399	–	7	40	225	126	–
内蒙古	945	944	–	26	161	184	572	1
辽 宁	815	798	–	11	69	349	369	17
吉 林	1 540	1 457	–	16	3	39	1 399	83
黑龙江	18 838	10 061	45	188	282	2 599	6 946	8 777
上 海	–	–	–	–	–	–	–	–
江 苏	36	36	–	–	–	2	34	–
浙 江	600	592	–	7	50	112	423	8
安 徽	571	571	–	–	46	142	383	–
福 建	123	117	–	–	11	5	100	6
江 西	16	16	16	–	–	–	–	–
山 东	2 127	2 127	–	36	91	321	1 679	–
河 南	–	–	–	–	–	–	–	–
湖 北	601	582	90	–	38	27	427	19
湖 南	1 025	801	–	7	4	3	787	224
广 东	–	–	–	–	–	–	–	–
广 西	197	113	–	11	9	27	66	84
海 南	19	19	–	–	–	–	19	–
重 庆	348	313	–	3	21	36	253	35
四 川	4 376	2 558	–	23	89	156	2 291	1 818
贵 州	–	–	–	–	–	–	–	–
云 南	3 046	2 063	–	–	29	101	1 933	983
西 藏	13 085	9 028	–	–	3	125	8 901	4 057
陕 西	2 027	1 933	–	82	356	263	1 231	94
甘 肃	252	203	–	–	11	79	113	49
青 海	1 543	1 323	–	2	204	138	978	220
宁 夏	1 616	1 616	–	582	382	112	540	–
新 疆	12 834	9 345	7	135	977	3 050	5 176	3 489

2-8　村道里程（按技术等级分）

单位：公里

地　区	总　计	等级公路						等外公路
		合　计	高　速	一　级	二　级	三　级	四　级	
全国总计	**2 422 008**	**2 206 357**	**8**	**5 552**	**23 508**	**50 473**	**2 126 817**	**215 651**
北　京	5 617	5 617	–	9	101	289	5 219	–
天　津	6 264	6 264	–	–	218	131	5 916	–
河　北	110 322	107 303	–	244	1 454	2 581	103 024	3 019
山　西	57 349	56 081	–	196	870	2 731	52 284	1 268
内蒙古	85 264	79 966	–	77	876	3 581	75 432	5 299
辽　宁	64 066	57 283	–	69	229	4 042	52 943	6 783
吉　林	51 015	47 251	–	100	394	531	46 226	3 764
黑龙江	68 649	57 059	8	115	370	7 376	49 189	11 590
上　海	1 439	1 439	–	–	32	105	1 302	–
江　苏	63 798	62 074	–	794	4 489	3 185	53 605	1 724
浙　江	59 564	59 495	–	73	1 025	1 636	56 760	69
安　徽	133 336	132 878	–	198	753	1 669	130 257	458
福　建	36 012	25 317	–	1	217	409	24 690	10 696
江　西	120 811	112 663	–	103	423	788	111 350	8 147
山　东	185 549	185 155	–	493	4 342	9 085	171 235	394
河　南	145 403	127 617	–	–	1 400	1 955	124 263	17 786
湖　北	141 360	135 774	–	1 091	1 304	1 142	132 237	5 586
湖　南	108 347	96 081	–	48	128	145	95 760	12 265
广　东	74 847	70 315	–	794	1 590	2 098	65 832	4 532
广　西	55 405	47 739	–	8	47	352	47 333	7 665
海　南	24 327	24 207	–	3	13	99	24 093	120
重　庆	135 446	117 109	–	294	806	813	115 197	18 336
四　川	214 203	200 869	–	397	611	872	198 989	13 334
贵　州	86 436	60 056	–	13	120	141	59 782	26 380
云　南	56 797	40 229	–	12	12	51	40 154	16 568
西　藏	30 842	26 813	–	–	–	24	26 789	4 028
陕　西	120 200	106 623	–	269	791	1 795	103 768	13 577
甘　肃	69 298	67 341	–	26	214	468	66 633	1 957
青　海	29 305	22 820	–	–	72	107	22 641	6 485
宁　夏	18 090	18 068	–	125	461	767	16 716	22
新　疆	62 648	48 853	–	–	147	1 506	47 199	13 795

2-9 全国公路里程（按路面类型分）

单位：公里

地　区	总　计	有铺装路面（高级）			简易铺装路面（次高级）	未铺装路面（中级、低级、无路面）
		合　计	沥青混凝土	水泥混凝土		
全国总计	**5 012 496**	**3 940 411**	**1 093 339**	**2 847 072**	**347 709**	**724 376**
北　京	22 366	22 366	17 607	4 759	–	–
天　津	16 132	16 132	12 191	3 941	–	–
河　北	196 983	176 451	67 242	109 209	7 769	12 763
山　西	144 283	118 043	44 754	73 289	13 877	12 363
内蒙古	206 089	148 105	77 880	70 225	11 075	46 909
辽　宁	124 767	78 185	57 785	20 400	21 526	25 057
吉　林	106 660	90 412	25 898	64 515	35	16 212
黑龙江	168 710	125 183	16 119	109 063	649	42 878
上　海	13 045	13 045	7 194	5 851	–	–
江　苏	159 937	155 841	56 970	98 871	1 490	2 606
浙　江	121 813	118 667	42 482	76 184	2 453	693
安　徽	218 295	206 874	31 837	175 037	7 711	3 709
福　建	109 785	92 034	8 774	83 260	1 308	16 443
江　西	209 131	190 932	22 505	168 427	1 901	16 298
山　东	280 325	218 061	96 702	121 359	51 663	10 601
河　南	269 832	229 152	52 149	177 003	13 969	26 711
湖　北	289 029	252 106	29 713	222 393	12 524	24 399
湖　南	240 566	221 381	23 947	197 434	1 329	17 856
广　东	220 290	186 807	19 492	167 315	4 370	29 113
广　西	127 819	94 514	13 301	81 214	12 447	20 857
海　南	38 107	37 782	4 195	33 588	97	227
重　庆	174 284	122 596	21 654	100 942	7 400	44 288
四　川	337 095	299 211	56 765	242 446	7 804	30 079
贵　州	204 723	132 720	24 729	107 991	31 426	40 578
云　南	262 409	165 082	65 425	99 657	6 047	91 280
西　藏	103 951	35 262	25 471	9 791	648	68 041
陕　西	180 070	133 193	35 696	97 497	17 573	29 304
甘　肃	151 443	106 771	32 843	73 928	27 344	17 327
青　海	83 761	53 124	15 285	37 839	2 231	28 406
宁　夏	36 576	30 423	18 422	12 001	2 502	3 651
新　疆	194 222	69 955	68 314	1 641	78 540	45 727

2-10 国道里程（按路面类型分）

单位：公里

地 区	总 计	有铺装路面（高级）			简易铺装路面（次高级）	未铺装路面（中级、低级、无路面）
		合 计	沥青混凝土	水泥混凝土		
全国总计	**366 135**	**347 740**	**308 656**	**39 084**	**11 699**	**6 696**
北 京	1 921	1 921	1 921	–	–	–
天 津	1 487	1 487	1 477	10	–	–
河 北	15 710	15 528	15 272	256	182	–
山 西	11 394	11 126	10 586	541	261	6
内蒙古	22 353	20 300	19 759	541	943	1 109
辽 宁	10 665	10 506	10 498	8	158	–
吉 林	10 160	10 076	9 142	934	–	85
黑龙江	14 728	14 174	7 612	6 563	88	466
上 海	729	729	729	0	–	–
江 苏	8 360	8 360	8 332	28	–	–
浙 江	7 864	7 864	7 613	251	–	–
安 徽	11 108	11 098	10 373	725	10	–
福 建	10 875	10 858	5 579	5 280	16	–
江 西	12 020	11 960	10 548	1 412	52	8
山 东	13 305	13 299	13 138	161	7	–
河 南	14 000	13 867	12 923	944	94	39
湖 北	14 205	13 493	11 629	1 864	684	28
湖 南	13 735	13 683	10 524	3 159	31	21
广 东	15 241	15 149	8 810	6 338	92	–
广 西	15 053	13 328	8 553	4 775	1 695	30
海 南	2 518	2 518	2 033	485	–	–
重 庆	8 051	7 911	7 167	743	128	13
四 川	22 548	21 846	20 248	1 598	156	546
贵 州	11 875	10 213	10 147	65	1 624	38
云 南	19 481	18 700	17 967	733	550	230
西 藏	14 000	11 794	11 582	212	143	2 063
陕 西	14 001	13 779	13 044	734	189	33
甘 肃	13 172	11 870	11 757	113	977	325
青 海	13 231	11 412	10 936	476	548	1 271
宁 夏	3 822	3 768	3 738	30	55	–
新 疆	18 524	15 124	15 021	102	3 016	384

2-11 省道里程（按路面类型分）

单位：公里

地区	总计	有铺装路面（高级）			简易铺装路面（次高级）	未铺装路面（中级、低级、无路面）
		合计	沥青混凝土	水泥混凝土		
全国总计	**374 812**	**313 303**	**218 452**	**94 851**	**37 629**	**23 881**
北京	2 075	2 075	2 072	3	–	–
天津	2 461	2 461	2 452	9	–	–
河北	11 359	11 245	10 938	307	112	2
山西	6 866	6 662	6 327	335	204	–
内蒙古	17 511	15 183	13 174	2 010	1 188	1 139
辽宁	10 453	10 023	9 964	59	369	60
吉林	4 902	4 748	3 639	1 109	–	155
黑龙江	13 164	11 832	3 371	8 461	136	1 195
上海	1 085	1 085	1 054	31	–	–
江苏	8 776	8 776	8 689	87	–	–
浙江	4 785	4 785	4 255	530	–	–
安徽	16 657	16 097	11 053	5 044	513	47
福建	5 520	5 394	2 208	3 187	126	–
江西	12 691	12 314	7 849	4 464	351	26
山东	12 896	12 886	12 655	231	10	–
河南	23 866	21 840	16 058	5 782	1 566	460
湖北	19 905	17 763	11 046	6 717	1 887	255
湖南	24 255	22 652	8 291	14 361	976	627
广东	22 389	21 796	6 348	15 448	328	265
广西	10 707	8 260	3 594	4 666	2 319	128
海南	2 194	2 191	1 361	830	4	–
重庆	10 290	9 579	6 217	3 363	546	164
四川	23 696	20 187	12 217	7 970	1 598	1 911
贵州	21 422	10 021	8 295	1 726	10 122	1 279
云南	13 519	12 121	11 239	881	843	556
西藏	15 146	5 145	4 897	248	233	9 768
陕西	11 726	11 066	8 408	2 658	580	79
甘肃	17 131	8 045	5 402	2 643	7 723	1 363
青海	8 647	4 956	3 339	1 616	994	2 697
宁夏	2 865	2 446	2 396	50	419	–
新疆	15 856	9 670	9 645	26	4 481	1 705

2-12 县道里程（按路面类型分）

单位：公里

地 区	总 计	有铺装路面（高级）			简易铺装路面（次高级）	未铺装路面（中级、低级、无路面）
		合 计	沥青混凝土	水泥混凝土		
全国总计	**580 287**	**464 814**	**214 197**	**250 617**	**65 604**	**49 869**
北 京	3 870	3 870	3 817	53	–	–
天 津	1 308	1 308	1 277	31	–	–
河 北	11 814	10 767	7 642	3 125	765	282
山 西	19 944	15 920	11 861	4 059	3 679	345
内蒙古	39 623	29 215	18 751	10 464	4 322	6 086
辽 宁	8 675	7 727	7 594	133	911	37
吉 林	10 710	10 073	5 394	4 679	–	637
黑龙江	3 327	2 921	459	2 462	21	384
上 海	3 155	3 155	2 898	257	–	–
江 苏	25 402	25 320	20 098	5 222	31	51
浙 江	29 210	27 948	17 003	10 946	1 258	3
安 徽	20 374	20 002	6 093	13 909	299	73
福 建	15 151	13 890	648	13 242	303	958
江 西	21 778	19 912	2 670	17 243	522	1 344
山 东	28 256	25 511	20 906	4 605	2 659	87
河 南	27 420	25 657	10 392	15 265	978	785
湖 北	27 777	23 402	3 283	20 119	3 154	1 221
湖 南	36 195	35 466	3 620	31 847	170	559
广 东	9 136	8 753	1 070	7 683	270	113
广 西	17 997	11 003	724	10 279	6 505	489
海 南	2 230	2 156	506	1 650	68	6
重 庆	7 078	6 428	2 314	4 114	489	160
四 川	22 584	19 673	7 158	12 515	1 553	1 358
贵 州	36 422	21 473	4 150	17 323	12 742	2 206
云 南	62 821	46 766	26 844	19 922	3 363	12 692
西 藏	18 753	6 647	4 987	1 660	91	12 015
陕 西	9 577	7 094	4 094	3 000	2 343	140
甘 肃	24 165	15 784	7 127	8 657	5 513	2 868
青 海	9 148	6 532	467	6 065	292	2 325
宁 夏	826	641	631	10	154	31
新 疆	25 560	9 800	9 720	80	13 147	2 612

2-13 乡道里程（按路面类型分）

单位：公里

地区	总计	有铺装路面（高级）			简易铺装路面（次高级）	未铺装路面（中级、低级、无路面）
		合计	沥青混凝土	水泥混凝土		
全国总计	**1 198 160**	**951 993**	**167 361**	**784 632**	**89 033**	**157 134**
北京	7 507	7 507	5 560	1 947	–	–
天津	3 643	3 643	2 813	830	–	–
河北	46 007	40 795	14 903	25 892	2 898	2 314
山西	48 331	38 047	9 081	28 966	5 454	4 830
内蒙古	40 394	29 213	11 208	18 005	2 668	8 514
辽宁	30 095	20 400	16 394	4 006	8 911	784
吉林	28 332	25 684	5 008	20 677	–	2 647
黑龙江	50 004	42 094	2 218	39 876	253	7 656
上海	6 637	6 637	2 123	4 514	–	–
江苏	53 565	52 982	11 276	41 706	329	254
浙江	19 790	18 918	5 210	13 707	819	54
安徽	36 249	33 681	2 082	31 599	2 088	481
福建	42 104	36 996	279	36 716	548	4 560
江西	41 815	35 811	846	34 965	507	5 497
山东	38 191	32 185	15 796	16 388	5 241	765
河南	59 142	53 163	7 411	45 753	2 664	3 315
湖北	85 181	71 807	1 568	70 239	4 515	8 859
湖南	57 009	54 094	893	53 201	110	2 804
广东	98 677	85 386	2 592	82 794	1 893	11 398
广西	28 460	24 514	270	24 244	1 305	2 642
海南	6 819	6 687	180	6 507	11	121
重庆	13 071	11 011	1 205	9 806	1 159	901
四川	49 688	43 629	11 030	32 599	1 770	4 289
贵州	48 568	38 346	1 217	37 129	4 469	5 753
云南	106 745	60 618	8 359	52 259	865	45 262
西藏	12 126	3 273	1 761	1 512	47	8 806
陕西	22 539	16 635	3 668	12 967	4 282	1 622
甘肃	27 425	18 365	2 565	15 800	4 289	4 771
青海	21 887	17 874	180	17 695	199	3 813
宁夏	9 357	7 588	5 412	2 176	979	790
新疆	58 800	14 410	14 252	158	30 759	13 631

2-14 专用公路里程（按路面类型分）

单位：公里

地　区	总　计	有铺装路面（高级）			简易铺装路面（次高级）	未铺装路面（中级、低级、无路面）
		合　计	沥青混凝土	水泥混凝土		
全国总计	**71 093**	**29 275**	**13 193**	**16 082**	**6 679**	**35 138**
北　京	1 376	1 376	1 221	155	–	–
天　津	968	968	809	159	–	–
河　北	1 771	1 537	917	620	133	101
山　西	399	291	169	122	90	18
内蒙古	945	425	301	124	61	459
辽　宁	815	211	194	17	300	304
吉　林	1 540	467	119	348	–	1 074
黑龙江	18 838	9 119	1 259	7 860	21	9 698
上　海	–	–	–	–	–	–
江　苏	36	36	1	35	–	–
浙　江	600	516	202	314	44	40
安　徽	571	535	70	465	30	6
福　建	123	93	–	93	9	21
江　西	16	16	16	–	–	–
山　东	2 127	1 239	1 005	234	850	39
河　南	–	–	–	–	–	–
湖　北	602	403	111	292	88	111
湖　南	1 025	727	10	717	–	298
广　东	–	–	–	–	–	–
广　西	197	89	32	57	16	92
海　南	19	19	4	15	–	–
重　庆	348	253	72	181	22	73
四　川	4 376	1 793	463	1 330	142	2 441
贵　州	–	–	–	–	–	–
云　南	3 046	735	298	437	212	2 099
西　藏	13 085	1 624	689	935	51	11 410
陕　西	2 027	1 355	504	851	246	426
甘　肃	252	33	14	19	95	123
青　海	1 543	619	158	461	70	854
宁　夏	1 616	1 138	955	183	54	424
新　疆	12 834	3 660	3 601	59	4 147	5 027

2-15 村道里程（按路面类型分）

单位：公里

地区	总计	有铺装路面（高级）			简易铺装路面（次高级）	未铺装路面（中级、低级、无路面）
		合计	沥青混凝土	水泥混凝土		
全国总计	**2 422 008**	**1 833 287**	**171 480**	**1 661 806**	**137 065**	**451 657**
北京	5 617	5 617	3 015	2 602	–	–
天津	6 264	6 264	3 362	2 902	–	–
河北	110 322	96 579	17 570	79 009	3 679	10 064
山西	57 349	45 997	6 731	39 266	4 189	7 163
内蒙古	85 264	53 769	14 688	39 081	1 894	29 602
辽宁	64 066	29 318	13 140	16 177	10 876	23 872
吉林	51 015	39 365	2 596	36 769	35	11 615
黑龙江	68 649	45 042	1 200	43 842	129	23 479
上海	1 439	1 439	390	1 049	–	–
江苏	63 798	60 368	8 575	51 793	1 130	2 300
浙江	59 564	58 636	8 200	50 437	332	596
安徽	133 336	125 462	2 166	123 295	4 772	3 102
福建	36 012	24 803	61	24 742	305	10 904
江西	120 811	110 919	576	110 343	468	9 423
山东	185 549	132 943	33 203	99 740	42 896	9 710
河南	145 403	114 625	5 366	109 259	8 667	22 111
湖北	141 360	125 238	2 077	123 162	2 197	13 925
湖南	108 347	94 758	609	94 149	41	13 547
广东	74 847	55 724	672	55 052	1 786	17 337
广西	55 405	37 320	127	37 193	609	17 476
海南	24 327	24 212	111	24 101	14	101
重庆	135 446	87 414	4 679	82 735	5 054	42 977
四川	214 203	192 084	5 649	186 435	2 586	19 534
贵州	86 436	52 667	920	51 747	2 469	31 300
云南	56 797	26 142	718	25 425	215	30 441
西藏	30 842	6 779	1 555	5 224	84	23 979
陕西	120 200	83 265	5 978	77 287	9 933	27 002
甘肃	69 298	52 674	5 978	46 697	8 746	7 878
青海	29 305	11 731	205	11 526	129	17 445
宁夏	18 090	14 843	5 290	9 553	842	2 406
新疆	62 648	17 291	16 075	1 216	22 989	22 367

2-16 全国公路养护里程

单位：公里

地 区	总 计	国 道	省 道	县 道	乡 道	专用公路	村 道
全国总计	**4 953 063**	**363 935**	**371 965**	**579 513**	**1 186 991**	**67 789**	**2 382 870**
北 京	22 366	1 921	2 075	3 870	7 507	1 376	5 617
天 津	16 132	1 487	2 461	1 308	3 643	968	6 264
河 北	196 968	15 710	11 344	11 814	46 007	1 771	110 322
山 西	144 163	11 274	6 866	19 944	48 331	399	57 349
内蒙古	202 087	22 296	17 492	39 283	40 035	782	82 199
辽 宁	124 245	10 665	10 447	8 675	30 077	814	63 567
吉 林	106 660	10 160	4 902	10 710	28 332	1 540	51 015
黑龙江	168 710	14 728	13 164	3 327	50 004	18 838	68 649
上 海	13 045	729	1 085	3 155	6 637	–	1 439
江 苏	157 765	8 360	8 776	25 356	53 275	36	61 962
浙 江	121 813	7 864	4 785	29 210	19 790	600	59 564
安 徽	216 215	10 153	15 902	20 291	36 247	372	133 250
福 建	109 785	10 875	5 520	15 151	42 104	123	36 012
江 西	207 579	11 109	12 049	21 778	41 815	16	120 811
山 东	280 325	13 305	12 896	28 256	38 191	2 127	185 549
河 南	267 577	14 000	23 866	27 362	58 810	–	143 539
湖 北	289 011	14 199	19 893	27 777	85 181	602	141 360
湖 南	240 566	13 735	24 255	36 195	57 009	1 025	108 347
广 东	217 358	15 138	22 019	9 104	98 529	–	72 568
广 西	127 819	15 053	10 707	17 997	28 460	197	55 405
海 南	38 107	2 518	2 194	2 230	6 819	19	24 327
重 庆	174 284	8 051	10 290	7 078	13 071	348	135 446
四 川	327 000	22 548	23 696	22 584	48 902	4 182	205 089
贵 州	202 992	11 875	21 422	36 422	48 162	–	85 111
云 南	262 225	19 481	13 519	62 821	106 638	3 046	56 720
西 藏	99 892	14 000	15 146	18 753	11 715	11 897	28 381
陕 西	176 708	13 958	10 695	9 570	22 469	1 956	118 059
甘 肃	151 443	13 172	17 131	24 165	27 425	252	69 298
青 海	81 888	13 231	8 647	9 148	21 226	1 511	28 125
宁 夏	36 576	3 822	2 865	826	9 357	1 616	18 090
新 疆	171 762	18 518	15 856	25 352	51 224	11 376	49 435

2-17 全国公路绿化里程

单位：公里

地 区	总 计	国 道	省 道	县 道	乡 道	专用公路	村 道
全国总计	**2 950 951**	**273 081**	**275 110**	**407 314**	**731 647**	**36 685**	**1 227 115**
北 京	22 043	1 911	2 047	3 802	7 379	1 368	5 537
天 津	14 326	1 110	2 115	1 298	3 301	920	5 581
河 北	92 933	13 885	9 336	7 325	20 279	820	41 288
山 西	61 615	8 580	4 918	13 630	20 449	240	13 798
内蒙古	31 025	7 828	5 008	9 425	5 787	95	2 883
辽 宁	71 160	9 578	9 409	8 497	21 264	612	21 801
吉 林	92 016	9 957	4 708	9 907	25 280	1 205	40 960
黑龙江	126 441	12 382	10 634	2 890	40 390	13 211	46 933
上 海	11 480	559	810	2 866	5 956	–	1 289
江 苏	151 903	8 108	8 663	24 305	50 770	36	60 021
浙 江	78 226	7 162	4 395	23 953	13 582	428	28 706
安 徽	189 233	10 456	14 767	19 640	35 094	424	108 853
福 建	94 946	9 762	5 008	13 612	37 359	109	29 096
江 西	105 542	11 458	11 637	19 332	25 416	15	37 684
山 东	228 587	11 938	11 743	24 432	31 918	1 885	146 672
河 南	227 197	13 627	22 241	24 460	51 173	–	115 695
湖 北	126 964	11 669	16 103	16 215	30 836	448	51 692
湖 南	189 105	11 957	20 609	30 416	45 677	654	79 792
广 东	108 387	14 781	19 871	8 079	50 387	–	15 269
广 西	57 054	12 326	7 993	12 270	12 881	41	11 543
海 南	35 204	2 376	2 010	2 044	6 492	18	22 264
重 庆	112 895	6 460	9 205	5 694	9 738	198	81 600
四 川	171 176	16 020	16 740	16 311	29 397	1 850	90 858
贵 州	83 600	9 524	15 849	14 576	16 440	–	27 210
云 南	163 781	14 593	9 496	47 636	61 247	1 137	29 672
西 藏	26 104	4 351	1 313	5 680	2 963	3 809	7 988
陕 西	44 755	9 518	4 311	4 746	7 112	734	18 335
甘 肃	54 664	6 013	7 661	9 992	9 108	21	21 868
青 海	46 618	6 342	5 643	6 309	13 102	736	14 487
宁 夏	21 689	3 076	2 067	695	7 235	1 291	7 325
新 疆	110 282	5 774	8 802	17 278	33 633	4 377	40 417

2-18 全国高速公路里程

单位：公里

地　区	高速公路				车道里程
	合　计	四 车 道	六 车 道	八车道及以上	
全国总计	**149 571**	**121 364**	**20 883**	**7 325**	**669 419**
北　京	1 168	519	539	109	6 185
天　津	1 295	358	802	135	7 326
河　北	7 476	4 993	1 977	506	35 881
山　西	5 711	4 753	945	13	24 786
内蒙古	6 633	6 136	279	218	27 959
辽　宁	4 331	3 345	337	650	20 599
吉　林	3 584	3 361	125	98	14 975
黑龙江	4 512	4 512	–	–	18 047
上　海	845	245	399	201	4 979
江　苏	4 865	2 742	1 766	357	24 423
浙　江	4 643	3 071	1 032	540	22 798
安　徽	4 877	4 263	355	259	21 267
福　建	5 347	4 100	904	342	24 565
江　西	6 144	5 722	235	188	25 799
山　东	6 447	4 879	1 102	466	29 856
河　南	6 967	5 378	562	1 027	33 098
湖　北	6 860	6 391	411	58	28 494
湖　南	6 802	6 377	425	–	28 059
广　东	9 495	4 797	4 104	594	48 621
广　西	6 026	5 551	69	406	25 867
海　南	1 163	1 131	33	–	4 719
重　庆	3 233	2 771	462	–	13 857
四　川	7 523	6 512	966	45	32 204
贵　州	7 005	6 668	337	–	28 695
云　南	6 003	4 608	1 287	108	27 014
西　藏	38	38	–	–	151
陕　西	5 593	4 230	1 029	334	25 767
甘　肃	4 453	4 344	85	24	18 078
青　海	3 451	3 317	117	18	14 107
宁　夏	1 788	1 435	100	253	8 362
新　疆	5 293	4 815	102	376	22 880

2-19 公路桥梁（按使用年限分）

地　区	总　计		总计中：永久式桥梁		总计中：危桥	
	数量（座）	长度（米）	数量（座）	长度（米）	数量（座）	长度（米）
全国总计	**878 279**	**60 634 580**	**864 642**	**60 315 305**	**42 606**	**1 309 162**
北　京	6 877	741 827	6 877	741 827	31	1 996
天　津	2 951	507 859	2 927	507 227	8	969
河　北	43 882	3 442 219	43 659	3 436 246	1 223	40 961
山　西	15 232	1 388 444	15 146	1 385 677	495	19 832
内蒙古	22 135	1 097 300	21 374	1 080 548	2 043	48 123
辽　宁	48 429	1 992 710	48 402	1 992 010	468	14 978
吉　林	17 052	750 353	16 879	745 653	897	25 209
黑龙江	23 170	995 673	21 331	965 496	4 835	100 071
上　海	11 438	775 735	11 434	775 630	11	2 372
江　苏	71 282	3 764 727	71 143	3 761 521	1 726	55 406
浙　江	51 106	3 603 182	51 094	3 602 943	245	14 589
安　徽	38 448	2 539 172	38 217	2 533 788	1 663	43 600
福　建	31 174	2 896 327	31 138	2 895 173	375	14 356
江　西	28 061	1 734 119	26 586	1 705 541	1 729	67 790
山　东	50 332	2 490 071	50 332	2 490 071	3 456	131 022
河　南	54 428	3 146 330	54 421	3 146 110	5 500	152 952
湖　北	42 900	3 047 962	42 898	3 047 866	6 102	154 794
湖　南	47 317	2 484 391	46 141	2 461 428	857	25 797
广　东	49 685	4 397 710	49 584	4 394 823	957	54 979
广　西	19 975	1 375 738	19 892	1 373 308	817	30 656
海　南	7 986	428 309	7 910	426 436	399	11 736
重　庆	12 911	917 495	12 713	912 314	270	8 845
四　川	43 715	3 231 586	42 635	3 202 348	1 037	42 755
贵　州	24 646	3 492 585	24 571	3 490 428	1 655	47 976
云　南	30 563	3 306 281	30 106	3 283 781	1 423	60 977
西　藏	11 879	475 154	9 696	423 568	984	30 947
陕　西	27 522	2 980 085	26 359	2 949 936	962	33 272
甘　肃	14 863	1 183 252	14 281	1 164 283	748	30 280
青　海	8 035	496 931	7 806	492 478	317	6 926
宁　夏	4 990	317 973	4 990	317 973	124	3 447
新　疆	15 295	633 081	14 100	608 876	1 249	31 548

2-20 公路桥

地区	总计		特大桥		大
	数量（座）	长度（米）	数量（座）	长度（米）	数量（座）
全国总计	**878 279**	**60 634 580**	**5 716**	**10 332 325**	**108 344**
北京	6 877	741 827	109	260 685	1 070
天津	2 951	507 859	114	206 791	543
河北	43 882	3 442 219	329	619 432	6 517
山西	15 232	1 388 444	103	155 832	3 203
内蒙古	22 135	1 097 300	41	75 161	2 158
辽宁	48 429	1 992 710	98	180 617	3 259
吉林	17 052	750 353	30	45 999	1 212
黑龙江	23 170	995 673	35	65 804	1 575
上海	11 438	775 735	84	235 270	695
江苏	71 282	3 764 727	287	585 553	4 382
浙江	51 106	3 603 182	438	1 031 298	4 668
安徽	38 448	2 539 172	324	660 924	3 155
福建	31 174	2 896 327	330	595 360	5 492
江西	28 061	1 734 119	76	171 816	3 540
山东	50 332	2 490 071	131	340 206	3 285
河南	54 428	3 146 330	157	290 228	5 703
湖北	42 900	3 047 962	374	771 829	5 000
湖南	47 317	2 484 391	168	331 210	4 534
广东	49 685	4 397 710	673	1 142 957	6 618
广西	19 975	1 375 738	60	67 053	3 154
海南	7 986	428 309	20	28 450	818
重庆	12 911	917 495	98	92 061	2 228
四川	43 715	3 231 586	303	454 735	7 387
贵州	24 646	3 492 585	376	405 560	8 292
云南	30 563	3 306 281	275	359 551	8 293
西藏	11 879	475 154	42	59 604	722
陕西	27 522	2 980 085	398	704 151	6 044
甘肃	14 863	1 183 252	139	219 923	2 285
青海	8 035	496 931	44	69 327	856
宁夏	4 990	317 973	23	48 516	591
新疆	15 295	633 081	37	56 424	1 065

梁（按跨径分）

桥	中　桥		小　桥	
长度（米）	数量（座）	长度（米）	数量（座）	长度（米）
29 237 533	**207 044**	**11 367 563**	**557 175**	**9 697 159**
295 796	2 042	119 821	3 656	65 525
222 354	941	51 878	1 353	26 836
1 751 988	10 385	625 935	26 651	444 864
853 720	3 581	221 638	8 345	157 253
475 822	4 415	278 758	15 521	267 559
771 546	8 350	489 258	36 722	551 290
296 637	3 652	209 486	12 158	198 230
347 054	5 320	317 152	16 240	265 663
256 867	3 297	141 736	7 362	141 862
1 304 040	20 452	963 744	46 161	911 390
1 360 026	12 519	631 554	33 481	580 304
961 622	7 972	431 525	26 997	485 102
1 601 338	6 830	383 130	18 522	316 500
873 108	7 973	432 093	16 472	257 102
797 256	12 868	715 644	34 048	636 965
1 412 808	16 628	858 038	31 940	585 257
1 369 966	7 418	405 839	30 108	500 328
1 160 897	7 783	422 834	34 832	569 450
2 162 263	9 831	554 720	32 563	537 770
745 978	5 964	357 947	10 797	204 760
211 459	1 819	100 709	5 329	87 692
521 246	2 742	154 683	7 843	149 506
1 792 259	9 862	520 874	26 163	463 717
2 560 085	5 773	331 462	10 205	195 478
2 150 675	9 240	559 387	12 755	236 668
163 879	2 442	111 733	8 673	139 938
1 663 708	6 375	377 644	14 705	234 583
578 263	4 126	230 990	8 313	154 076
226 738	1 943	112 712	5 192	88 154
132 607	1 528	86 469	2 848	50 382
215 529	2 973	168 171	11 220	192 957

2-21 公路

地区	公路					
	总计		特长隧道		长隧道	
	数量（处）	长度（米）	数量（处）	长度（米）	数量（处）	长度（米）
全国总计	**19 067**	**18 966 620**	**1 175**	**5 217 475**	**4 784**	**8 263 094**
北京	145	125 188	11	44 342	26	50 421
天津	5	7 997	–	–	4	7 572
河北	779	786 641	55	239 491	194	329 917
山西	1 025	1 144 061	98	516 650	190	326 881
内蒙古	45	67 912	8	28 699	15	28 388
辽宁	268	238 124	4	13 624	81	121 076
吉林	210	273 053	9	39 512	96	173 220
黑龙江	4	4 435	–	–	2	3 350
上海	2	10 815	1	8 955	1	1 860
江苏	34	38 471	2	7 460	11	20 477
浙江	1 989	1 471 510	57	239 255	398	670 573
安徽	344	267 952	14	46 877	66	119 422
福建	1 747	2 235 660	176	760 990	552	959 812
江西	310	299 640	14	61 650	84	141 006
山东	98	105 059	5	26 461	24	42 593
河南	513	265 076	4	13 662	63	104 988
湖北	1 072	1 065 829	80	360 199	237	397 868
湖南	856	731 076	34	136 658	180	307 108
广东	804	894 167	62	266 634	221	383 495
广西	843	619 093	24	83 342	167	279 432
海南	39	21 367	–	–	8	9 182
重庆	729	754 985	60	272 778	168	307 237
四川	1 402	1 744 410	139	652 793	406	718 361
贵州	2 047	2 091 155	86	326 502	669	1 137 757
云南	1 263	1 160 811	54	216 020	320	568 675
西藏	101	72 233	6	28 304	15	26 090
陕西	1 571	1 364 791	83	416 040	321	543 973
甘肃	570	719 431	56	266 991	171	296 962
青海	181	303 567	31	124 618	74	145 827
宁夏	30	42 441	2	18 970	5	10 243
新疆	41	39 671	–	–	15	29 328

隧道、渡口

隧道				公路渡口	
中隧道		短隧道			
数量（处）	长度（米）	数量（处）	长度（米）	总计（处）	机动渡口（处）
4 478	**3 200 430**	**8 630**	**2 285 621**	**1 351**	**639**
19	12 645	89	17 779	–	–
–	–	1	425	–	–
179	129 192	351	88 041	–	–
248	177 605	489	122 925	–	–
10	7 290	12	3 535	22	22
118	80 028	65	23 397	97	9
66	50 629	39	9 692	49	29
2	1 085	–	–	232	37
–	–	–	–	–	–
11	7 360	10	3 174	34	16
397	277 533	1 137	284 149	21	18
83	58 096	181	43 558	55	23
457	334 601	562	180 258	8	3
88	62 474	124	34 509	102	43
36	25 197	33	10 808	8	5
95	66 347	351	80 079	–	–
266	189 379	489	118 383	142	112
247	177 230	395	110 080	132	74
201	142 338	320	101 700	74	55
185	126 550	467	129 769	125	71
8	5 350	23	6 835	6	4
131	94 340	370	80 630	11	7
310	222 850	547	150 405	139	85
562	408 910	730	217 986	24	1
302	215 915	587	160 201	11	2
12	7 954	68	9 885	–	–
258	179 903	909	224 874	41	13
138	103 332	205	52 146	6	–
27	19 322	49	13 800	–	–
14	10 485	9	2 743	10	10
8	6 489	18	3 854	2	–

2-22 全国公路营

地区	汽车数量合计（辆）	载客汽车		载客汽车 大型		载货 合计		载货 普通货车		载货 普通货车 大型	
		辆	客位	辆	客位	辆	吨位	辆	吨位	辆	吨位
全国总计	**11 654 925**	**776 710**	**20 025 278**	**303 087**	**13 343 466**	**10 878 215**	**135 870 040**	**4 897 736**	**44 792 452**	**3 371 740**	**42 329 261**
北京	160 975	75 357	843 196	9 659	459 160	85 618	810 984	51 234	467 806	48 522	460 934
天津	109 621	8 976	376 782	7 654	347 063	100 645	1 393 248	22 355	224 658	21 592	222 911
河北	1 181 799	22 140	670 683	9 686	415 421	1 159 659	15 272 752	338 686	2 799 957	203 618	2 582 639
山西	502 946	14 798	364 765	5 536	227 393	488 148	7 749 965	95 773	1 255 567	90 622	1 245 081
内蒙古	266 599	10 970	383 598	7 297	305 527	255 629	2 779 970	115 605	860 908	53 416	765 158
辽宁	499 399	27 925	843 056	13 787	621 191	471 474	6 479 982	171 623	1 706 073	143 083	1 651 610
吉林	215 358	13 278	442 581	7 203	314 022	202 080	2 315 017	82 065	842 111	71 583	811 436
黑龙江	356 471	16 330	525 638	9 261	391 981	340 141	4 097 449	179 748	1 844 251	117 846	1 736 193
上海	269 275	45 105	657 842	9 214	440 422	224 170	3 084 619	69 791	722 662	65 877	710 190
江苏	807 316	50 561	1 546 142	28 415	1 346 714	756 755	8 764 714	435 929	3 643 984	311 928	3 428 406
浙江	307 902	20 758	745 566	13 170	592 748	287 144	4 012 782	119 708	1 426 622	112 950	1 411 455
安徽	669 591	22 597	710 023	10 596	484 257	646 994	8 116 936	264 680	2 484 810	154 287	2 326 844
福建	209 822	14 606	434 916	6 706	294 156	195 216	2 889 542	77 342	872 745	67 135	851 901
江西	331 904	13 222	401 818	5 537	245 004	318 682	4 074 467	148 961	1 545 109	98 217	1 447 251
山东	1 070 084	20 088	731 724	14 063	599 753	1 049 996	14 730 152	294 662	3 602 525	285 396	3 572 236
河南	823 452	35 627	1 106 215	16 387	698 685	787 825	10 134 524	285 937	2 561 323	201 455	2 395 761
湖北	332 336	31 468	783 717	8 833	380 050	300 868	3 797 213	164 671	1 656 175	129 960	1 593 915
湖南	241 517	36 836	928 752	9 717	422 833	204 681	2 762 488	110 261	1 192 058	94 643	1 156 527
广东	525 923	38 040	1 633 810	31 657	1 487 154	487 883	6 753 869	216 394	2 314 557	168 812	2 219 698
广西	346 568	25 312	811 446	13 326	579 095	321 256	3 687 052	208 121	1 920 199	138 244	1 815 697
海南	32 569	5 685	194 535	3 773	153 645	26 884	324 954	15 418	126 951	9 840	115 031
重庆	283 370	19 821	457 177	6 028	253 946	263 549	2 761 777	163 086	1 313 148	87 776	1 204 213
四川	539 762	48 267	1 131 913	12 980	526 527	491 495	4 886 624	346 159	2 562 539	183 848	2 315 099
贵州	125 304	27 068	635 077	6 779	276 277	98 236	907 246	78 528	667 947	49 986	608 003
云南	393 450	46 084	785 794	8 547	341 809	347 366	2 646 540	292 741	1 838 175	134 644	1 639 182
西藏	53 238	4 756	87 900	186	7 189	48 482	527 957	39 818	405 754	34 152	391 406
陕西	249 264	19 015	563 639	8 597	370 776	230 249	3 147 057	97 149	1 121 092	89 325	1 102 543
甘肃	253 516	18 906	422 592	6 213	253 481	234 610	1 570 160	191 237	939 732	64 286	798 338
青海	74 895	3 630	108 760	1 874	79 275	71 265	565 337	53 856	334 134	20 070	291 592
宁夏	108 016	4 660	150 077	2 641	117 615	103 356	1 336 406	32 192	338 603	25 422	328 557
新疆	312 683	34 824	545 544	7 765	310 297	277 859	3 488 257	134 006	1 200 277	93 205	1 129 454

运车辆拥有量

汽车									其他机动车		轮胎式拖拉机	
车				牵引车	挂车							
专用货车		集装箱车										
辆	吨位	辆	TEU	辆	辆	吨	辆	吨位	辆	吨位		
505 284	**5 927 708**	**6 102**	**10 189**	**2 678 937**	**2 796 258**	**85 149 880**	**40 292**	**155 898**	**1 906**	**1 689**		
13 916	88 849	–	–	11 838	8 630	254 329	–	–	–	–		
6 102	55 307	–	–	36 028	36 160	1 113 283	–	–	–	–		
24 146	225 114	57	108	382 149	414 678	12 247 681	4 434	6 529	–	–		
6 727	73 311	–	–	189 412	196 236	6 421 087	–	–	–	–		
7 295	58 257	17	30	63 988	68 741	1 860 805	22	131	–	–		
33 635	406 800	217	396	127 277	138 939	4 367 109	1 572	9 693	–	–		
7 314	59 205	–	–	53 122	59 579	1 413 701	16	230	–	–		
12 596	186 041	38	53	74 689	73 108	2 067 157	72	73	75	76		
16 062	114 355	10	12	63 359	74 958	2 247 602	–	–	–	–		
27 030	300 762	22	27	143 817	149 979	4 819 968	1 277	11 984	–	–		
13 532	116 729	–	–	75 429	78 475	2 469 431	–	–	–	–		
89 934	1 387 430	1 671	2 770	158 556	133 824	4 244 696	–	–	–	–		
9 341	94 751	121	131	47 710	60 823	1 922 046	107	110	–	–		
13 118	151 772	–	–	67 667	88 936	2 377 586	8 063	19 939	–	–		
26 923	343 479	527	715	372 749	355 662	10 784 148	–	–	–	–		
30 940	370 909	12	12	235 030	235 918	7 202 292	2 836	2 083	–	–		
8 725	76 788	1	2	61 029	66 443	2 064 250	1 559	15 149	–	–		
11 345	97 465	–	–	36 956	46 119	1 472 965	142	183	–	–		
31 181	367 863	953	1 587	110 206	130 102	4 071 449	17	219	–	–		
7 397	57 530	2	2	51 723	54 015	1 709 323	17 737	67 928	–	–		
1 900	20 421	–	–	3 914	5 652	177 582	–	–	–	–		
31 496	422 528	21	32	35 641	33 326	1 026 101	26	131	31	20		
25 905	330 590	2 378	4 225	57 033	62 398	1 993 495	–	–	1 596	1 441		
9 735	85 936	18	18	3 974	5 999	153 363	–	–	–	–		
12 961	153 679	–	–	20 057	21 607	654 686	102	454	204	152		
770	8 032	2	2	3 637	4 257	114 171	–	–	–	–		
10 293	125 169	35	67	59 946	62 861	1 900 796	141	105	–	–		
2 721	26 722	–	–	20 939	19 713	603 706	–	–	–	–		
1 703	18 968	–	–	7 997	7 709	212 235	–	–	–	–		
1 255	14 341	–	–	38 331	31 578	983 462	–	–	–	–		
9 286	88 605	–	–	64 734	69 833	2 199 375	2 169	20 957	–	–		

2-23 公路客、货运输量

地区	客运量（万人）	旅客周转量（万人公里）	货运量（万吨）	货物周转量（万吨公里）
全国总计	**1 301 173**	**88 570 794**	**3 435 480**	**596 363 915**
北京	48 151	1 047 824	22 325	2 756 801
天津	12 206	786 691	31 250	5 993 624
河北	31 719	2 214 741	211 461	80 271 637
山西	14 010	1 588 194	100 847	26 915 974
内蒙古	6 518	1 016 393	110 874	19 545 134
辽宁	54 599	2 823 592	144 556	26 625 384
吉林	22 881	1 485 925	37 217	12 627 745
黑龙江	18 212	1 392 731	37 623	7 951 455
上海	3 168	1 084 865	50 656	8 391 834
江苏	94 475	6 981 857	164 578	32 348 155
浙江	72 799	3 783 883	177 683	20 821 052
安徽	45 643	3 401 726	235 269	32 675 925
福建	31 199	1 899 862	87 317	9 624 793
江西	45 933	2 442 452	135 554	30 403 181
山东	49 581	4 925 562	266 124	67 461 998
河南	91 281	6 990 287	190 883	52 997 637
湖北	69 584	3 920 924	143 549	22 681 143
湖南	84 162	4 334 651	165 096	13 166 513
广东	101 012	10 929 672	239 744	25 639 640
广西	34 539	3 326 552	142 751	14 708 777
海南	9 366	736 606	6 770	408 023
重庆	50 990	2 429 780	89 965	9 525 918
四川	72 387	4 376 586	162 668	15 275 471
贵州	84 255	4 714 653	76 205	5 484 829
云南	30 681	2 512 718	117 145	10 151 959
西藏	1 020	272 256	3 969	1 144 664
陕西	59 015	2 797 125	109 801	17 314 191
甘肃	36 085	2 278 312	58 228	9 795 607
青海	5 071	500 460	11 722	1 263 324
宁夏	4 905	460 087	34 360	4 373 913
新疆	15 726	1 113 827	69 290	8 017 614

2-24 公路交通拥挤度情况

地　区	交通拥挤度				
	国　道	国家高速公路	普通国道	省　道	高速公路
全国总计	**0.52**	**0.45**	**0.60**	**0.53**	**0.44**
北　京	0.78	0.87	0.59	0.83	0.85
天　津	0.86	0.47	1.00	1.01	0.70
河　北	0.64	0.54	0.86	0.67	0.53
山　西	0.70	0.27	0.81	0.72	0.24
内蒙古	0.26	0.19	0.32	0.29	0.19
辽　宁	0.46	0.41	0.48	0.39	0.37
吉　林	0.37	0.22	0.42	0.31	0.21
黑龙江	0.30	0.17	0.40	0.28	0.14
上　海	1.26	1.25	1.31	1.21	1.19
江　苏	0.71	0.69	0.72	0.53	0.63
浙　江	0.78	0.71	0.90	0.70	0.66
安　徽	0.61	0.43	0.78	0.84	0.47
福　建	0.33	0.27	0.46	0.23	0.24
江　西	0.35	0.26	0.48	0.34	0.25
山　东	0.80	0.70	0.90	0.71	0.65
河　南	0.56	0.46	0.83	0.47	0.42
湖　北	0.50	0.52	0.49	0.37	0.52
湖　南	0.53	0.49	0.82	0.23	0.42
广　东	0.85	0.69	1.09	0.88	0.70
广　西	0.61	0.47	0.69	0.55	0.47
海　南	0.49	0.54	0.42	0.87	0.54
重　庆	0.52	0.48	0.53	0.48	0.48
四　川	0.61	0.82	0.50	0.54	0.80
贵　州	0.38	0.40	0.37	0.46	0.39
云　南	0.31	0.22	0.35	0.25	0.23
西　藏	0.26	0.24	0.27	0.23	0.24
陕　西	0.45	0.38	0.66	0.49	0.37
甘　肃	0.33	0.20	0.50	0.40	0.20
青　海	0.26	0.28	0.25	0.15	0.28
宁　夏	0.44	0.33	0.64	0.29	0.30
新　疆	0.27	0.20	0.36	0.36	0.19

2-25 道路运输

地区	道路运输经营许可证在册数（张）	道路货物运输经营业户数			
		合计	普通货运	货物专用运输	
					集装箱运输
全国总计	**4 228 992**	**3 883 636**	**3 813 782**	**98 854**	**35 406**
北京	26 263	22 430	21 024	3 274	777
天津	26 275	21 995	21 667	4 271	2 783
河北	397 222	330 158	321 543	10 595	1 232
山西	121 901	114 319	113 240	487	29
内蒙古	160 983	152 847	151 870	633	45
辽宁	195 456	191 571	185 308	6 570	2 223
吉林	127 752	122 835	121 016	1 048	226
黑龙江	206 462	196 841	194 985	1 112	154
上海	23 251	23 120	20 084	5 840	3 555
江苏	350 316	348 030	340 258	17 471	4 390
浙江	81 641	69 150	65 338	4 535	2 676
安徽	198 067	191 409	190 129	890	99
福建	61 391	52 505	51 901	3 714	2 925
江西	87 587	82 869	82 458	260	1
山东	143 706	132 082	127 169	8 948	3 914
河南	204 246	166 601	163 316	2 881	55
湖北	133 232	126 824	123 684	3 839	459
湖南	112 262	98 562	96 779	2 908	427
广东	171 921	161 849	158 853	9 413	7 562
广西	227 543	207 358	206 245	1 485	498
海南	17 415	17 045	16 639	382	142
重庆	89 483	86 830	86 308	1 681	433
四川	184 216	161 372	158 380	3 468	584
贵州	73 882	69 403	69 048	185	16
云南	293 563	262 344	256 164	927	42
西藏	36 408	35 766	35 732	10	–
陕西	198 542	187 284	186 831	250	39
甘肃	112 260	94 540	93 804	475	–
青海	44 045	42 840	42 599	131	–
宁夏	72 130	68 227	67 509	59	21
新疆	49 571	44 630	43 901	1 112	99

资料来源：交通运输部运输服务司。

经营业户数

（户）		道路旅客运输经营业户数（户）			
大型物件运输	危险货物运输	合计	班车客运	旅游客运	包车客运
22 097	**12 742**	**32 037**	**28 015**	**2 319**	**3 935**
321	200	90	13	77	–
344	196	224	52	–	203
2 849	802	3 063	2 962	32	107
331	341	349	255	98	–
271	384	1 017	938	6	95
765	1 102	1 324	1 027	–	313
387	475	2 121	1 945	23	185
422	457	3 120	2 993	126	29
593	286	138	34	–	138
8 574	925	567	256	271	440
326	726	482	316	–	299
167	294	1 263	1 127	120	39
142	313	438	208	249	93
116	365	474	407	54	40
1 701	867	526	317	7	262
393	346	490	411	93	50
180	356	3 246	3 076	182	197
619	293	4 952	4 871	138	73
306	930	776	405	44	463
441	263	419	320	48	135
2	43	152	79	65	9
312	178	191	170	–	64
340	441	848	776	123	97
62	247	480	336	191	156
725	223	3 703	3 575	39	94
–	36	63	50	16	–
186	564	346	238	147	34
12	300	313	213	104	1
34	78	298	249	49	1
830	271	104	77	17	76
346	440	460	319	–	242

2-26 道路运输相

地 区	业户合计	站 场			机动车维修	汽车综合性能检测
			客运站	货运站（场）		
全国总计	**517 488**	**23 358**	**21 304**	**2 168**	**417 696**	**4 749**
北 京	4 063	14	9	5	3 111	12
天 津	4 076	19	19	8	3 911	23
河 北	21 256	264	187	80	17 745	321
山 西	8 516	129	125	4	6 707	168
内蒙古	19 501	539	475	68	17 545	162
辽 宁	16 614	433	359	74	15 030	202
吉 林	7 180	165	118	53	5 530	178
黑龙江	10 385	987	853	134	7 628	212
上 海	5 611	95	27	68	5 099	30
江 苏	33 583	1 483	784	740	22 765	168
浙 江	37 718	457	363	115	25 630	120
安 徽	13 855	2 666	2 618	48	9 454	138
福 建	7 843	1 974	1 970	5	4 475	144
江 西	13 672	953	895	59	10 478	177
山 东	23 713	630	487	147	21 417	308
河 南	37 223	1 874	1 790	84	27 057	177
湖 北	15 164	886	861	26	12 077	159
湖 南	14 904	974	920	54	11 351	288
广 东	52 550	518	506	30	48 879	374
广 西	16 921	664	615	52	15 009	178
海 南	4 903	48	48	–	2 420	49
重 庆	11 732	332	332	–	10 606	–
四 川	36 908	3 922	3 904	19	30 578	252
贵 州	10 016	598	530	70	8 567	232
云 南	38 441	627	604	23	31 098	155
西 藏	3 386	83	70	13	3 007	17
陕 西	16 266	1 028	993	35	13 083	134
甘 肃	10 803	235	180	55	9 058	122
青 海	2 624	113	107	6	2 319	37
宁 夏	6 113	45	44	1	5 701	50
新 疆	11 948	603	511	92	10 361	162

资料来源：交通运输部运输服务司。

关业务经营业户数

单位：户

机动车驾驶员培训	汽车租赁	其他				
			客运代理	物流服务	货运代办	信息配载
19 708	**6 987**	**53 944**	**581**	**14 935**	**25 483**	**10 988**
89	604	233	1	–	232	–
123	–	–	–	–	–	–
1 115	–	2 356	15	987	771	804
437	259	816	–	544	86	178
685	–	1 118	1	550	195	371
558	260	167	–	38	55	68
456	–	987	25	365	138	458
445	1	1 141	134	73	370	493
201	219	–	–	–	–	–
1 162	534	8 593	–	712	5 742	1 853
828	1 932	9 639	18	1 080	8 628	551
615	85	1 423	137	865	150	284
666	199	515	13	34	449	10
737	38	1 501	5	926	277	229
939	6	702	13	239	28	334
2 067	1	6 047	5	2 385	1 620	1 984
748	226	1 234	5	330	794	317
1 052	5	2 155	59	446	1 030	913
1 345	795	2 253	11	858	1 395	15
731	2	337	28	119	190	–
157	73	2 156	9	546	220	–
452	342	–	–	–	–	–
816	228	2 005	57	1 438	271	194
490	–	224	16	60	124	4
693	906	5 064	8	826	1 691	1 199
65	19	231	6	88	100	37
495	31	1 713	–	1 302	253	161
662	140	718	15	61	260	382
134	–	29	–	7	17	5
75	82	182	–	9	49	122
670	–	405	–	47	348	22

2-27 道路客

地区	客运线路条数（条）					
	合计	高速公路客运线路	跨省线路	跨地（市）线路	跨县线路	县内线路
全国总计	**156 209**	**26 523**	**13 839**	**32 726**	**29 222**	**80 422**
北京	1 120	621	658	–	41	421
天津	368	148	287	11	–	70
河北	6 398	716	1 368	831	1 661	2 538
山西	3 316	697	423	738	630	1 525
内蒙古	4 669	641	732	807	1 245	1 885
辽宁	6 363	572	350	1 433	1 509	3 071
吉林	5 575	226	286	724	1 099	3 466
黑龙江	6 278	593	161	778	1 176	4 163
上海	2 776	2 408	2 776	–	–	–
江苏	7 445	2 615	2 999	2 643	877	926
浙江	6 129	2 176	1 781	1 636	822	1 890
安徽	8 114	1 275	2 020	1 507	1 238	3 349
福建	3 828	1 400	545	823	826	1 634
江西	5 482	770	903	741	924	2 914
山东	5 044	1 561	999	2 165	971	909
河南	7 719	897	1 181	2 048	1 299	3 191
湖北	10 439	1 624	1 035	1 649	1 242	6 513
湖南	11 721	1 232	1 064	1 646	2 103	6 908
广东	9 481	5 307	2 625	4 837	826	1 193
广西	9 164	1 643	1 747	1 696	1 799	3 922
海南	664	340	119	215	127	203
重庆	5 684	1 235	898	–	756	4 030
四川	10 743	2 471	787	1 411	2 241	6 304
贵州	7 106	1 558	524	652	1 249	4 681
云南	6 856	863	346	1 080	1 130	4 300
西藏	443	–	12	56	206	169
陕西	4 527	686	382	797	946	2 402
甘肃	5 483	454	316	751	969	3 447
青海	643	34	24	127	71	421
宁夏	1 661	226	316	357	187	801
新疆	4 809	236	14	567	1 052	3 176

运线路班次

客运线路平均日发班次（班次 / 日）					
合　计	高速公路客运线路	跨省线路	跨地（市）线路	跨县线路	县内线路
1 199 976	**109 483**	**43 533**	**145 165**	**229 889**	**781 390**
1 115	1 041	1 115	–	–	–
1 388	204	397	74	–	917
55 373	3 184	4 097	3 927	15 503	31 847
11 240	1 281	512	1 542	2 534	6 652
11 277	1 141	835	1 027	2 858	6 557
42 093	1 267	393	4 125	10 209	27 367
26 590	665	416	1 993	5 019	19 163
22 503	1 401	280	1 306	5 924	14 993
2 694	2 460	2 694	–	–	–
70 099	8 646	5 673	25 109	12 803	26 514
61 036	6 111	2 506	5 987	12 723	39 820
50 215	1 837	3 425	4 575	10 417	31 799
29 080	4 472	515	2 380	7 298	18 887
36 232	1 147	1 096	2 387	6 704	26 045
29 845	3 831	1 786	6 856	8 197	13 006
96 647	3 894	2 857	10 209	14 786	68 796
71 860	3 888	1 586	5 363	9 484	55 428
95 364	2 685	1 098	3 383	17 458	73 424
57 936	23 229	3 592	25 618	10 486	18 241
63 866	5 585	2 778	8 420	16 408	36 260
10 027	3 584	126	3 348	950	5 603
42 823	4 007	1 517	–	4 486	36 820
109 549	8 277	1 390	8 951	18 249	80 960
42 266	6 443	689	2 274	7 535	31 769
55 198	3 306	467	4 145	7 414	43 171
617	–	10	190	267	150
39 490	2 892	737	4 405	8 454	25 894
23 030	1 008	455	1 879	4 353	16 344
2 972	456	30	573	414	1 955
5 293	774	458	1 625	660	2 551
32 261	773	5	3 497	8 300	20 459

2-28 道路运输从业人员数

单位：人

地 区	从业人员数合计	道路货物运输	道路旅客运输	站（场）经营	机动车维修经营	汽车综合性能检测站	机动车驾驶员培训	汽车租赁	其他相关业务经营
全国总计	**25 164 825**	**18 145 618**	**2 614 226**	**334 818**	**2 525 361**	**82 344**	**1 179 771**	**102 188**	**180 499**
北 京	446 911	344 594	19 550	807	64 091	305	9 154	8 400	10
天 津	480 011	384 163	21 964	622	55 219	400	17 643	–	–
河 北	1 603 357	1 366 593	53 826	11 397	93 275	6 550	66 041	–	5 675
山 西	708 296	574 010	27 370	6 393	63 487	3 462	28 869	1 969	2 736
内蒙古	480 032	317 196	65 537	5 876	58 822	2 118	29 454	–	1 029
辽 宁	1 461 863	1 159 771	145 115	9 514	111 420	4 001	29 019	2 309	714
吉 林	370 584	251 367	54 076	5 947	37 655	1 986	17 758	–	1 795
黑龙江	571 149	454 495	36 197	11 441	44 279	2 092	19 592	5	3 048
上 海	568 947	463 550	18 238	1 157	39 203	556	30 017	16 226	–
江 苏	1 781 300	1 285 368	277 468	19 277	113 754	3 221	74 977	2 257	4 978
浙 江	699 286	322 001	43 250	20 703	212 642	3 512	72 486	13 709	10 983
安 徽	1 167 909	902 214	118 995	18 169	79 590	2 499	41 528	412	4 502
福 建	446 871	258 041	55 628	6 187	56 190	2 447	64 053	1 248	3 077
江 西	665 926	499 971	44 631	10 223	64 269	2 518	36 461	176	7 677
山 东	2 215 265	1 879 813	76 047	29 454	145 987	8 406	73 244	62	2 252
河 南	1 950 060	1 409 620	120 099	34 207	254 683	4 870	68 400	7	58 174
湖 北	1 068 869	799 184	154 998	12 870	49 421	2 325	43 688	1 364	5 019
湖 南	745 543	449 464	104 307	25 331	82 722	2 940	57 269	502	23 008
广 东	1 266 472	632 822	214 885	22 028	245 794	4 637	97 755	43 235	5 316
广 西	972 016	707 297	144 589	9 095	61 009	4 158	45 611	58	199
海 南	103 235	46 453	13 834	1 778	17 518	766	9 792	891	12 203
重 庆	521 396	333 590	91 998	6 238	58 278	–	27 762	3 530	–
四 川	1 182 622	755 886	175 373	17 200	168 601	3 926	53 050	1 810	6 776
贵 州	533 296	283 696	160 117	11 201	40 207	3 336	34 309	–	430
云 南	942 323	680 155	97 384	9 259	104 270	2 445	35 217	2 808	10 785
西 藏	140 433	79 098	40 642	2 558	15 713	242	1 578	121	481
陕 西	622 333	432 753	79 133	9 296	56 037	2 670	40 214	106	2 124
甘 肃	558 233	419 287	52 842	8 592	44 379	2 304	23 443	526	6 860
青 海	159 631	121 844	14 242	1 155	17 074	732	4 493	–	91
宁 夏	193 626	153 307	9 295	1 148	22 434	1 060	5 675	457	250
新 疆	537 030	378 015	82 596	5 695	47 338	1 860	21 219	–	307

2-29 机动车维修业及汽车综合性能检测站

单位：户

地区	机动车维修业户数				
	合计	一类汽车维修	二类汽车维修	三类汽车维修	摩托车维修
总计	**418 623**	**15 072**	**68 516**	**291 785**	**39 009**
北京	3 111	749	1 000	1 350	12
天津	3 911	247	1 068	2 573	5
河北	17 745	395	3 545	12 953	600
山西	6 707	295	1 618	4 777	17
内蒙古	17 545	335	1 492	15 295	415
辽宁	15 030	965	2 968	10 765	331
吉林	5 530	160	971	4 192	85
黑龙江	7 628	348	1 362	5 653	242
上海	5 099	164	2 065	2 707	163
江苏	22 765	1 682	4 533	15 613	937
浙江	25 630	1 032	4 769	18 092	1 471
安徽	9 454	414	2 288	5 494	1 165
福建	4 475	408	1 264	2 660	142
江西	10 478	396	1 780	7 117	1 184
山东	21 417	488	4 249	15 703	432
河南	27 057	1 010	4 372	20 569	1 106
湖北	12 077	961	2 670	7 574	638
湖南	11 351	1 094	2 862	6 042	668
广东	49 806	930	5 391	30 923	11 456
广西	15 009	242	1 733	8 833	3 887
海南	2 420	53	285	1 389	651
重庆	10 606	358	1 548	7 437	1 255
四川	30 578	904	4 757	21 736	3 084
贵州	8 567	310	1 002	6 092	1 025
云南	31 098	289	2 236	22 305	6 192
西藏	3 007	99	223	2 274	346
陕西	13 083	451	2 687	9 358	575
甘肃	9 058	188	1 179	7 296	313
青海	2 319	39	344	1 807	129
宁夏	5 701	30	417	5 050	204
新疆	10 361	36	1 838	8 156	279

2-29 （续表一）

单位：户

地区	机动车维修业年完成主要工作量（辆次、台次）					
	合计	整车修理	总成修理	二级维护	专项修理	维修救援
总计	**326 443 943**	**5 021 800**	**9 415 518**	**32 555 321**	**236 248 588**	**5 034 623**
北京	10 030 255	5 577	8 902	559 759	9 357 259	98 758
天津	6 586 700	102 700	212 100	2 084 700	4 187 200	–
河北	6 966 780	71 483	232 792	505 807	5 485 362	164 732
山西	3 039 834	8 099	51 308	168 170	2 789 734	42 745
内蒙古	4 001 266	95 228	143 104	434 977	3 095 364	73 092
辽宁	25 924 615	108 736	396 500	369 666	24 080 830	154 344
吉林	4 374 960	17 016	49 791	299 191	3 966 733	24 779
黑龙江	5 319 853	43 308	142 339	290 552	4 742 790	22 235
上海	7 648 839	855	1 162	71 975	580 179	–
江苏	37 014 022	223 524	1 264 285	1 641 552	22 367 172	376 550
浙江	33 197 177	272 571	532 094	1 825 059	25 722 788	503 176
安徽	4 299 159	12 808	641 255	879 633	2 745 297	66 212
福建	5 572 386	113 953	242 680	1 492 017	3 491 370	114 125
江西	4 756 922	126 560	276 794	1 476 623	2 744 873	73 975
山东	16 601 269	580 012	600 019	1 873 768	12 317 155	367 580
河南	17 410 481	284 367	540 133	2 441 614	12 195 626	414 355
湖北	8 520 783	345 225	704 936	2 785 965	4 281 827	130 801
湖南	4 716 670	82 628	270 451	1 064 742	2 945 489	108 220
广东	42 939 774	1 534 703	1 279 948	6 361 404	25 536 554	1 220 477
广西	7 591 727	105 163	101 852	1 144 132	5 168 002	43 975
海南	1 343 019	18 754	86 680	147 708	1 103 880	39 229
重庆	5 031 875	142 983	160 226	415 520	3 537 889	109 472
四川	26 625 257	276 990	697 951	2 184 980	21 295 489	539 265
贵州	4 101 518	125 607	316 042	319 783	3 237 222	52 898
云南	20 202 542	63 962	138 522	523 552	19 159 975	176 375
西藏	151 969	2 002	2 515	45 360	101 130	3 673
陕西	4 152 829	30 687	59 799	388 991	3 562 998	27 178
甘肃	2 209 904	61 796	131 609	426 130	1 379 587	46 003
青海	587 477	14 964	44 990	105 152	372 776	11 304
宁夏	2 416 697	15 426	42 686	39 924	2 281 003	12 525
新疆	3 107 384	134 113	42 053	186 915	2 415 035	16 570

2-29 （续表二）

单位：户

地区	汽车综合性能检测站数量合计（个）	汽车综合性能检测站年完成检测量（辆次）						
		合计	维修竣工检测	等级评定检测	维修质量监督检测	其他检测	排放检测	质量仲裁检测
总计	**4 747**	**24 616 926**	**5 732 164**	**9 095 988**	**438 560**	**7 438 898**	**5 717 784**	**15 678**
北京	12	99 239	889	98 334	16	–	–	–
天津	23	112 284	–	112 284	–	–	–	–
河北	321	1 483 950	437 434	650 666	36 094	246 055	236 444	1 602
山西	168	215 790	–	215 790	–	–	–	–
内蒙古	162	452 597	167 244	153 595	9 427	116 943	112 006	10
辽宁	202	753 731	30 244	362 056	–	359 170	349 970	–
吉林	178	436 178	143 356	194 391	4 441	75 912	60 691	2
黑龙江	212	521 646	128 159	221 058	2 359	83 954	41 447	451
上海	30	232 902	75 884	207 920	4	81	15	–
江苏	168	3 918 113	11 473	770 650	16 178	2 481 936	1 639 051	1 080
浙江	120	1 463 311	70 031	325 013	13 120	1 070 555	700 875	372
安徽	138	1 069 027	471 521	430 603	1 272	40 527	23 760	–
福建	144	683 352	426 640	236 059	350	33 585	33 585	–
江西	177	565 943	217 623	278 154	11 480	39 804	36 600	139
山东	308	1 393 782	295 803	720 397	75 333	259 403	203 313	3
河南	177	2 854 039	1 327 199	868 287	25 175	307 922	302 109	484
湖北	159	456 802	69 906	279 804	20 853	85 626	45 875	3 140
湖南	288	1 505 151	681 693	320 575	60 058	301 351	216 636	1 699
广东	372	1 147 063	216 934	567 383	19 020	139 825	133 728	4 123
广西	178	506 017	123 278	252 476	29 309	56 662	43 566	48
海南	49	412 770	124 179	68 526	27 907	32 398	32 016	866
重庆	–	–	–	–	–	–	–	–
四川	252	970 668	198	448 519	9 047	497 957	429 272	29
贵州	232	537 770	86 064	123 357	22 992	261 874	236 710	41
云南	155	614 482	190 819	275 427	11 525	58 914	23 599	200
西藏	17	78 006	12 478	29 243	190	43 104	25 123	812
陕西	134	456 583	173 175	226 635	15 248	146 930	143 985	8
甘肃	122	319 268	22 878	233 447	13 187	39 904	39 245	–
青海	37	253 182	49 420	71 364	179	140 341	133 626	–
宁夏	50	497 355	7 837	100 942	2 395	390 159	386 078	–
新疆	162	605 925	169 805	253 033	11 401	128 006	88 459	569

2-30 2019年、2018年

地 区	货物运输					
	年运输量合计				年出入境辆次	年C种许可证使用量
			出 境			
	吨	吨公里	吨	吨公里	辆次	张
2019年总计	**61 452 243**	**4 049 483 510**	**12 981 483**	**1 333 545 235**	**2 200 437**	**615 226**
内蒙古	39 310 268	1 360 570 322	2 608 888	29 652 407	648 615	60 772
辽 宁	251 856	3 148 200	251 856	3 148 200	16 140	–
吉 林	324 012	14 984 845	242 422	7 969 210	26 651	2 906
黑龙江	2 206 283	102 707 722	682 056	26 252 792	131 092	63 772
广 西	3 464 959	39 105 894	2 130 200	20 662 039	414 868	125 458
云 南	10 838 525	826 485 855	4 928 866	441 365 498	696 853	263 691
西 藏	–	–	–	–	–	–
新 疆	5 056 340	1 702 480 672	2 137 195	804 495 089	266 218	98 627
地 区	货物运输					
	年运输量合计				年出入境辆次	年C种许可证使用量
			出 境			
	吨	吨公里	吨	吨公里	辆次	张
2018年总计	**55 912 432**	**3 408 203 289**	**11 318 064**	**1 212 795 611**	**2 383 121**	**584 153**
内蒙古	36 668 646	1 389 343 710	2 665 633	35 098 093	1 018 911	36 549
辽 宁	237 600	2 970 000	237 600	2 970 000	15 840	–
吉 林	222 167	16 000 371	138 850	8 715 442	18 450	2 906
黑龙江	1 909 105	92 839 090	582 066	23 957 971	128 666	61 568
广 西	2 983 112	32 778 320	1 745 570	17 016 700	341 894	106 957
云 南	9 097 830	776 718 897	3 979 823	383 982 743	613 657	270 155
西 藏	–	–	–	–	–	–
新 疆	4 793 972	1 097 552 901	1 968 522	741 054 662	245 703	106 018

资料来源：交通运输部运输服务司。

出入境汽车运输对比表

旅客运输						
年运输量合计		出境		年出入境辆次	年A种许可证使用量	年B种许可证使用量
人次	人公里	人次	人公里	辆次	张	张
7 175 045	**279 718 732**	**3 500 451**	**141 791 704**	**439 408**	**447**	**29 634**
3 469 677	65 627 681	1 785 851	33 530 660	76 128	170	20 464
25 735	244 595	12 930	218 985	1 346	–	–
425 228	50 350 035	213 249	25 250 480	14 110	36	732
1 511 266	59 407 336	731 039	29 190 621	42 088	85	2 064
60 856	26 184 570	40 738	17 527 260	5 228	–	585
1 474 405	32 246 623	612 162	12 675 062	285 319	34	4 030
–	–	–	–	–	–	–
207 878	45 657 892	104 482	23 398 636	15 189	122	1 759

旅客运输						
年运输量合计		出境		年出入境辆次	年A种许可证使用量	年B种许可证使用量
人次	人公里	人次	人公里	辆次	张	张
7 696 796	**397 290 310**	**3 801 944**	**207 332 675**	**841 481**	**341**	**86 186**
3 213 794	63 103 950	1 649 068	32 003 446	81 770	52	20 251
23 636	263 572	11 888	240 076	1 326	–	–
425 184	50 345 205	213 113	25 234 335	14 044	36	732
1 162 850	42 822 044	554 562	20 828 294	38 158	94	1 697
76 220	32 791 394	50 931	21 915 846	6 632	–	665
2 618 592	172 114 416	1 236 920	89 536 643	687 754	36	61 353
–	–	–	–	–	–	–
176 520	35 849 729	85 462	17 574 035	11 797	123	1 488

2-31 出入境汽车运输——分国家及

行政区名称	货物运输					
	年运输量合计		出境		年出入境辆次	年C种许可证使用量
	吨	吨公里	吨	吨公里	辆次	张
中俄小计	**2 936 043**	**122 920 084**	**1 117 692**	**33 929 618**	**200 247**	**97 768**
黑龙江	2 206 283	102 707 722	682 056	26 252 792	131 092	63 772
吉　林	54 935	6 592 200	6 910	829 200	5 812	2 906
内蒙古	674 825	13 620 162	428 726	6 847 626	63 343	31 090
中朝小计	**520 933**	**11 540 845**	**487 368**	**10 288 210**	**36 979**	**–**
吉　林	269 077	8 392 645	235 512	7 140 010	20 839	–
辽　宁	251 856	3 148 200	251 856	3 148 200	16 140	–
中蒙小计	**41 184 495**	**2 090 467 846**	**2 201 450**	**24 142 877**	**651 258**	**29 682**
内蒙古	38 635 443	1 346 950 160	2 180 162	22 804 781	585 272	29 682
新　疆	2 549 052	743 517 686	21 288	1 338 096	65 986	–
中越小计	**8 177 231**	**47 987 600**	**4 307 828**	**24 797 893**	**677 516**	**288 283**
广　西	3 464 959	39 105 894	2 130 200	20 662 039	414 868	125 458
云　南	4 712 272	8 881 706	2 177 628	4 135 854	262 648	162 825
中　哈	**1 339 769**	**242 720 124**	**1 131 843**	**189 710 906**	**112 835**	**56 125**
中　吉	**908 696**	**552 583 800**	**729 268**	**452 405 400**	**68 912**	**33 660**
中　塔	**193 371**	**129 558 570**	**189 879**	**127 218 930**	**13 346**	**6 215**
中　巴	**65 452**	**34 100 492**	**64 917**	**33 821 757**	**5 139**	**2 627**
中　老	**2 445 237**	**399 191 946**	**1 251 186**	**203 091 429**	**203 363**	**81 254**
中　缅	**3 681 016**	**418 412 203**	**1 500 052**	**234 138 215**	**230 842**	**19 612**
中　尼	**–**	**–**	**–**	**–**	**–**	**–**
内地与港澳	**169 005 618**	**21 979 108 297**	**96 954 275**	**18 418 705 063**	**28 453 280**	**–**
广　西	–	–	–	–	–	–
广　东	169 005 618	21 979 108 297	96 954 275	18 418 705 063	28 453 280	–

香港、澳门特别行政区运输完成情况

旅客运输						
年运输量合计				年出入境辆次	年A种许可证使用量	年B种许可证使用量
		出　境				
人次	人公里	人次	人公里	辆次	张	张
2 803 268	**119 547 443**	**1 415 809**	**59 843 240**	**95 309**	**249**	**14 152**
1 511 266	59 407 336	731 039	29 190 621	42 088	85	2 064
398 135	47 776 200	199 673	23 960 760	12 624	36	732
893 742	12 170 532	484 972	6 498 484	40 591	128	11 356
52 703	**2 625 055**	**26 381**	**1 315 330**	**2 826**	**–**	**–**
27 093	2 573 835	13 576	1 289 720	1 486	–	–
25 610	51 220	12 805	25 610	1 340	–	–
2 602 465	**55 101 993**	**1 314 028**	**27 847 414**	**37 875**	**46**	**9 825**
2 575 935	53 457 149	1 300 879	27 032 176	35 537	42	9 108
26 530	1 644 844	13 149	815 238	2 338	4	717
62 711	**26 303 570**	**42 362**	**17 613 227**	**5 338**	**–**	**641**
60 856	26 184 570	40 738	17 527 260	5 228	–	585
1 855	119 000	1 624	85 967	110	–	56
159 980	**32 352 110**	**81 022**	**16 936 848**	**10 278**	**103**	**339**
3 190	**2 190 200**	**1 661**	**1 139 900**	**480**	**6**	**–**
–	**–**	**–**	**–**	**–**	**–**	**–**
18 178	**9 470 738**	**8 650**	**4 506 650**	**2 093**	**9**	**703**
88 240	**13 605 270**	**46 684**	**7 356 120**	**7 603**	**34**	**3 899**
1 384 310	**18 522 353**	**563 854**	**5 232 975**	**277 606**	**–**	**75**
–	**–**	**–**	**–**	**–**	**–**	**–**
16 760 150	**3 474 104 699**	**7 346 063**	**1 408 544 839**	**847 698**	**–**	**–**
37 495	18 658 810	18 818	9 357 070	2 352	–	–
16 722 655	3 455 445 889	7 327 245	1 399 187 769	845 346	–	–

2-32 出入境汽车运输

行政区名称	货物运输					
	年运输量合计		出境		年出入境辆次	年C种许可证使用量
	吨	吨公里	吨	吨公里	辆次	张
中俄小计	**1 039 484**	**59 251 240**	**248 128**	**11 107 422**	**61 474**	**31 263**
黑龙江	952 645	55 006 450	244 129	11 055 428	53 547	27 276
吉　林	311	37 320	–	–	132	66
内蒙古	86 528	4 207 470	3 999	51 994	7 795	3 921
中朝小计	**517 821**	**11 260 955**	**484 580**	**10 023 350**	**36 554**	**–**
吉　林	265 965	8 112 755	232 724	6 875 150	20 414	–
辽　宁	251 856	3 148 200	251 856	3 148 200	16 140	–
中蒙小计	**3 586 233**	**165 314 266**	**922 352**	**9 716 062**	**140 793**	**1 780**
内蒙古	2 401 627	74 092 927	922 246	9 701 222	114 711	1 780
新　疆	1 184 606	91 221 339	106	14 840	26 082	–
中越小计	**4 465 362**	**30 728 257**	**4 066 358**	**22 819 619**	**451 820**	**171 375**
广　西	2 118 424	26 253 781	1 900 338	18 706 979	263 439	59 102
云　南	2 346 938	4 474 476	2 166 020	4 112 640	188 381	112 273
中　哈	**138 903**	**45 710 397**	**70 429**	**25 296 119**	**11 623**	**5 548**
中　吉	**189 952**	**108 012 100**	**53 539**	**32 728 100**	**9 399**	**4 760**
中　塔	**20 558**	**13 773 860**	**20 558**	**13 773 860**	**1 500**	**265**
中　巴	**60 254**	**31 392 334**	**59 848**	**31 180 808**	**4 007**	**2 073**
中　老	**2 074 665**	**349 426 070**	**1 070 154**	**178 837 317**	**172 482**	**66 168**
中　缅	**2 236 024**	**257 206 303**	**1 161 475**	**223 558 973**	**136 364**	**13 401**
中　尼	**–**	**–**	**–**	**–**	**–**	**–**
内地与港澳	**2 662 505**	**275 543 815**	**1 610 119**	**235 233 742**	**643 698**	**–**
广　西	–	–	–	–	–	–
广　东	2 662 505	275 543 815	1 610 119	235 233 742	643 698	–

——中方及内地完成运输情况

旅客运输						
年运输量合计		出境		年出入境辆次	年A种许可证使用量	年B种许可证使用量
人次	人公里	人次	人公里	辆次	张	张
1 619 770	**66 136 647**	**858 425**	**35 301 280**	**55 844**	**156**	**11 374**
686 577	27 300 740	342 919	14 051 453	19 946	44	837
248 796	29 855 520	135 456	16 254 720	6 906	36	463
684 272	8 787 012	379 925	4 801 732	28 986	76	10 074
48 459	**2 221 875**	**24 248**	**1 112 695**	**2 546**	**–**	**–**
22 849	2 170 655	11 443	1 087 085	1 206	–	–
25 610	51 220	12 805	25 610	1 340	–	–
1 237 588	**16 894 568**	**627 959**	**8 607 350**	**16 975**	**20**	**83**
1 234 328	16 692 464	627 280	8 565 252	16 441	18	83
3 260	202 104	679	42 098	534	2	–
38 109	**15 787 092**	**29 767**	**12 230 333**	**996**	**–**	**75**
36 470	15 698 980	28 251	12 159 810	902	–	–
1 639	88 112	1 516	70 523	94	–	75
64 568	**18 686 834**	**34 473**	**10 539 320**	**3 394**	**57**	**28**
3 128	**2 146 800**	**1 633**	**1 120 300**	**467**	**4**	**–**
–	**–**	**–**	**–**	**–**	**–**	**–**
4 907	**2 556 547**	**4 870**	**2 537 270**	**382**	**4**	**–**
38 626	**6 439 290**	**21 412**	**3 620 140**	**3 239**	**18**	**1 628**
731 039	**13 414 828**	**291 733**	**2 863 924**	**189 725**	**–**	**30**
–	**–**	**–**	**–**	**–**	**–**	**–**
5 243 636	**549 663 802**	**2 978 612**	**290 374 140**	**230 389**	**–**	**–**
37 495	18 658 810	18 818	9 357 070	2 352	–	–
5 206 141	531 004 992	2 959 794	281 017 070	228 037	–	–

主要统计指标解释

公路里程 指报告期末公路的实际长度。计算单位：公里。公路里程包括城间、城乡间、乡（村）间能行驶汽车的公共道路，公路通过城镇街道的里程，公路桥梁长度、隧道长度、渡口宽度。不包括城市街道里程，农（林）业生产用道路里程，工（矿）企业等内部道路里程和断头路里程。公路里程按已竣工验收或交付使用的实际里程计算。

公路里程一般按以下方式分组：

按公路行政等级，分为国道、省道、县道、乡道、专用公路和村道里程。

按是否达到公路工程技术标准，分为等级公路里程和等外公路里程。等级公路里程按技术等级可分为高速公路、一级公路、二级公路、三级公路、四级公路里程。

按公路路面类型，分为有铺装路面、简易铺装路面和未铺装路面里程。有铺装路面含沥青混凝土、水泥混凝土路面里程。

公路养护里程 指报告期内对公路工程设施进行经常性或季节性养护和修理的公路里程。凡进行养护的公路里程，不论工程量大小、养护方式如何，均纳入统计，包括拨给补助费由群众养护的公路里程。计算单位：公里。

公路通达率 指报告期末一定区域内已通公路的行政区占本区域全部行政区的比重。计算单位：%。行政区一般指乡镇或建制村。

公路桥梁数量 指报告期末公路桥梁的实际数量。计算单位：座。按桥梁的跨径分为特大桥、大桥、中桥、小桥数量。

公路隧道数量 指报告期末公路隧道的实际数量。计算单位：处。按隧道长度分为特长隧道、长隧道、中隧道和短隧道数量。

公路营运车辆拥有量 指报告期末在各地交通运输管理部门登记注册的从事公路运输的车辆实有数量。计算单位：辆。

客运量 指报告期内运输车辆实际运送的旅客人数。计算单位：人。

旅客周转量 指报告期内运输车辆实际运送的每位旅客与其相应运送距离的乘积之和。计算单位：人公里。

货运量 指报告期内运输车辆实际运送的货物重量。计算单位：吨。

货物周转量 指报告期内运输车辆实际运送的每批货物重量与其相应运送距离的乘积之和。计算单位：吨公里。

道路运输行业经营业户数 指报告期末持有道路运输行政管理机构核发的有效道路运输经营许可证，从事道路运输经营活动的业户数量。计算单位：户。一般按道路运输经营许可证核定的经营范围分为道路货物运输、道路旅客运输、道路运输相关业务经营业户数。

交通拥挤度 指机动车当量数与适应交通量的比值。

公路交通情况调查机动车车型折算系数参考值

车 型	汽 车							摩托车	拖拉机
一级分类	小型车		中型车		大型车	特大型车		摩托车	拖拉机
二级分类	中小客车	小型货车	大客车	中型货车	大型货车	特大型车	集装箱车		
参考折算系数	1	1	1.5	1.5	3	4	4	1	4

注：交通量折算采用小客车为标准车型。

三、水路运输

简 要 说 明

一、本篇资料反映我国水路基础设施、运输装备和水路运输发展的基本情况。主要包括：内河航道通航里程、运输船舶拥有量、水路客货运输量、海上交通事故和搜救活动等。

二、水路运输按船舶航行区域分为内河、沿海和远洋运输。

三、本资料内河航道通航里程为年末通航里程，不含在建和未正式投入使用的航道里程，根据各省航道管理部门资料整理，由各省（区、市）交通运输厅（局、委）提供。

四、运输船舶拥有量根据各省航运管理部门登记的船舶资料整理，由各省（区、市）交通运输厅（局、委）提供。

五、水路运输量通过抽样调查和全面调查相结合的方法，按运输工具经营权和到达量进行统计，范围原则上为所有在交通运输主管部门审批备案，从事营业性旅客和货物运输生产的船舶。

六、船舶拥有量和水路运输量中不分地区，是指国内运输企业的驻外机构船舶拥有量及其承运的第三国货物运输量。

七、海上险情及搜救活动统计范围是：由中国海上搜救中心、各省（区、市）海上搜救中心组织、协调或参与的搜救活动。“险情等级”的划分主要根据遇险人数划定：死亡或失踪 3 人以下的为一般险情，3 人到 9 人为较大险情，10 人到 29 人为重大险情，30 人及以上为特大险情。具体内容参见《国家海上搜救应急预案》——海上突发事件险情分级。

3-1 全国内河航道通航里程（按技术等级分）

单位：公里

地区	总计	等级航道								等外航道
		合计	一级	二级	三级	四级	五级	六级	七级	
全国总计	**127 298**	**66 749**	**1 828**	**4 016**	**7 975**	**11 010**	**7 398**	**17 479**	**17 044**	**60 550**
北京	–	–	–	–	–	–	–	–	–	–
天津	88	88	–	–	–	47	–	42	–	–
河北	–	–	–	–	–	–	–	–	–	–
山西	467	139	–	–	–	–	118	21	–	328
内蒙古	2 403	2 380	–	–	–	555	201	1 070	555	23
辽宁	413	413	–	–	56	–	140	217	–	–
吉林	1 456	1 381	–	–	64	227	654	312	124	75
黑龙江	5 098	4 723	–	967	864	1 185	490	–	1 217	375
上海	2 028	1 002	125	–	148	116	88	403	121	1 027
江苏	24 372	8 764	370	506	1 520	790	1 004	2 104	2 471	15 608
浙江	9 767	5 029	14	12	318	1 251	477	1 555	1 401	4 738
安徽	5 651	5 073	343	–	514	703	423	2 379	712	577
福建	3 245	1 269	108	20	52	264	205	46	574	1 977
江西	5 638	2 349	78	175	321	87	147	382	1 160	3 289
山东	1 117	1 029	–	9	272	72	57	381	238	88
河南	1 403	1 334	–	–	–	456	200	431	247	69
湖北	8 488	6 031	229	688	1 026	320	827	1 734	1 206	2 457
湖南	11 496	4 131	–	454	604	274	67	1 546	1 186	7 365
广东	12 112	4 414	551	69	761	236	500	961	1 336	7 698
广西	5 707	3 487	–	582	621	717	321	406	839	2 221
海南	343	76	9	–	–	7	1	22	37	267
重庆	4 352	1 863	–	533	531	140	183	126	350	2 490
四川	10 818	3 965	–	–	288	1 110	389	589	1 588	6 853
贵州	3 751	2 530	–	–	–	988	302	801	438	1 221
云南	4 223	3 488	–	–	14	1 329	271	1 008	866	735
西藏	–	–	–	–	–	–	–	–	–	–
陕西	1 146	558	–	–	–	137	9	164	248	588
甘肃	911	456	–	–	–	–	325	13	118	455
青海	674	663	–	–	–	–	–	663	–	12
宁夏	130	115	–	–	–	–	–	105	11	15
新疆	–	–	–	–	–	–	–	–	–	–

3-2 全国内河航道通航里程（按水系分）

单位：公里

地 区	总 计	长江水系	长江干流	珠江水系	黄河水系	黑龙江水 系	京杭运河	闽江水系	淮河水系	其他水系
全国总计	127 298	64 825	2 813	16 495	3 533	8 211	1 438	1 973	17 472	14 714
北 京	–	–	–	–	–	–	–	–	–	–
天 津	88	–	–	–	–	–	15	–	–	88
河 北	–	–	–	–	–	–	–	–	–	–
山 西	467	–	–	–	467	–	–	–	–	–
内蒙古	2 403	–	–	–	939	1 401	–	–	–	63
辽 宁	413	–	–	–	–	256	–	–	–	157
吉 林	1 456	–	–	–	–	1 456	–	–	–	–
黑龙江	5 098	–	–	–	–	5 098	–	–	–	–
上 海	2 028	2 028	125	–	–	–	–	–	–	–
江 苏	24 372	10 901	370	–	–	–	795	–	13 439	–
浙 江	9 767	3 184	–	–	–	–	175	–	–	6 539
安 徽	5 651	3 122	343	–	–	–	–	–	2 469	61
福 建	3 245	–	–	–	–	–	–	1 973	–	1 272
江 西	5 638	5 638	78	–	–	–	–	–	–	–
山 东	1 117	–	–	–	198	–	453	–	870	49
河 南	1 403	186	–	–	499	–	–	–	695	24
湖 北	8 488	8 488	918	–	–	–	–	–	–	–
湖 南	11 496	11 390	80	32	–	–	–	–	–	74
广 东	12 112	–	–	8 403	–	–	–	–	–	3 709
广 西	5 707	105	–	5 603	–	–	–	–	–	–
海 南	343	–	–	343	–	–	–	–	–	–
重 庆	4 352	4 352	675	–	–	–	–	–	–	–
四 川	10 818	10 814	224	–	4	–	–	–	–	–
贵 州	3 751	2 313	–	1 438	–	–	–	–	–	–
云 南	4 223	1 300	–	676	–	–	–	–	–	2 248
西 藏	–	–	–	–	–	–	–	–	–	–
陕 西	1 146	818	–	–	328	–	–	–	–	–
甘 肃	911	187	–	–	705	–	–	–	–	20
青 海	674	–	–	–	276	–	–	–	–	398
宁 夏	130	–	–	–	118	–	–	–	–	12
新 疆	–	–	–	–	–	–	–	–	–	–

注：京杭运河航道里程中含长江等其他水系里程 1362 公里。

3-3 全国内河航道通航里程（按水域类型分）

单位：公里

地 区	总 计	天然河流及渠化河段航道	限制性航道	宽浅河流航道	山区急流河段航道	湖区航道	库区航道
全国总计	**127 298**	**65 818**	**36 056**	**6 061**	**4 253**	**3 796**	**11 314**
北 京	–	–	–	–	–	–	–
天 津	88	88	–	–	–	–	–
河 北	–	–	–	–	–	–	–
山 西	467	453	–	–	14	–	–
内蒙古	2 403	839	–	1 149	14	364	37
辽 宁	413	413	–	–	–	–	–
吉 林	1 456	572	–	165	102	–	617
黑龙江	5 098	36	–	4 734	85	176	67
上 海	2 028	178	1 839	–	–	11	–
江 苏	24 372	733	23 351	14	–	274	–
浙 江	9 767	1 710	7 036	–	–	10	1 011
安 徽	5 651	4 448	315	–	9	570	309
福 建	3 245	2 747	53	–	305	–	140
江 西	5 638	4 613	61	–	111	426	427
山 东	1 117	331	522	–	–	264	–
河 南	1 403	908	–	–	–	–	494
湖 北	8 488	4 723	1 617	–	550	538	1 060
湖 南	11 496	9 181	607	–	302	413	993
广 东	12 112	11 133	625	–	–	–	354
广 西	5 707	5 695	–	–	4	–	9
海 南	343	268	–	–	–	–	75
重 庆	4 352	3 294	–	–	278	6	775
四 川	10 818	8 655	32	–	522	51	1 558
贵 州	3 751	3 213	–	–	16	–	522
云 南	4 223	137	–	–	1 533	281	2 272
西 藏	–	–	–	–	–	–	–
陕 西	1 146	1 116	–	–	–	–	30
甘 肃	911	207	–	–	370	–	334
青 海	674	12	–	–	36	398	229
宁 夏	130	115	–	–	2	12	–
新 疆	–	–	–	–	–	–	–

3-4 各水系内河航道通航里程（按技术等级分）

单位：公里

技术等级	总计	长江水系	长江干流	珠江水系	黄河水系	黑龙江水系	京杭运河	淮河水系	闽江水系	其他水系
全国总计	**127 298**	**64 825**	**2 813**	**16 495**	**3 533**	**8 211**	**1 438**	**17 472**	**1 973**	**14 714**
等级航道	66 749	31 019	2 813	8 380	2 505	7 761	1274	8 903	897	7 215
一级航道	1 828	1 145	1 145	474	–	–	–	–	50	158
二级航道	4 016	1 848	1 284	652	–	967	450	514	14	21
三级航道	7 975	3 972	384	1 383	73	967	415	1 347	–	232
四级航道	11 010	4 086	–	1 500	–	1 908	115	1 442	242	1 789
五级航道	7 398	2 734	–	790	628	1 344	61	925	135	836
六级航道	17 479	8 266	–	1 480	1624	782	163	2 911	13	2 384
七级航道	17 044	8 968	–	2 100	180	1 793	70	1 763	444	1 795
等外航道	60 550	33 806	–	8 115	1028	450	164	8 569	1 076	7 499

注：京杭运河航道里程中含长江等其他水系里程 1362 公里。

3-5 各水域类型内河航道通航里程（按技术等级分）

单位：公里

地　区	总　计	天然河流及渠化河段航道	限制性航道	宽浅河流航道	山区急流河段航道	湖区航道	库区航道
全国总计	**127 298**	**65 818**	**36 056**	**6 061**	**4 253**	**3 796**	**11 314**
等级航道	66 749	35 540	13 647	5 739	1 829	2 584	7 410
一级航道	1 828	1 828	–	–	–	–	–
二级航道	4 016	2 213	514	882	85	–	321
三级航道	7 975	4 857	1 904	928	95	45	145
四级航道	11 010	6 126	1 330	1 449	316	471	1 319
五级航道	7 398	3 238	1 659	743	228	375	1 155
六级航道	17 479	8 574	4 222	252	589	957	2 884
七级航道	17 044	8 704	4 018	1 486	515	736	1 585
等外航道	60 550	30 278	22 410	322	2 424	1 212	3 904

3-6 全国内河航道枢纽及通航建筑物（按行政区域分）

地 区	枢纽数量（处）	具有通航功能	通航建筑物数量（座）		正常使用	
			船闸	升船机	船闸	升船机
全国总计	**4 232**	**2 384**	**858**	**46**	**601**	**22**
北 京	–	–	–	–	–	–
天 津	12	6	5	–	1	–
河 北	9	9	3	–	2	–
山 西	1	–	–	–	–	–
内蒙古	2	–	–	–	–	–
辽 宁	4	2	1	–	1	–
吉 林	5	–	–	–	–	–
黑龙江	2	–	–	–	–	–
上 海	89	83	49	–	44	–
江 苏	706	595	113	–	112	–
浙 江	327	299	38	17	35	10
安 徽	99	52	46	1	35	1
福 建	148	29	20	1	12	1
江 西	83	22	19	2	11	1
山 东	42	19	15	–	11	–
河 南	35	3	3	–	–	–
湖 北	167	55	38	4	35	–
湖 南	496	153	135	13	50	4
广 东	1 213	881	199	–	149	–
广 西	135	42	40	3	20	3
海 南	2	–	–	–	–	–
重 庆	167	47	48	1	36	1
四 川	366	80	85	–	47	–
贵 州	93	6	1	2	–	–
云 南	12	2	1	1	1	1
西 藏	–	–	–	–	–	–
陕 西	3	1	–	1	–	–
甘 肃	15	–	–	–	–	–
青 海	2	–	–	–	–	–
宁 夏	1	–	–	–	–	–
新 疆	–	–	–	–	–	–

3-7 全国水路

地区	轮驳船总计					一、机		
	艘数（艘）	净载重量（吨）	载客量（客位）	集装箱位（TEU）	功率（千瓦）	艘数（艘）	净载重量（吨）	载客量（客位）
全国总计	**131 555**	**256 849 747**	**885 808**	**2 238 460**	**68 491 250**	**121 440**	**248 626 381**	**882 764**
北京	–	–	–	–	–	–	–	–
天津	255	2 500 370	3 222	6 568	799 045	244	2 315 755	3 222
河北	1 899	1 853 967	24 142	1 348	439 961	1 899	1 853 967	24 142
山西	263	7 241	4 317	–	16 820	263	7 241	4 317
内蒙古	–	–	–	–	–	–	–	–
辽宁	456	10 568 619	33 070	16 304	1 516 546	447	10 539 422	33 070
吉林	305	15 986	10 071	–	27 112	289	7 300	10 071
黑龙江	1 403	279 111	23 990	–	136 502	1 119	98 546	23 990
上海	1 558	24 717 607	39 276	1 142 390	12 698 164	1 515	24 600 268	39 276
江苏	30 415	39 037 576	48 430	73 676	9 429 171	27 291	36 397 604	48 430
浙江	13 913	30 810 642	89 186	64 758	7 435 957	13 912	30 800 144	89 186
安徽	24 950	48 432 157	12 985	131 646	10 781 261	24 145	48 013 504	12 985
福建	1 690	11 543 260	32 805	277 495	3 222 347	1 688	11 542 080	32 805
江西	2 386	2 543 435	13 360	4 843	752 355	2 384	2 541 705	13 360
山东	10 493	17 133 203	71 810	9 551	3 440 891	6 425	13 170 015	71 810
河南	5 467	9 806 404	14 680	–	2 184 443	5 153	9 503 425	14 680
湖北	3 366	7 277 910	34 747	3 783	1 846 820	3 270	7 076 475	34 747
湖南	4 724	4 300 598	61 810	10 769	1 420 332	4 484	4 265 631	59 886
广东	7 143	22 516 930	79 664	227 685	6 102 984	7 136	22 501 188	79 664
广西	6 532	10 518 890	28 653	107 596	2 197 290	6 532	10 518 890	28 653
海南	498	3 580 487	41 306	44 166	1 039 876	498	3 580 487	41 306
重庆	2 818	7 569 902	42 765	111 482	1 964 243	2 783	7 511 731	42 765
四川	5 160	1 322 171	45 878	4 358	549 535	4 307	1 269 653	45 878
贵州	2 081	144 579	55 446	–	168 978	2 079	144 271	55 446
云南	1 244	173 257	30 181	42	131 962	1 239	172 886	30 171
西藏	–	–	–	–	–	–	–	–
陕西	1 270	36 039	19 093	–	53 811	1 072	34 787	17 983
甘肃	489	1 650	9 403	–	54 450	489	1 650	9 403
青海	117	1 772	2 977	–	19 702	117	1 772	2 977
宁夏	657	–	12 541	–	36 480	657	–	12 541
新疆	–	–	–	–	–	–	–	–
不分地区	3	155 984	–	–	24 212	3	155 984	–

运输工具拥有量

动　船		1. 客　船			2. 客 货 船				
集装箱位（TEU）	功率（千瓦）	艘数（艘）	载客量（客位）	功率（千瓦）	艘数（艘）	净载重量（吨）	载客量（客位）	集装箱位（TEU）	功率（千瓦）
2 236 060	**68 491 250**	**17 179**	**742 533**	**2 124 367**	**385**	**374 366**	**140 231**	**3 827**	**972 513**
–	–	–	–	–	–	–	–	–	–
6 568	799 045	54	3 222	9 347	–	–	–	–	–
1 348	439 961	1 789	23 766	54 707	1	3 700	376	228	12 960
–	16 820	253	4 317	13 391	–	–	–	–	–
–	–	–	–	–	–	–	–	–	–
16 304	1 516 546	53	9 800	31 277	38	32 686	23 270	144	155 980
–	27 112	260	10 071	23 581	–	–	–	–	–
–	136 502	615	22 429	57 758	60	2 715	1 561	–	6 475
1 140 976	12 698 164	123	37 117	79 986	5	8 029	2 159	229	15 010
73 456	9 429 171	334	32 516	52 655	77	33 810	15 914	–	41 291
64 758	7 435 957	1 260	87 745	327 021	7	1	1 441	–	2 126
131 646	10 781 261	347	12 985	33 545	–	–	–	–	–
277 345	3 222 347	387	30 191	126 711	8	8 377	2 614	256	87 860
4 843	752 355	260	13 360	25 957	–	–	–	–	–
9 551	3 440 891	1 073	35 861	137 645	41	152 014	35 949	2 809	401 626
–	2 184 443	491	14 680	49 705	–	–	–	–	–
3 783	1 846 820	339	34 747	90 233	–	–	–	–	–
10 769	1 420 332	1 695	59 886	95 791	–	–	–	–	–
227 069	6 102 984	460	53 933	262 424	33	60 483	25 731	–	99 715
107 596	2 197 290	345	26 716	69 936	4	4 006	1 937	161	26 722
44 166	1 039 876	326	15 378	97 880	28	67 382	25 928	–	115 015
111 482	1 964 243	499	41 527	118 122	3	161	1 238	–	4 240
4 358	549 535	1 512	45 878	61 708	–	–	–	–	–
–	168 978	1 683	55 446	107 936	–	–	–	–	–
42	131 962	1 036	29 348	64 010	37	570	823	–	2 797
–	–	–	–	–	–	–	–	–	–
–	53 811	774	16 693	29 987	43	432	1 290	–	696
–	54 450	441	9 403	47 886	–	–	–	–	–
–	19 702	117	2 977	19 702	–	–	–	–	–
–	36 480	653	12 541	35 466	–	–	–	–	–
–	–	–	–	–	–	–	–	–	–
–	24 212	–	–	–	–	–	–	–	–

3–7

地 区	3. 货 船				集装箱船			
	艘数（艘）	净载重量（吨）	集装箱位（TEU）	功率（千瓦）	艘数（艘）	净载重量（吨）	集装箱位（TEU）	功率（千瓦）
全国总计	**101 945**	**248 149 310**	**2 232 233**	**63 972 171**	**1 741**	**19 339 455**	**1 676 551**	**10 928 492**
北 京	–	–	–	–	–	–	–	–
天 津	150	2 314 999	6 568	598 203	3	69 400	5 558	48 687
河 北	108	1 850 267	1 120	370 354	–	–	–	–
山 西	10	7 241	–	3 429	–	–	–	–
内蒙古	–	–	–	–	–	–	–	–
辽 宁	350	10 506 736	16 160	1 312 009	10	209 488	14 087	91 121
吉 林	28	7 300	–	3 311	–	–	–	–
黑龙江	305	90 436	–	38 939	–	–	–	–
上 海	1 343	24 592 239	1 140 747	12 502 786	276	11 268 863	1 113 391	7 795 753
江 苏	26 125	36 345 855	73 456	8 984 651	102	571 067	37 197	195 967
浙 江	12 595	30 789 921	64 758	6 942 192	192	948 005	60 391	406 390
安 徽	23 685	48 009 061	131 646	10 716 764	86	706 424	50 451	214 431
福 建	1 291	11 533 703	277 089	2 993 896	136	2 494 147	171 317	914 797
江 西	2 120	2 541 705	4 843	718 380	6	18 562	1 154	6 170
山 东	4 871	13 010 637	6 742	2 573 403	9	56 745	3 747	24 561
河 南	4 649	9 502 101	–	2 130 800	–	–	–	–
湖 北	2 875	7 075 916	3 783	1 713 981	13	62 252	3 783	15 433
湖 南	2 785	4 265 631	10 769	1 322 143	26	97 781	6 935	25 487
广 东	6 603	22 425 741	227 069	5 647 714	696	1 605 184	123 790	667 501
广 西	6 183	10 514 884	107 435	2 100 632	44	160 009	9 317	47 663
海 南	143	3 507 029	44 166	824 039	19	528 380	41 620	347 695
重 庆	2 254	7 511 570	111 482	1 823 051	101	484 838	31 259	110 124
四 川	2 613	1 269 653	4 358	472 684	19	56 729	2 512	12 948
贵 州	396	134 329	–	61 042	–	–	–	–
云 南	162	158 880	42	64 259	3	1 581	42	3 764
西 藏	–	–	–	–	–	–	–	–
陕 西	250	26 553	–	22 733	–	–	–	–
甘 肃	48	939	–	6 564	–	–	–	–
青 海	–	–	–	–	–	–	–	–
宁 夏	–	–	–	–	–	–	–	–
新 疆	–	–	–	–	–	–	–	–
不分地区	3	155 984	–	24 212	–	–	–	–

(续表一)

			4. 拖　船		二、驳　船			
油　船								
艘数（艘）	净载重量（吨）	功率（千瓦）	艘数（艘）	功率（千瓦）	艘数（艘）	净载重量（吨）	载客量（客位）	集装箱位（TEU）
3 079	**27 711 240**	**5 419 355**	**1 931**	**1 422 199**	**10 115**	**8 223 366**	**3 044**	**2 400**
–	–	–	–	–	–	–	–	–
23	32 779	16 589	40	191 495	11	184 615	–	–
–	–	–	1	1 940	–	–	–	–
–	–	–	–	–	–	–	–	–
–	–	–	–	–	–	–	–	–
112	9 643 112	1 006 183	6	17 280	9	29 197	–	–
–	–	–	1	220	16	8 686	–	–
–	–	–	139	33 330	284	180 565	–	–
282	9 135 935	1 883 497	44	100 382	43	117 339	–	1 414
900	3 047 246	727 149	755	350 574	3 124	2 639 972	–	220
627	2 434 025	718 151	50	164 618	1	10 498	–	–
181	203 554	70 296	113	30 952	805	418 653	–	–
145	389 091	120 648	2	13 880	2	1 180	–	150
44	185 022	54 169	4	8 018	2	1 730	–	–
61	376 345	112 509	440	328 217	4 068	3 963 188	–	–
–	–	–	13	3 938	314	302 979	–	–
163	406 609	117 116	56	42 606	96	201 435	–	–
41	70 260	23 686	4	2 398	240	34 967	1 924	–
337	1 167 506	379 659	40	93 131	7	15 742	–	616
44	64 490	23 326	–	–	–	–	–	–
19	245 568	50 171	1	2 942	–	–	–	–
68	268 736	93 826	27	18 830	35	58 171	–	–
32	40 962	22 380	182	15 143	853	52 518	–	–
–	–	–	–	–	2	308	–	–
–	–	–	4	896	5	371	10	–
–	–	–	–	–	–	–	–	–
–	–	–	5	395	198	1 252	1 110	–
–	–	–	–	–	–	–	–	–
–	–	–	–	–	–	–	–	–
–	–	–	4	1 014	–	–	–	–
–	–	–	–	–	–	–	–	–
–	–	–	–	–	–	–	–	–

3-8 远洋运输

地 区	轮驳船总计					一、机		
	艘数（艘）	净载重量（吨）	载客量（客位）	集装箱位（TEU）	功率（千瓦）	艘数（艘）	净载重量（吨）	载客量（客位）
全国总计	**1 664**	**55 249 108**	**23 716**	**1 214 138**	**15 337 848**	**1 661**	**55 243 366**	**23 716**
北 京	–	–	–	–	–	–	–	–
天 津	5	14 478		758	15 221	5	14 478	–
河 北	8	413 909	376	228	76 313	8	413 909	376
山 西	–	–	–	–	–	–	–	–
内蒙古	–	–	–	–	–	–	–	–
辽 宁	61	9 376 149	800	1 565	947 295	61	9 376 149	800
吉 林	–	–	–	–	–	–	–	–
黑龙江	–	–	–	–	–	–	–	–
上 海	289	21 748 880	316	1 045 176	9 418 140	289	21 748 880	316
江 苏	123	4 762 368	–	11 059	935 814	123	4 762 368	–
浙 江	15	623 320	–	1 025	109 412	15	623 320	–
安 徽	–	–	–	–	–	–	–	–
福 建	65	1 624 307	4 385	29 975	551 784	65	1 624 307	4 385
江 西	–	–	–	–	–	–	–	–
山 东	74	5 717 259	9 286	3 656	815 439	74	5 717 259	9 286
河 南	–	–	–	–	–	–	–	–
湖 北	–	–	–	–	–	–	–	–
湖 南	2	145 000	–	–	17 732	2	145 000	–
广 东	971	8 539 943	8 154	116 921	2 094 149	968	8 534 201	8 154
广 西	13	36 141	399	764	23 165	13	36 141	399
海 南	35	2 091 370	–	3 011	309 172	35	2 091 370	–
重 庆	–	–	–	–	–	–	–	–
四 川	–	–	–	–	–	–	–	–
贵 州	–	–	–	–	–	–	–	–
云 南	–	–	–	–	–	–	–	–
西 藏	–	–	–	–	–	–	–	–
陕 西	–	–	–	–	–	–	–	–
甘 肃	–	–	–	–	–	–	–	–
青 海	–	–	–	–	–	–	–	–
宁 夏	–	–	–	–	–	–	–	–
新 疆	–	–	–	–	–	–	–	–
不分地区	3	155 984	–	–	24 212	3	155 984	–

工具拥有量

动　船		1. 客　船			2. 客 货 船				
集装箱位（TEU）	功率（千瓦）	艘数（艘）	载客量（客位）	功率（千瓦）	艘数（艘）	净载重量（吨）	载客量（客位）	集装箱位（TEU）	功率（千瓦）
1 214 050	**15 337 848**	**52**	**10 309**	**119 196**	**17**	**98 501**	**13 407**	**3 827**	**338 533**
–	–	–	–	–	–	–	–	–	–
758	15 221	–	–	–	–	–	–	–	–
228	76 313	–	–	–	1	3 700	376	228	12 960
–	–	–	–	–	–	–	–	–	–
–	–	–	–	–	–	–	–	–	–
1 565	947 295	–	–	–	1	5 695	800	144	19 845
–	–	–	–	–	–	–	–	–	–
–	–	–	–	–	–	–	–	–	–
1 045 176	9 418 140	–	–	–	1	4 371	316	229	12 360
11 059	935 814	–	–	–	–	–	–	–	–
1 025	109 412	–	–	–	–	–	–	–	–
–	–	–	–	–	–	–	–	–	–
29 975	551 784	8	2 155	26 971	3	7 927	2 230	256	84 606
–	–	–	–	–	–	–	–	–	–
3 656	815 439	–	–	–	10	74 262	9 286	2 809	198 840
–	–	–	–	–	–	–	–	–	–
–	–	–	–	–	–	–	–	–	–
–	17 732	–	–	–	–	–	–	–	–
116 833	2 094 149	44	8 154	92 225	–	–	–	–	–
764	23 165	–	–	–	1	2 546	399	161	9 922
3 011	309 172	–	–	–	–	–	–	–	–
–	–	–	–	–	–	–	–	–	–
–	–	–	–	–	–	–	–	–	–
–	–	–	–	–	–	–	–	–	–
–	–	–	–	–	–	–	–	–	–
–	–	–	–	–	–	–	–	–	–
–	–	–	–	–	–	–	–	–	–
–	–	–	–	–	–	–	–	–	–
–	–	–	–	–	–	–	–	–	–
–	–	–	–	–	–	–	–	–	–
–	–	–	–	–	–	–	–	–	–
–	24 212	–	–	–	–	–	–	–	–

3-8

地 区	3. 货 船				集 装 箱 船			
	艘数（艘）	净载重量（吨）	集装箱位（TEU）	功率（千瓦）	艘数（艘）	净载重量（吨）	集装箱位（TEU）	功率（千瓦）
全国总计	**1 585**	**55 143 216**	**1 210 223**	**14 874 469**	**503**	**11 166 042**	**1 099 249**	**7 818 800**
北 京	–	–	–	–	–	–	–	–
天 津	5	14 478	758	15 221	2	5 877	758	7 647
河 北	7	410 209	–	63 353	–	–	–	–
山 西	–	–	–	–	–	–	–	–
内蒙古	–	–	–	–	–	–	–	–
辽 宁	60	9 370 454	1 421	927 450	–	–	–	–
吉 林	–	–	–	–	–	–	–	–
黑龙江	–	–	–	–	–	–	–	–
上 海	288	21 744 509	1 044 947	9 405 780	138	10 110 458	1 017 591	7 258 438
江 苏	123	4 762 368	11 059	935 814	10	108 132	7 692	68 597
浙 江	15	623 320	1 025	109 412	2	13 718	1 025	8 500
安 徽	–	–	–	–	–	–	–	–
福 建	54	1 616 380	29 719	440 207	16	309 981	27 940	228 538
江 西	–	–	–	–	–	–	–	–
山 东	64	5 642 997	847	616 599	1	12 696	847	7 988
河 南	–	–	–	–	–	–	–	–
湖 北	–	–	–	–	–	–	–	–
湖 南	2	145 000	–	17 732	–	–	–	–
广 东	917	8 532 552	116 833	1 996 274	324	562 573	39 940	208 208
广 西	12	33 595	603	13 243	6	5 880	445	5 730
海 南	35	2 091 370	3 011	309 172	4	36 727	3 011	25 154
重 庆	–	–	–	–	–	–	–	–
四 川	–	–	–	–	–	–	–	–
贵 州	–	–	–	–	–	–	–	–
云 南	–	–	–	–	–	–	–	–
西 藏	–	–	–	–	–	–	–	–
陕 西	–	–	–	–	–	–	–	–
甘 肃	–	–	–	–	–	–	–	–
青 海	–	–	–	–	–	–	–	–
宁 夏	–	–	–	–	–	–	–	–
新 疆	–	–	–	–	–	–	–	–
不分地区	3	155 984	–	24 212	–	–	–	–

(续表一)

			4. 拖 船		二、驳 船			
油 船								
艘数（艘）	净载重量（吨）	功率（千瓦）	艘数（艘）	功率（千瓦）	艘数（艘）	净载重量（吨）	载客量（客位）	集装箱位（TEU）
213	**20 457 144**	**2 937 969**	**7**	**5 650**	**3**	**5 742**	**–**	**88**
–	–	–	–	–	–	–	–	–
–	–	–	–	–	–	–	–	–
–	–	–	–	–	–	–	–	–
–	–	–	–	–	–	–	–	–
–	–	–	–	–	–	–	–	–
44	9 325 774	902 244	–	–	–	–	–	–
–	–	–	–	–	–	–	–	–
–	–	–	–	–	–	–	–	–
91	8 828 151	1 584 158	–	–	–	–	–	–
36	1 747 180	315 342	–	–	–	–	–	–
–	–	–	–	–	–	–	–	–
–	–	–	–	–	–	–	–	–
–	–	–	–	–	–	–	–	–
–	–	–	–	–	–	–	–	–
3	134 057	27 652	–	–	–	–	–	–
–	–	–	–	–	–	–	–	–
–	–	–	–	–	–	–	–	–
–	–	–	–	–	–	–	–	–
35	275 421	81 547	7	5 650	3	5 742	–	88
–	–	–	–	–	–	–	–	–
4	146 561	27 026	–	–	–	–	–	–
–	–	–	–	–	–	–	–	–
–	–	–	–	–	–	–	–	–
–	–	–	–	–	–	–	–	–
–	–	–	–	–	–	–	–	–
–	–	–	–	–	–	–	–	–
–	–	–	–	–	–	–	–	–
–	–	–	–	–	–	–	–	–
–	–	–	–	–	–	–	–	–
–	–	–	–	–	–	–	–	–
–	–	–	–	–	–	–	–	–
–	–	–	–	–	–	–	–	–

3-9 沿海运输

地区	轮驳船总计					一、机		
	艘数（艘）	净载重量（吨）	载客量（客位）	集装箱位（TEU）	功率（千瓦）	艘数（艘）	净载重量（吨）	载客量（客位）
全国总计	**10 364**	**70 799 802**	**234 915**	**632 633**	**20 928 531**	**10 298**	**70 205 494**	**234 915**
北京	–	–	–	–	–	–	–	–
天津	230	2 485 892	1 262	5 810	778 271	219	2 301 277	1 262
河北	102	1 440 058	–	1 120	308 941	102	1 440 058	–
山西	–	–	–	–	–	–	–	–
内蒙古	–	–	–	–	–	–	–	–
辽宁	395	1 192 470	32 270	14 739	569 251	386	1 163 273	32 270
吉林	–	–	–	–	–	–	–	–
黑龙江	8	76 558	–	–	20 793	8	76 558	–
上海	607	2 604 136	–	90 033	3 008 948	598	2 525 835	–
江苏	1 388	9 364 336	100	36 337	2 214 903	1 370	9 227 739	100
浙江	3 111	25 253 875	43 088	53 680	5 682 855	3 110	25 243 377	43 088
安徽	587	3 876 588	–	60 261	943 909	585	3 875 188	–
福建	1 171	9 760 769	20 718	247 520	2 535 524	1 170	9 759 641	20 718
江西	40	180 789	–	757	60 233	38	179 059	–
山东	805	2 655 099	47 191	5 895	1 169 289	798	2 601 999	47 191
河南	–	–	–	–	–	–	–	–
湖北	194	1 711 439	–	1 049	350 788	192	1 623 697	–
湖南	15	86 568	–	4 529	23 092	15	86 568	–
广东	898	7 071 399	43 366	60 539	2 025 282	894	7 061 399	43 366
广西	406	1 527 355	7 483	9 209	503 725	406	1 527 355	7 483
海南	405	1 489 064	39 437	41 155	727 286	405	1 489 064	39 437
重庆	2	23 407	–	–	5 441	2	23 407	–
四川	–	–	–	–	–	–	–	–
贵州	–	–	–	–	–	–	–	–
云南	–	–	–	–	–	–	–	–
西藏	–	–	–	–	–	–	–	–
陕西	–	–	–	–	–	–	–	–
甘肃	–	–	–	–	–	–	–	–
青海	–	–	–	–	–	–	–	–
宁夏	–	–	–	–	–	–	–	–
新疆	–	–	–	–	–	–	–	–

工具拥有量

动　船		1. 客　船			2. 客 货 船				
集装箱位（TEU）	功率（千瓦）	艘数（艘）	载客量（客位）	功率（千瓦）	艘数（艘）	净载重量（吨）	载客量（客位）	集装箱位（TEU）	功率（千瓦）
631 955	**20 928 531**	**1 286**	**131 760**	**696 728**	**142**	**234 519**	**103 155**	**–**	**575 501**
–	–	–	–	–	–	–	–	–	–
5 810	778 271	34	1 262	3 794	–	–	–	–	–
1 120	308 941	–	–	–	–	–	–	–	–
–	–	–	–	–	–	–	–	–	–
–	–	–	–	–	–	–	–	–	–
14 739	569 251	53	9 800	31 277	37	26 991	22 470	–	136 135
–	–	–	–	–	–	–	–	–	–
–	20 793	–	–	–	–	–	–	–	–
90 033	3 008 948	–	–	–	–	–	–	–	–
36 337	2 214 903	2	100	820	–	–	–	–	–
53 680	5 682 855	166	42 647	238 562	5	1	441	–	1 796
60 261	943 909	–	–	–	–	–	–	–	–
247 370	2 535 524	214	20 334	79 227	5	450	384	–	3 254
757	60 233	–	–	–	–	–	–	–	–
5 895	1 169 289	370	20 528	87 395	31	77 752	26 663	–	202 786
–	–	–	–	–	–	–	–	–	–
1 049	350 788	–	–	–	–	–	–	–	–
4 529	23 092	–	–	–	–	–	–	–	–
60 011	2 025 282	146	17 635	123 957	33	60 483	25 731	–	99 715
9 209	503 725	33	5 945	37 234	3	1 460	1 538	–	16 800
41 155	727 286	268	13 509	94 462	28	67 382	25 928	–	115 015
–	5 441	–	–	–	–	–	–	–	–
–	–	–	–	–	–	–	–	–	–
–	–	–	–	–	–	–	–	–	–
–	–	–	–	–	–	–	–	–	–
–	–	–	–	–	–	–	–	–	–
–	–	–	–	–	–	–	–	–	–
–	–	–	–	–	–	–	–	–	–
–	–	–	–	–	–	–	–	–	–
–	–	–	–	–	–	–	–	–	–
–	–	–	–	–	–	–	–	–	–

3-9

地区	3.货船							
					集装箱船			
	艘数（艘）	净载重量（吨）	集装箱位（TEU）	功率（千瓦）	艘数（艘）	净载重量（吨）	集装箱位（TEU）	功率（千瓦）
全国总计	**8 622**	**69 948 782**	**631 955**	**18 739 638**	**528**	**6 605 741**	**479 208**	**2 661 676**
北京	–	–	–	–	–	–	–	–
天津	145	2 300 521	5 810	582 982	1	63 523	4 800	41 040
河北	101	1 440 058	1 120	307 001	–	–	–	–
山西	–	–	–	–	–	–	–	–
内蒙古	–	–	–	–	–	–	–	–
辽宁	290	1 136 282	14 739	384 559	10	209 488	14 087	91 121
吉林	–	–	–	–	–	–	–	–
黑龙江	8	76 558	–	20 793	–	–	–	–
上海	572	2 525 835	90 033	2 925 318	67	1 065 588	90 033	498 115
江苏	1 331	9 227 693	36 337	2 086 421	61	385 626	25 805	105 384
浙江	2 891	25 233 444	53 680	5 278 139	47	764 165	53 062	359 068
安徽	584	3 875 188	60 261	943 174	56	593 264	44 202	186 123
福建	949	9 759 191	247 370	2 439 163	120	2 184 166	143 377	686 259
江西	37	179 059	757	54 273	2	6 507	424	2 672
山东	338	2 520 702	5 895	671 041	8	44 049	2 900	16 573
河南	–	–	–	–	–	–	–	–
湖北	190	1 623 697	1 049	335 492	3	14 599	1 049	5 238
湖南	15	86 568	4 529	23 092	9	49 557	3 629	13 397
广东	691	6 999 025	60 011	1 718 191	121	635 362	51 472	306 912
广西	370	1 525 895	9 209	449 691	8	98 194	5 759	27 233
海南	108	1 415 659	41 155	514 867	15	491 653	38 609	322 541
重庆	2	23 407	–	5 441	–	–	–	–
四川	–	–	–	–	–	–	–	–
贵州	–	–	–	–	–	–	–	–
云南	–	–	–	–	–	–	–	–
西藏	–	–	–	–	–	–	–	–
陕西	–	–	–	–	–	–	–	–
甘肃	–	–	–	–	–	–	–	–
青海	–	–	–	–	–	–	–	–
宁夏	–	–	–	–	–	–	–	–
新疆	–	–	–	–	–	–	–	–

(续表一)

油船			4. 拖船		二、驳船			
艘数（艘）	净载重量（吨）	功率（千瓦）	艘数（艘）	功率（千瓦）	艘数（艘）	净载重量（吨）	载客量（客位）	集装箱位（TEU）
1 372	**5 528 422**	**1 857 449**	**248**	**916 664**	**66**	**594 308**	**–**	**678**
–	–	–	–	–	–	–	–	–
23	32 779	16 589	40	191 495	11	184 615	–	–
–	–	–	1	1 940	–	–	–	–
–	–	–	–	–	–	–	–	–
–	–	–	–	–	–	–	–	–
68	317 338	103 939	6	17 280	9	29 197	–	–
–	–	–	–	–	–	–	–	–
–	–	–	–	–	–	–	–	–
105	259 826	273 288	26	83 630	9	78 301	–	–
75	671 161	181 071	37	127 662	18	136 597	–	–
610	2 426 750	714 067	48	164 358	1	10 498	–	–
18	71 957	18 606	1	735	2	1 400	–	–
135	385 867	118 086	2	13 880	1	1 128	–	150
18	126 251	36 774	1	5 960	2	1 730	–	–
58	242 288	84 857	59	208 067	7	53 100	–	–
–	–	–	–	–	–	–	–	–
41	77 593	19 818	2	15 296	2	87 742	–	–
3	21 266	6 527	–	–	–	–	–	–
165	740 406	241 193	24	83 419	4	10 000	–	528
38	55 933	19 489	–	–	–	–	–	–
15	99 007	23 145	1	2 942	–	–	–	–
–	–	–	–	–	–	–	–	–
–	–	–	–	–	–	–	–	–
–	–	–	–	–	–	–	–	–
–	–	–	–	–	–	–	–	–
–	–	–	–	–	–	–	–	–
–	–	–	–	–	–	–	–	–
–	–	–	–	–	–	–	–	–
–	–	–	–	–	–	–	–	–
–	–	–	–	–	–	–	–	–
–	–	–	–	–	–	–	–	–

3-10 内河运输

地区	轮驳船总计					一、机		
	艘数（艘）	净载重量（吨）	载客量（客位）	集装箱位（TEU）	功率（千瓦）	艘数（艘）	净载重量（吨）	载客量（客位）
全国总计	**119 527**	**130 800 837**	**627 177**	**391 689**	**32 224 871**	**109 481**	**123 177 521**	**624 133**
北京	–	–	–	–	–	–	–	–
天津	20	–	1 960	–	5 553	20	–	1 960
河北	1 789	–	23 766	–	54 707	1 789	–	23 766
山西	263	7 241	4 317	–	16 820	263	7 241	4 317
内蒙古	–	–	–	–	–	–	–	–
辽宁	–	–	–	–	–	–	–	–
吉林	305	15 986	10 071	–	27 112	289	7 300	10 071
黑龙江	1 395	202 553	23 990	–	115 709	1 111	21 988	23 990
上海	662	364 591	38 960	7 181	271 076	628	325 553	38 960
江苏	28 904	24 910 872	48 330	26 280	6 278 454	25 798	22 407 497	48 330
浙江	10 787	4 933 447	46 098	10 053	1 643 690	10 787	4 933 447	46 098
安徽	24 363	44 555 569	12 985	71 385	9 837 352	23 560	44 138 316	12 985
福建	454	158 184	7 702	–	135 039	453	158 132	7 702
江西	2 346	2 362 646	13 360	4 086	692 122	2 346	2 362 646	13 360
山东	9 614	8 760 845	15 333	–	1 456 163	5 553	4 850 757	15 333
河南	5 467	9 806 404	14 680	–	2 184 443	5 153	9 503 425	14 680
湖北	3 172	5 566 471	34 747	2 734	1 496 032	3 078	5 452 778	34 747
湖南	4 707	4 069 030	61 810	6 240	1 379 508	4 467	4 034 063	59 886
广东	5 274	6 905 588	28 144	50 225	1 983 553	5 274	6 905 588	28 144
广西	6 113	8 955 394	20 771	97 623	1 670 400	6 113	8 955 394	20 771
海南	58	53	1 869	–	3 418	58	53	1 869
重庆	2 816	7 546 495	42 765	111 482	1 958 802	2 781	7 488 324	42 765
四川	5 160	1 322 171	45 878	4 358	549 535	4 307	1 269 653	45 878
贵州	2 081	144 579	55 446	–	168 978	2 079	144 271	55 446
云南	1 244	173 257	30 181	42	131 962	1 239	172 886	30 171
西藏	–	–	–	–	–	–	–	–
陕西	1 270	36 039	19 093	–	53 811	1 072	34 787	17 983
甘肃	489	1 650	9 403	–	54 450	489	1 650	9 403
青海	117	1 772	2 977	–	19 702	117	1 772	2 977
宁夏	657	–	12 541	–	36 480	657	–	12 541
新疆	–	–	–	–	–	–	–	–

工具拥有量

动　船		1. 客　船			2. 客货船				
集装箱位（TEU）	功率（千瓦）	艘数（艘）	载客量（客位）	功率（千瓦）	艘数（艘）	净载重量（吨）	载客量（客位）	集装箱位（TEU）	功率（千瓦）
390 055	**32 224 871**	**15 841**	**600 464**	**1 308 443**	**226**	**41 346**	**23 669**	**–**	**58 479**
–	–	–	–	–	–	–	–	–	–
–	5 553	20	1 960	5 553	–	–	–	–	–
–	54 707	1 789	23 766	54 707	–	–	–	–	–
–	16 820	253	4 317	13 391	–	–	–	–	–
–	–	–	–	–	–	–	–	–	–
–	–	–	–	–	–	–	–	–	–
–	27 112	260	10 071	23 581	–	–	–	–	–
–	115 709	615	22 429	57 758	60	2 715	1 561	–	6 475
5 767	271 076	123	37 117	79 986	4	3 658	1 843	–	2 650
26 060	6 278 454	332	32 416	51 835	77	33 810	15 914	–	41 291
10 053	1 643 690	1 094	45 098	88 459	2	–	1 000	–	330
71 385	9 837 352	347	12 985	33 545	–	–	–	–	–
–	135 039	165	7 702	20 513	–	–	–	–	–
4 086	692 122	260	13 360	25 957	–	–	–	–	–
–	1 456 163	703	15 333	50 250	–	–	–	–	–
–	2 184 443	491	14 680	49 705	–	–	–	–	–
2 734	1 496 032	339	34 747	90 233	–	–	–	–	–
6 240	1 379 508	1 695	59 886	95 791	–	–	–	–	–
50 225	1 983 553	270	28 144	46 242	–	–	–	–	–
97 623	1 670 400	312	20 771	32 702	–	–	–	–	–
–	3 418	58	1 869	3 418	–	–	–	–	–
111 482	1 958 802	499	41 527	118 122	3	161	1 238	–	4 240
4 358	549 535	1 512	45 878	61 708	–	–	–	–	–
–	168 978	1 683	55 446	107 936	–	–	–	–	–
42	131 962	1 036	29 348	64 010	37	570	823	–	2 797
–	–	–	–	–	–	–	–	–	–
–	53 811	774	16 693	29 987	43	432	1 290	–	696
–	54 450	441	9 403	47 886	–	–	–	–	–
–	19 702	117	2 977	19 702	–	–	–	–	–
–	36 480	653	12 541	35 466	–	–	–	–	–
–	–	–	–	–	–	–	–	–	–

地　区	3. 货　船				集　装　箱　船			
	艘数（艘）	净载重量（吨）	集装箱位（TEU）	功率（千瓦）	艘数（艘）	净载重量（吨）	集装箱位（TEU）	功率（千瓦）
全国总计	**91 738**	**123 057 312**	**390 055**	**30 358 064**	**710**	**1 567 672**	**98 094**	**448 016**
北　京	–	–	–	–	–	–	–	–
天　津	–	–	–	–	–	–	–	–
河　北	–	–	–	–	–	–	–	–
山　西	10	7 241	–	3 429	–	–	–	–
内蒙古	–	–	–	–	–	–	–	–
辽　宁	–	–	–	–	–	–	–	–
吉　林	28	7 300	–	3 311	–	–	–	–
黑龙江	297	13 878	–	18 146	–	–	–	–
上　海	483	321 895	5 767	171 688	71	92 817	5 767	39 200
江　苏	24 671	22 355 794	26 060	5 962 416	31	77 309	3 700	21 986
浙　江	9 689	4 933 157	10 053	1 554 641	143	170 122	6 304	38 822
安　徽	23 101	44 133 873	71 385	9 773 590	30	113 160	6 249	28 308
福　建	288	158 132	–	114 526	–	–	–	–
江　西	2 083	2 362 646	4 086	664 107	4	12 055	730	3 498
山　东	4 469	4 846 938	–	1 285 763	–	–	–	–
河　南	4 649	9 502 101	–	2 130 800	–	–	–	–
湖　北	2 685	5 452 219	2 734	1 378 489	10	47 653	2 734	10 195
湖　南	2 768	4 034 063	6 240	1 281 319	17	48 224	3 306	12 090
广　东	4 995	6 894 164	50 225	1 933 249	251	407 249	32 378	152 381
广　西	5 801	8 955 394	97 623	1 637 698	30	55 935	3 113	14 700
海　南	–	–	–	–	–	–	–	–
重　庆	2 252	7 488 163	111 482	1 817 610	101	484 838	31 259	110 124
四　川	2 613	1 269 653	4 358	472 684	19	56 729	2 512	12 948
贵　州	396	134 329	–	61 042	–	–	–	–
云　南	162	158 880	42	64 259	3	1 581	42	3 764
西　藏	–	–	–	–	–	–	–	–
陕　西	250	26 553	–	22 733	–	–	–	–
甘　肃	48	939	–	6 564	–	–	–	–
青　海	–	–	–	–	–	–	–	–
宁　夏	–	–	–	–	–	–	–	–
新　疆	–	–	–	–	–	–	–	–

（续表一）

油船			4. 拖船		二、驳船			
艘数（艘）	净载重量（吨）	功率（千瓦）	艘数（艘）	功率（千瓦）	艘数（艘）	净载重量（吨）	载客量（客位）	集装箱位（TEU）
1 494	**1 725 674**	**623 937**	**1 676**	**499 885**	**10 046**	**7 623 316**	**3 044**	**1 634**
–	–	–	–	–	–	–	–	–
–	–	–	–	–	–	–	–	–
–	–	–	–	–	–	–	–	–
–	–	–	–	–	–	–	–	–
–	–	–	–	–	–	–	–	–
–	–	–	–	–	–	–	–	–
–	–	–	1	220	16	8 686	–	–
–	–	–	139	33 330	284	180 565	–	–
86	47 958	26 051	18	16 752	34	39 038	–	1 414
789	628 905	230 736	718	222 912	3 106	2 503 375	–	220
17	7 275	4 084	2	260	–	–	–	–
163	131 597	51 690	112	30 217	803	417 253	–	–
10	3 224	2 562	–	–	1	52	–	–
26	58 771	17 395	3	2 058	–	–	–	–
–	–	–	381	120 150	4 061	3 910 088	–	–
–	–	–	13	3 938	314	302 979	–	–
122	329 016	97 298	54	27 310	94	113 693	–	–
38	48 994	17 159	4	2 398	240	34 967	1 924	–
137	151 679	56 919	9	4 062	–	–	–	–
6	8 557	3 837	–	–	–	–	–	–
–	–	–	–	–	–	–	–	–
68	268 736	93 826	27	18 830	35	58 171	–	–
32	40 962	22 380	182	15 143	853	52 518	–	–
–	–	–	–	–	2	308	–	–
–	–	–	4	896	5	371	10	–
–	–	–	–	–	–	–	–	–
–	–	–	5	395	198	1 252	1 110	–
–	–	–	–	–	–	–	–	–
–	–	–	–	–	–	–	–	–
–	–	–	4	1 014	–	–	–	–
–	–	–	–	–	–	–	–	–

3-11 水路客、货运输量

地 区	客运量（万人）	旅客周转量（万人公里）	货运量（万吨）	货物周转量（万吨公里）
全国总计	**27 267**	**802 202**	**747 225**	**1 039 630 352**
北 京	–	–	–	–
天 津	141	2 152	8 955	15 460 099
河 北	1	895	4 160	5 990 355
山 西	142	604	24	1 328
内蒙古	–	–	–	–
辽 宁	530	60 059	12 498	50 272 669
吉 林	94	1 433	14	576
黑龙江	317	3 546	780	55 562
上 海	441	7 689	69 981	294 711 195
江 苏	2 084	36 718	90 670	63 794 937
浙 江	4 785	69 486	106 878	100 737 050
安 徽	222	3 039	124 982	62 246 781
福 建	1 821	26 597	42 263	71 355 995
江 西	198	2 751	10 331	2 553 766
山 东	2 014	143 864	17 758	18 955 465
河 南	307	6 556	17 235	12 123 283
湖 北	632	47 583	39 105	29 255 507
湖 南	1 641	34 516	20 090	4 215 476
广 东	2 614	97 064	108 371	245 082 632
广 西	770	35 044	31 881	17 654 585
海 南	1 736	40 836	10 552	15 904 594
重 庆	756	57 294	21 094	24 533 774
四 川	1 930	18 192	6 896	3 055 727
贵 州	2 305	75 037	1 674	451 916
云 南	1 147	22 955	696	174 375
西 藏	–	–	–	–
陕 西	285	4 999	197	5 853
甘 肃	80	1 292	16	270
青 海	94	1 022	–	–
宁 夏	183	980	–	–
新 疆	–	–	–	–
不分地区	–	–	124	1 036 582

3-12 水路旅客运输量（按航区分）

地 区	客运量（万人）			旅客周转量（万人公里）		
	内 河	沿 海	远 洋	内 河	沿 海	远 洋
全国总计	**15 454**	**10 767**	**1 046**	**345 236**	**319 434**	**137 532**
北 京	–	–	–	–	–	–
天 津	139	2	–	2 024	128	–
河 北	–	–	1	–	–	895
山 西	142	–	–	604	–	–
内蒙古	–	–	–	–	–	–
辽 宁	–	519	11	–	55 093	4 966
吉 林	94	–	–	1 433	–	–
黑龙江	317	–	–	3 546	–	–
上 海	–	440	1	–	6 892	797
江 苏	2 062	–	22	19 165	–	17 553
浙 江	1 342	3 443	–	13 576	55 910	–
安 徽	222	–	–	3 039	–	–
福 建	209	1 464	148	3 433	15 173	7 990
江 西	198	–	–	2 751	–	–
山 东	505	1 376	133	2 466	80 743	60 655
河 南	307	–	–	6 556	–	–
湖 北	632	–	–	47 583	–	–
湖 南	1 641	–	–	34 516	–	–
广 东	397	1 488	729	8 286	44 103	44 675
广 西	352	418	–	14 148	20 896	–
海 南	118	1 618	–	339	40 497	–
重 庆	756	–	–	57 294	–	–
四 川	1 930	–	–	18 192	–	–
贵 州	2 305	–	–	75 037	–	–
云 南	1 147	–	–	22 955	–	–
西 藏	–	–	–	–	–	–
陕 西	285	–	–	4 999	–	–
甘 肃	80	–	–	1 292	–	–
青 海	94	–	–	1 022	–	–
宁 夏	183	–	–	980	–	–
新 疆	–	–	–	–	–	–
不分地区	–	–	–	–	–	–

3-13 水路货物运输量（按航区分）

地 区	货运量（万吨）			货物周转量（万吨公里）		
	内 河	沿 海	远 洋	内 河	沿 海	远 洋
全国总计	**391 317**	**272 666**	**83 243**	**163 020 082**	**336 035 578**	**540 574 693**
北 京	–	–	–	–	–	–
天 津	–	8 749	206	–	14 679 448	780 651
河 北	–	3 974	186	–	5 445 134	545 221
山 西	24	–	–	1 328	–	–
内蒙古	–	–	–	–	–	–
辽 宁	–	7 785	4 713	–	6 889 230	43 383 439
吉 林	14	–	–	576	–	–
黑龙江	780	–	–	55 562	–	–
上 海	2 329	37 002	30 650	539 707	49 234 307	244 937 180
江 苏	64 373	21 483	4 814	21 208 163	23 255 007	19 331 767
浙 江	23 381	80 509	2 988	3 599 623	87 357 394	9 780 034
安 徽	115 252	9 730	–	52 585 813	9 660 968	–
福 建	2 573	38 462	1 228	159 990	66 592 587	4 603 418
江 西	9 967	363	–	2 078 738	475 028	–
山 东	3 799	11 980	1 979	1 532 157	7 919 190	9 504 118
河 南	17 235	–	–	12 123 283	–	–
湖 北	31 661	7 286	158	21 748 802	6 926 155	580 550
湖 南	19 944	30	117	3 406 464	62 728	746 283
广 东	44 878	29 117	34 375	6 871 263	40 428 650	197 782 719
广 西	24 634	6 802	444	8 972 718	8 440 674	241 193
海 南	–	9 292	1 260	–	8 583 056	7 321 538
重 庆	20 991	102	–	24 447 754	86 020	–
四 川	6 896	–	–	3 055 727	–	–
贵 州	1 674	–	–	451 916	–	–
云 南	696	–	–	174 375	–	–
西 藏	–	–	–	–	–	–
陕 西	197	–	–	5 853	–	–
甘 肃	16	–	–	270	–	–
青 海	–	–	–	–	–	–
宁 夏	–	–	–	–	–	–
新 疆	–	–	–	–	–	–
不分地区	–	–	124	–	–	1 036 582

3-14 海上险情及搜救活动

指　　标	计算单位	数　　量	所占比例（%）
一、海上搜救行动次数	**次**	**1 922**	**100.00**
1. 按遇险性质分：碰撞	次	306	15.92
触礁	次	63	3.28
搁浅	次	220	11.45
触损	次	35	1.82
浪损	次	12	0.62
火灾 / 爆炸	次	96	4.99
风灾	次	31	1.61
自沉	次	172	8.95
机损	次	220	11.45
伤病	次	370	19.25
其他	次	397	20.66
2. 按区域分：东海海区	次	671	34.91
南海海区	次	476	24.77
黄海海区	次	196	10.20
渤海海区	次	211	10.98
长江下游	次	79	4.11
长江中游	次	15	0.78
长江上游	次	20	1.04
珠江	次	110	5.72
内河支流	次	121	6.30
水库湖泊	次	1	0.05
黑龙江	次	9	0.47
其他	次	13	0.68
3. 按等级分：一般	次	1 676	87.20
较大	次	221	11.50
重大	次	22	1.14
特大	次	3	…
二、遇险人员救助情况	**人次**	**14 413**	**100.00**
获救人员	人次	13 875	95.28
三、各部门派出搜救船艇	**艘次**	**11 775**	**100.00**
海事	艘次	1 840	15.63
救捞	艘次	458	3.89
军队	艘次	250	2.12
社会	艘次	2 897	24.60
渔船	艘次	3 749	31.84
过往船舶	艘次	2 581	21.92
四、各部门派出搜救飞机	**架次**	**354**	**100.00**
海事	架次	15	4.24
救助	架次	279	78.81
军队	架次	10	2.82
社会	架次	50	14.12

资料来源：中国海上搜救中心。

主要统计指标解释

内河航道通航长度 指报告期末在江河、湖泊、水库、渠道和运河水域内，船舶、排筏在不同水位期可以通航的实际航道里程数。计算单位：公里。内河航道通航里程按主航道中心线实际长度计算。

内河航道通航里程可分为等级航道和等外航道里程，等级航道里程又分为一级航道、二级航道、三级航道、四级航道、五级航道、六级航道和七级航道里程。

船舶数量 指报告期末在交通运输主管部门注册登记的船舶实际数量。计算单位：艘。统计的船舶包括运输船舶、工程船舶和辅助船舶，不包括渔船和军用船舶。

船舶一般分为机动船和驳船，机动船又可分为客船、客货船、货船（包括集装箱船）和拖船。

净载重量 指报告期末所拥有船舶的总载重量减去燃（物）料、淡水、粮食及供应品、人员及其行李等重量及船舶常数后，能够装载货物的实际重量。计算单位：吨。船舶常数指船舶经过一段时间营运后的空船重量与船舶建造出厂时空船重量的差值。

载客量 指报告期末所拥有船舶可用于载运旅客的额定数量。计算单位：客位。载客量包括船员临时占用的旅客铺位，但不包括船员自用铺位。客货船临时将货舱改作载客用途，该船的客位数不做变更。

箱位量 指报告期末所拥有集装箱船舶可装载折合为 20 英尺集装箱的额定数量。计算单位：TEU。各种外部尺寸的集装箱箱位，均按折算系数折算成 20 英尺集装箱进行计算。

船舶功率 指报告期末所拥有船舶主机的额定功率数。计算单位：千瓦。

客运量 指报告期内船舶实际运送的旅客人数。计算单位：人。

旅客周转量 指报告期内船舶实际运送的每位旅客与该旅客运送距离的乘积之和。计算单位：人公里。

货运量 指报告期内船舶实际运送的货物重量。计算单位：吨。

货物周转量 指报告期内船舶实际运送的每批货物重量与该批货物运送距离的乘积之和。计算单位：吨公里。

集装箱箱运量 指报告期内船舶实际运送集装箱的数量。按实际箱数计算，计算单位：箱；按折合 20 英尺标准箱计算，计算单位：TEU。

集装箱货运量 指报告期内船舶运送集装箱的实际重量，包括集装箱装载货物的重量和集装箱箱体的重量。计算单位：吨。

四、城市客运

简 要 说 明

一、本篇资料反映我国全国、中心城市公共交通运输发展的基本情况，主要包括全国、中心城市公共交通的运输工具、运营线路、客运量等内容。

二、本资料分全国、中心城市公共汽电车、巡游出租汽车、轨道交通和客运轮渡。

4-1　全国城市客运经营业户

单位：户

地　区	公共汽电车经营业户数	国有企业	国有控股企业	私营企业	个体经营	轨道交通经营业户数	城市客运轮渡经营业户数
全国总计	**4 144**	**1 290**	**399**	**2 110**	**137**	**59**	**22**
北　京	1	1	–	–	–	4	–
天　津	14	13	–	1	–	2	–
河　北	209	58	10	134	1	1	–
山　西	145	43	9	88	5	–	–
内蒙古	219	20	4	118	76	1	–
辽　宁	126	40	26	58	2	3	–
吉　林	123	18	5	92	2	1	–
黑龙江	252	22	10	194	24	1	5
上　海	32	–	22	–	–	6	1
江　苏	113	69	25	19	–	9	1
浙　江	166	98	17	49	–	5	2
安　徽	151	68	28	55	–	1	–
福　建	105	63	14	28	–	3	1
江　西	151	35	40	74	1	1	1
山　东	296	115	29	148	–	3	1
河　南	156	66	14	70	4	1	–
湖　北	120	60	9	51	–	1	3
湖　南	201	28	–	62	–	2	3
广　东	239	76	36	127	–	6	4
广　西	164	18	10	126	2	1	–
海　南	42	11	5	25	1	–	–
重　庆	66	36	8	19	–	1	–
四　川	252	69	25	133	11	1	–
贵　州	173	61	8	73	3	1	–
云　南	181	51	16	112	–	1	–
西　藏	8	7	–	–	1	–	–
陕　西	144	42	11	89	1	1	–
甘　肃	95	25	6	61	2	1	–
青　海	37	12	–	21	–	–	–
宁　夏	44	12	3	29	–	–	–
新　疆	119	53	9	54	1	1	–

4-1 （续表一）

单位：户

地　区	巡游出租汽车经营业户数					
	合计	车辆 301 辆以上的企业数	车辆 101~300 辆（含）的企业数	车辆 51~100 辆（含）的企业数	车辆 50 辆（含）以下的企业数	个体经营业户数
全国总计	**150 290**	**877**	**2 643**	**2 218**	**7 173**	**137 379**
北　京	1 379	29	60	52	81	1 157
天　津	6 036	24	27	9	1	5 975
河　北	1 397	67	142	97	87	1 004
山　西	340	27	109	86	50	68
内蒙古	24 822	48	77	58	50	24 589
辽　宁	16 287	63	155	102	300	15 667
吉　林	34 374	39	46	58	124	34 107
黑龙江	19 636	87	154	76	103	19 216
上　海	3 059	18	11	26	61	2 943
江　苏	6 078	36	156	98	72	5 716
浙　江	1 631	22	132	92	159	1 226
安　徽	1 684	38	127	55	48	1 416
福　建	185	15	42	47	81	–
江　西	2 323	7	37	52	73	2 154
山　东	6 621	37	200	147	4 545	1 692
河　南	5 032	39	177	140	117	4 559
湖　北	2 031	22	106	84	50	1 769
湖　南	962	18	92	110	66	676
广　东	361	47	97	78	130	9
广　西	183	19	36	39	89	–
海　南	73	4	13	13	43	–
重　庆	1 065	15	49	41	56	904
四　川	1 227	28	89	145	252	713
贵　州	1 679	20	64	111	163	1 321
云　南	2 548	8	78	102	98	2 262
西　藏	27	2	2	8	15	–
陕　西	335	19	77	126	113	–
甘　肃	251	20	115	69	47	–
青　海	129	11	24	14	18	62
宁　夏	88	18	36	15	19	–
新　疆	8 447	30	113	68	62	8 174

4-2 全国城市客运设施

地区	公交专用车道长度（公里）	轨道交通车站数（个）		城市客运轮渡在用码头数（个）	公共汽电车停保场面积（万平方米）
			换乘站数		
全国总计	**1 4951.7**	**4 007**	**368**	**145**	**8 919.4**
北京	952.0	405	62	–	589.1
天津	194.0	157	15	–	122.2
河北	381.6	32	1	–	459.0
山西	549.9	–	–	–	184.8
内蒙古	316.8	20	1	–	127.3
辽宁	1 164.2	172	6	–	308.5
吉林	244.4	129	8	–	118.2
黑龙江	112.2	27	1	23	185.9
上海	395.8	415	60	41	239.1
江苏	1 361.0	482	30	10	681.5
浙江	953.0	178	22	5	510.8
安徽	408.2	77	3	–	540.1
福建	256.2	99	2	7	259.5
江西	374.8	50	2	2	273.0
山东	1 426.4	118	3	2	895.1
河南	952.2	104	6	–	559.5
湖北	448.7	228	24	12	277.5
湖南	532.6	65	6	6	331.0
广东	1 446.7	518	66	37	756.1
广西	233.0	64	4	–	171.8
海南	28.0	–	–	–	41.0
重庆	172.9	189	19	–	46.8
四川	771.4	257	18	–	426.6
贵州	115.5	25	–	–	128.6
云南	156.7	57	3	–	143.7
西藏	46.0	–	–	–	6.0
陕西	427.8	99	6	–	132.6
甘肃	15.4	19	–	–	46.4
青海	54.3	–	–	–	43.8
宁夏	132.0	–	–	–	82.5
新疆	328.0	21	–	–	231.3

注：上海轨道交通车站数含江苏（昆山）境内 3 个，均非换乘站。

4-3 全国公共汽电车数量

地 区	公共汽电车数（辆）				标准运营车数（标台）
		空调车	安装卫星定位车载终端的车辆	BRT 运营车辆	
全国总计	**693 263**	**545 415**	**597 862**	**9 502**	**791 472**
北 京	23 685	23 534	23 685	295	32 472
天 津	12 746	12 126	10 859	–	14 250
河 北	30 304	23 484	23 923	–	32 390
山 西	16 830	7 746	13 307	–	18 951
内蒙古	12 203	6 065	9 756	41	13 338
辽 宁	24 702	9 606	17 243	62	29 848
吉 林	12 730	3 292	8 956	–	13 659
黑龙江	20 075	5 357	14 361	–	23 036
上 海	17 903	17 880	16 881	35	22 567
江 苏	49 074	48 389	42 916	837	57 709
浙 江	42 670	42 465	39 263	797	47 443
安 徽	27 403	24 599	24 615	1 511	31 498
福 建	20 543	20 344	20 523	313	22 589
江 西	13 963	13 177	12 606	226	15 434
山 东	67 542	41 898	63 139	585	74 083
河 南	35 133	30 063	28 185	1 667	38 969
湖 北	23 776	21 740	19 447	260	27 654
湖 南	31 851	31 285	31 812	232	37 505
广 东	67 593	60 556	60 779	1 074	76 484
广 西	14 911	12 646	12 635	219	16 335
海 南	4 818	4 716	3 525	–	5 253
重 庆	14 276	13 456	13 435	–	16 637
四 川	34 332	30 981	29 594	435	39 541
贵 州	10 287	7 981	9 204	160	11 808
云 南	16 926	7 054	15 014	–	17 223
西 藏	725	597	680	–	866
陕 西	17 342	13 198	8 577	–	20 541
甘 肃	10 003	4 737	5 591	70	11 005
青 海	3 889	827	3 396	–	4 300
宁 夏	4 007	2 723	3 556	125	4 715
新 疆	11 021	2 893	10 399	558	13 370

4-4 全国公共汽电车数量（按长度分）

地　区	公共汽电车数（辆）								
	合计	≤ 5 米	> 5 米且≤ 7 米	> 7 米且≤ 10 米	> 10 米且≤ 13 米	> 13 米且≤ 16 米	> 16 米且≤ 18 米	> 18 米	双层车
全国总计	**693 263**	**5 496**	**68 564**	**239 949**	**365 323**	**5 619**	**3 882**	**212**	**4 218**
北　京	23 685	–	554	1 175	17 354	2 363	775	–	1 464
天　津	12 746	126	688	6 223	5 608	–	–	–	101
河　北	30 304	830	4 341	12 862	12 005	197	18	–	51
山　西	16 830	248	1 496	6 265	8 742	26	53	–	–
内蒙古	12 203	827	1 628	3 185	6 476	–	30	22	35
辽　宁	24 702	10	663	6 580	17 318	1	28	57	45
吉　林	12 730	336	1 613	5 628	5 096	–	10	–	47
黑龙江	20 075	309	1 172	7 195	11 291	88	–	–	20
上　海	17 903	–	161	2 456	15 115	–	68	29	74
江　苏	49 074	3	2 973	15 120	30 574	133	192	–	79
浙　江	42 670	341	6 741	15 459	17 889	2 117	64	–	59
安　徽	27 403	276	2 229	9 478	14 974	82	241	–	123
福　建	20 543	202	2 961	7 746	9 403	22	107	–	102
江　西	13 963	5	1 398	6 485	5 933	90	30	–	22
山　东	67 542	192	9 725	27 216	29 651	315	337	10	96
河　南	35 133	94	4 595	13 872	16 121	29	252	–	170
湖　北	23 776	–	1 252	8 871	13 401	–	60	–	192
湖　南	31 851	14	1 401	10 172	20 261	–	–	–	3
广　东	67 593	121	5 043	28 391	33 617	52	38	12	319
广　西	14 911	204	1 854	6 634	5 862	–	20	–	337
海　南	4 818	67	954	1 310	2 472	–	–	–	15
重　庆	14 276	17	1 126	4 114	9 016	–	–	–	3
四　川	34 332	346	4 425	9 716	18 767	26	1 008	22	22
贵　州	10 287	32	577	4 201	5 353	41	12	–	71
云　南	16 926	433	4 647	6 394	5 003	–	30	–	419
西　藏	725	–	81	92	552	–	–	–	–
陕　西	17 342	21	1 636	3 959	11 422	–	–	–	304
甘　肃	10 003	319	895	4 270	4 455	–	–	60	4
青　海	3 889	31	558	1 344	1 945	–	–	–	11
宁　夏	4 007	–	295	1 259	2 366	–	87	–	–
新　疆	11 021	92	882	2 277	7 281	37	422	–	30

4-5 全国公共汽电车数量（按燃料类型分）

地 区	公共汽电车数（辆）								
	合计	汽油车	柴油车	天然气车	双燃料车	无轨电车	纯电动车	混合动力车	其他
全国总计	**693 263**	**5 775**	**120 954**	**149 022**	**4 232**	**2 582**	**324 231**	**85 481**	**986**
北 京	23 685	–	4 844	9 290	–	1 276	7 521	749	5
天 津	12 746	180	5 601	709	–	–	3 757	2 499	–
河 北	30 304	740	1 917	7 233	244	35	17 652	2 309	174
山 西	16 830	200	1 367	3 063	689	78	10 915	468	50
内蒙古	12 203	892	2 782	3 839	224	–	3 321	1 145	–
辽 宁	24 702	–	6 288	7 165	6	65	5 591	5 515	72
吉 林	12 730	196	3 097	4 200	151	–	4 560	526	–
黑龙江	20 075	645	6 875	1 856	–	–	8 937	1 762	–
上 海	17 903	–	7 077	111	–	363	7 878	2 468	6
江 苏	49 074	72	9 246	9 877	–	–	20 192	9 662	25
浙 江	42 670	271	12 936	7 663	407	85	13 659	7 574	75
安 徽	27 403	25	5 747	5 381	254	–	12 344	3 652	–
福 建	20 543	37	2 533	2 239	135	–	12 775	2 822	2
江 西	13 963	4	4 129	1 366	–	–	6 907	1 557	–
山 东	67 542	212	6 799	14 562	1	233	36 302	9 305	128
河 南	35 133	326	3 529	3 149	–	124	22 648	5 062	295
湖 北	23 776	16	5 205	7 283	31	40	9 993	1 185	23
湖 南	31 851	14	2 237	1 950	–	–	21 001	6 649	–
广 东	67 593	27	4 448	5 664	76	283	53 565	3 457	73
广 西	14 911	203	4 814	1 810	30	–	5 939	2 115	–
海 南	4 818	–	1 363	406	–	–	2 321	728	–
重 庆	14 276	25	1 222	8 051	12	–	1 806	3 160	–
四 川	34 332	392	3 553	17 395	890	–	9 244	2 838	20
贵 州	10 287	46	1 941	3 231	–	–	3 684	1 380	5
云 南	16 926	671	7 462	1 348	11	–	5 150	2 284	–
西 藏	725	–	236	395	–	–	94	–	–
陕 西	17 342	1	987	5 782	454	–	8 211	1 907	–
甘 肃	10 003	400	1 408	3 029	59	–	4 136	971	–
青 海	3 889	85	81	1 913	56	–	1 451	303	–
宁 夏	4 007	24	388	2 111	89	–	1 212	150	33
新 疆	11 021	71	842	6 951	413	–	1 465	1 279	–

4-6 全国公共汽电车数量（按排放标准分）

地 区	公共汽电车数（辆）				
	合计	国Ⅲ及以下	国Ⅳ	国Ⅴ及以上	零排放
全国总计	**693 263**	**87 351**	**125 902**	**147 844**	**332 166**
北 京	23 685	190	3 205	11 488	8 802
天 津	12 746	1 957	5 097	2 040	3 652
河 北	30 304	2 984	3 729	5 730	17 861
山 西	16 830	1 749	2 865	1 170	11 046
内蒙古	12 203	3 522	3 316	2 031	3 334
辽 宁	24 702	4 967	4 901	8 899	5 935
吉 林	12 730	2 294	3 924	1 942	4 570
黑龙江	20 075	4 606	3 861	2 719	8 889
上 海	17 903	2 377	1 908	5 316	8 302
江 苏	49 074	5 910	10 101	12 878	20 185
浙 江	42 670	4 211	10 041	14 452	13 966
安 徽	27 403	5 003	3 899	5 822	12 679
福 建	20 543	1 323	2 773	3 660	12 787
江 西	13 963	2 156	2 124	2 714	6 969
山 东	67 542	8 145	9 201	13 167	37 029
河 南	35 133	2 383	3 201	6 326	23 223
湖 北	23 776	3 570	4 245	5 720	10 241
湖 南	31 851	2 269	7 028	1 553	21 001
广 东	67 593	2 793	3 869	6 935	53 996
广 西	14 911	2 630	2 617	3 709	5 955
海 南	4 818	216	1 268	1 013	2 321
重 庆	14 276	4 026	3 980	4 464	1 806
四 川	34 332	5 216	11 459	8 237	9 420
贵 州	10 287	1 043	1 677	1 329	6 238
云 南	16 926	4 442	4 643	2 681	5 160
西 藏	725	33	187	411	94
陕 西	17 342	2 635	3 111	3 369	8 227
甘 肃	10 003	1 015	2 018	2 779	4 191
青 海	3 889	359	1 608	437	1 485
宁 夏	4 007	1 240	440	952	1 375
新 疆	11 021	2 087	3 606	3 901	1 427

4-7 全国公共汽电车线路

地 区	运营线路条数（条）	运营线路总长度（公里）		
			BRT 线路长度	无轨电车线路长度
全国总计	**65 730**	**1 336 177**	**6 150**	**1 163**
北 京	1 158	27 632	102	456
天 津	970	25 526	–	–
河 北	2 996	69 842	–	47
山 西	2 117	45 694	–	45
内蒙古	1 538	44 684	204	–
辽 宁	2 150	38 656	14	8
吉 林	1 265	20 926	–	–
黑龙江	1 759	36 363	–	–
上 海	1 575	24 779	21	145
江 苏	4 549	87 506	817	–
浙 江	6 382	116 335	930	50
安 徽	2 507	48 818	119	–
福 建	2 090	37 086	60	–
江 西	1 693	36 557	49	–
山 东	6 425	168 437	605	75
河 南	2 384	43 499	1 029	34
湖 北	1 775	28 824	36	109
湖 南	2 290	39 378	90	–
广 东	5 687	121 998	823	193
广 西	1 619	32 936	422	–
海 南	459	10 501	–	–
重 庆	1 493	29 745	–	–
四 川	3 379	54 248	85	–
贵 州	1 126	19 607	486	–
云 南	2 266	46 742	–	–
西 藏	101	2 067	–	–
陕 西	1 238	22 444	–	–
甘 肃	908	18 840	13	–
青 海	469	9 987	–	–
宁 夏	464	9 897	50	–
新 疆	898	16 623	194	–

4-8 全国公共汽电车客运量

地　区	运营里程（万公里）	客运量（万人次）	
			BRT
全国总计	**3 541 295**	**6 917 592**	**174 691**
北　京	127 923	311 896	3 649
天　津	48 325	109 077	–
河　北	133 379	192 594	–
山　西	71 222	165 404	–
内蒙古	64 438	119 552	496.7
辽　宁	131 097	376 730	1 407
吉　林	66 153	161 688	–
黑龙江	103 355	224 854	–
上　海	104 237	204 695	386.6
江　苏	246 521	438 095	18 234
浙　江	241 156	334 832	10 170
安　徽	129 253	206 234	13 102
福　建	113 377	216 525	10 366
江　西	73 133	135 724	7 793
山　东	296 299	425 011	9 115
河　南	153 333	275 186	33 505
湖　北	139 124	319 577	4 148
湖　南	145 525	284 948	3 019
广　东	411 396	612 745	22 141
广　西	73 765	110 880	3 896
海　南	27 901	32 609	–
重　庆	84 373	257 088	–
四　川	163 396	409 996	10 617
贵　州	54 080	177 276	3 180
云　南	81 920	165 361	–
西　藏	4 162	9 687	–
陕　西	98 423	247 326	–
甘　肃	58 828	159 748	4 441
青　海	19 230	45 230	–
宁　夏	18 197	40 446	3 812
新　疆	57 776	146 580	11 214

4-9 全国巡游出租汽车车辆数

单位：辆

地区	运营车数						
	合计	汽油车	乙醇汽油车	天然气车	双燃料车	纯电动车	其他
全国总计	**1 391 574**	**333 031**	**156 445**	**26 594**	**768 557**	**77 249**	**29 698**
北京	71 517	62 597	–	–	1 143	4 729	3 048
天津	31 775	30 805	–	–	412	2	556
河北	72 920	17 018	824	232	54 492	354	–
山西	42 880	3 295	–	–	27 796	11 529	260
内蒙古	67 819	31 431	–	–	36 388	–	–
辽宁	92 516	3 115	2 104	6 019	80 615	65	598
吉林	70 846	–	62 712	1 530	6 604	–	–
黑龙江	102 734	4 394	83 494	–	14 840	1	5
上海	39 962	37 582	–	–	481	1 899	–
江苏	57 014	16 334	285	643	38 286	1 086	380
浙江	44 912	14 728	–	177	28 179	1 765	63
安徽	55 215	3 701	5 223	2 659	41 997	1 635	–
福建	22 860	2 369	–	–	17 338	3 152	1
江西	17 665	13 351	–	4	4 036	181	93
山东	72 146	8 973	–	46	62 282	66	779
河南	62 552	10 697	1 427	1 000	48 438	988	2
湖北	43 104	7 165	–	601	33 838	1 500	–
湖南	35 338	7 665	–	–	27 446	225	2
广东	62 478	4 979	–	–	23 123	31 282	3 094
广西	20 935	6 487	350	594	12 000	1 355	149
海南	6 791	300	–	–	6 130	361	–
重庆	24 503	334	–	789	23 180	200	–
四川	43 819	4 982	–	807	35 465	2 565	–
贵州	36 378	8 904	26	562	14 134	2 621	10 131
云南	30 500	18 479	–	507	10 482	993	39
西藏	2 675	544	–	–	–	–	2 131
陕西	38 020	511	–	–	23 166	6 220	8 123
甘肃	38 104	6 641	–	7 543	22 644	1 104	172
青海	13 684	2 840	–	20	10 189	635	–
宁夏	16 348	2 493	–	–	13 803	52	–
新疆	53 564	317	–	2 861	49 630	684	72

4-10　全国巡游出租汽车运量

地　区	载客车次总数（万车次）	运营里程（万公里）		客运量（万人次）
			载客里程	
全国总计	**1 844 401**	**14 766 629**	**9 762 291**	**3 478 950**
北　京	23 650	449 476	289 560	33 110
天　津	20 697	243 145	124 415	36 867
河　北	74 945	713 298	465 341	134 342
山　西	54 417	415 526	269 840	107 110
内蒙古	83 748	625 913	415 107	152 992
辽　宁	135 074	1 127 546	761 191	258 469
吉　林	99 175	730 222	555 924	182 689
黑龙江	152 910	923 652	633 030	307 701
上　海	31 400	474 150	294 855	56 415
江　苏	56 635	592 126	340 758	115 998
浙　江	52 916	497 585	297 487	94 477
安　徽	80 561	600 771	393 940	162 078
福　建	30 147	264 388	171 847	58 177
江　西	28 369	198 285	120 330	56 221
山　东	73 435	787 470	498 537	127 613
河　南	82 238	680 492	478 914	149 243
湖　北	73 691	590 740	372 126	139 803
湖　南	74 767	446 353	299 863	152 095
广　东	75 891	840 320	537 114	141 566
广　西	16 973	167 023	104 953	31 469
海　南	6 394	84 704	55 410	14 601
重　庆	53 783	405 490	268 806	108 783
四　川	89 601	601 445	386 345	171 903
贵　州	76 400	362 575	279 183	170 272
云　南	41 414	241 737	158 537	79 912
西　藏	7 049	48 350	38 169	12 617
陕　西	62 040	448 786	301 334	116 210
甘　肃	56 380	351 330	235 498	95 140
青　海	16 645	112 642	82 683	28 485
宁　夏	22 090	149 748	101 981	38 685
新　疆	90 965	591 342	429 216	143 910

4-11 全国轨道交通配属车辆数

地 区	配属车辆数（辆）								配属列车数（列）
	合计	地铁	轻轨	单轨	有轨电车	磁浮	自动导向	市域快速轨道	
全国总计	**40 998**	**38 084**	**897**	**792**	**890**	**95**	**44**	**196**	**7 104**
北 京	6 449	6 294	–	–	31	60	–	64	1 050
天 津	1 244	1 068	152	–	24	–	–	–	224
河 北	264	264	–	–	–	–	–	–	44
山 西	–	–	–	–	–	–	–	–	–
内蒙古	144	144	–	–	–	–	–	–	24
辽 宁	1 168	888	208	–	72	–	–	–	276
吉 林	848	264	537	–	47	–	–	–	183
黑龙江	186	186	–	–	–	–	–	–	31
上 海	5 949	5 888	–	–	–	17	44	–	981
江 苏	3 611	3 200	–	–	411	–	–	–	665
浙 江	1 632	1 500	–	–	–	–	–	132	278
安 徽	594	594	–	–	–	–	–	–	99
福 建	834	834	–	–	–	–	–	–	139
江 西	366	366	–	–	–	–	–	–	61
山 东	807	800	–	–	7	–	–	–	167
河 南	846	846	–	–	–	–	–	–	141
湖 北	2 416	2 416	–	–	–	–	–	–	435
湖 南	540	522	–	–	–	18	–	–	93
广 东	5 602	5 484	–	–	118	–	–	–	977
广 西	474	474	–	–	–	–	–	–	79
海 南	–	–	–	–	–	–	–	–	–
重 庆	2 130	1 338	–	792	–	–	–	–	356
四 川	2 764	2 584	–	–	180	–	–	–	446
贵 州	204	204	–	–	–	–	–	–	34
云 南	492	492	–	–	–	–	–	–	82
西 藏	–	–	–	–	–	–	–	–	–
陕 西	1 122	1 122	–	–	–	–	–	–	187
甘 肃	156	156	–	–	–	–	–	–	26
青 海	–	–	–	–	–	–	–	–	–
宁 夏	–	–	–	–	–	–	–	–	–
新 疆	156	156	–	–	–	–	–	–	26

4-12 全国轨道交通运营线路条数

单位：条

地　区	运营线路条数							
	合计	地铁	轻轨	单轨	有轨电车	磁浮	自动导向	市域快速轨道
全国总计	**90**	**159**	**6**	**2**	**16**	**3**	**1**	**3**
北　京	23	20	–	–	1	1	–	1
天　津	7	5	1	–	1	–	–	–
河　北	2	2	–	–	–	–	–	–
山　西	–	–	–	–	–	–	–	–
内蒙古	1	1	–	–	–	–	–	–
辽　宁	9	5	2	–	2	–	–	–
吉　林	7	2	3	–	2	–	–	–
黑龙江	2	2	–	–	–	–	–	–
上　海	17	15	–	–	–	1	1	–
江　苏	23	18	–	–	5	–	–	–
浙　江	9	7	–	–	–	–	–	2
安　徽	3	3	–	–	–	–	–	–
福　建	4	4	–	–	–	–	–	–
江　西	2	2	–	–	–	–	–	–
山　东	7	6	–	–	1	–	–	–
河　南	5	5	–	–	–	–	–	–
湖　北	9	9	–	–	–	–	–	–
湖　南	4	3	–	–	–	1	–	–
广　东	26	23	–	–	3	–	–	–
广　西	3	3	–	–	–	–	–	–
海　南	–	–	–	–	–	–	–	–
重　庆	9	7	–	2	–	–	–	–
四　川	8	7	–	–	1	–	–	–
贵　州	1	1	–	–	–	–	–	–
云　南	3	3	–	–	–	–	–	–
西　藏	–	–	–	–	–	–	–	–
陕　西	4	4	–	–	–	–	–	–
甘　肃	1	1	–	–	–	–	–	–
青　海	–	–	–	–	–	–	–	–
宁　夏	–	–	–	–	–	–	–	–
新　疆	1	1	–	–	–	–	–	–

4-13 全国轨道交通运营里程

单位：公里

地 区	运营里程							
	合计	地铁	轻轨	单轨	有轨电车	磁浮	自动导向	市域快速轨道
全国总计	**6 172.2**	**5 480.6**	**217.6**	**98.5**	**215.1**	**56.7**	**6.3**	**97.4**
北 京	695.5	639.2	–	–	9.0	9.0	–	38.3
天 津	238.9	178.7	52.3	–	7.9	–	–	–
河 北	38.4	38.4	–	–	–	–	–	–
山 西	–	–	–	–	–	–	–	–
内蒙古	21.7	21.7	–	–	–	–	–	–
辽 宁	268.5	141.3	103.8	–	23.4	–	–	–
吉 林	117.6	38.6	61.5	–	17.5	–	–	–
黑龙江	30.3	30.3	–	–	–	–	–	–
上 海	704.9	669.5	–	–	–	29.1	6.3	–
江 苏	738.7	657.7	–	–	81.0	–	–	–
浙 江	281.2	222.1	–	–	–	–	–	59.1
安 徽	89.5	89.5	–	–	–	–	–	–
福 建	125.3	125.3	–	–	–	–	–	–
江 西	60.4	60.4	–	–	–	–	–	–
山 东	232.5	223.7	–	–	8.8	–	–	–
河 南	151.7	151.7	–	–	–	–	–	–
湖 北	335.2	335.2	–	–	–	–	–	–
湖 南	100.5	81.9	–	–	–	18.6	–	–
广 东	885.2	857.0	–	–	28.2	–	–	–
广 西	80.9	80.9	–	–	–	–	–	–
海 南	–	–	–	–	–	–	–	–
重 庆	328.5	230.0	–	98.5	–	–	–	–
四 川	341.5	302.2	–	–	39.3	–	–	–
贵 州	34.8	34.8	–	–	–	–	–	–
云 南	88.7	88.7	–	–	–	–	–	–
西 藏	–	–	–	–	–	–	–	–
陕 西	129.5	129.5	–	–	–	–	–	–
甘 肃	25.5	25.5	–	–	–	–	–	–
青 海	–	–	–	–	–	–	–	–
宁 夏	–	–	–	–	–	–	–	–
新 疆	26.8	26.8	–	–	–	–	–	–

注：上海轨道交通运营里程含江苏（昆山）境内约 6 公里。

4-14　全国轨道交通运量

地　区	运营车公里（万车公里）	客运量（万人次）
全国总计	**414 256**	**2 387 796**
北　京	65 708	395 414
天　津	10 842	52 506
河　北	1 794	9 566
山　西	–	–
内蒙古	8	20
辽　宁	11 549	57 822
吉　林	3 626	21 762
黑龙江	1 896	10 355
上　海	61 576	388 023
江　苏	36 653	165 925
浙　江	18 712	80 821
安　徽	3 815	17 982
福　建	5 103	16 542
江　西	3 640	17 479
山　东	8 201	19 442
河　南	8 578	41 126
湖　北	25 033	122 373
湖　南	5 583	33 789
广　东	72 889	538 681
广　西	4 631	27 338
海　南	–	–
重　庆	21 522	104 187
四　川	20 359	140 011
贵　州	1 973	5 064
云　南	4 808	21 400
西　藏	–	–
陕　西	14 137	94 368
甘　肃	719	3 250
青　海	–	–
宁　夏	–	–
新　疆	901	2 552

注：上海轨道交通客运量含江苏（昆山）境内约 2149 万人次。

4-15　全国城市客运轮渡船舶及航线数

地　区	运营船数（艘）	运营航线条数（条）	运营航线总长度（公里）
全国总计	**224**	**88**	**397.9**
北　京	–	–	–
天　津	–	–	–
河　北	–	–	–
山　西	–	–	–
内蒙古	–	–	–
辽　宁	–	–	–
吉　林	–	–	–
黑龙江	31	11	40.1
上　海	35	17	12.8
江　苏	12	4	16.6
浙　江	5	2	3.6
安　徽	–	–	–
福　建	28	9	62.0
江　西	2	1	2.0
山　东	3	1	7.0
河　南	–	–	–
湖　北	30	12	79.8
湖　南	6	3	3.8
广　东	60	20	107.1
广　西	–	–	–
海　南	–	–	–
重　庆	12	8	63.1
四　川	–	–	–
贵　州	–	–	–
云　南	–	–	–
西　藏	–	–	–
陕　西	–	–	–
甘　肃	–	–	–
青　海	–	–	–
宁　夏	–	–	–
新　疆	–	–	–

4-16 全国城市客运轮渡运量

地　区	运　量		
	客运量（万人次）	机动车运量（辆）	非机动车运量（辆）
全国总计	**7 318**	**1 671 264**	**18 587 601**
北　京	–	–	–
天　津	–	–	–
河　北	–	–	–
山　西	–	–	–
内蒙古	–	–	–
辽　宁	–	–	–
吉　林	–	–	–
黑龙江	323	–	–
上　海	921	397 943	16 657 776
江　苏	467	–	1 691 840
浙　江	202	1 830	3 522
安　徽	–	–	–
福　建	3 015	–	–
江　西	40	113 685	9 763
山　东	17	15 902	–
河　南	–	–	–
湖　北	540	935 467	49 194
湖　南	59	–	–
广　东	1 603	206 437	175 506
广　西	–	–	–
海　南	–	–	–
重　庆	132	–	–
四　川	–	–	–
贵　州	–	–	–
云　南	–	–	–
西　藏	–	–	–
陕　西	–	–	–
甘　肃	–	–	–
青　海	–	–	–
宁　夏	–	–	–
新　疆	–	–	–

4-17 中心城市城市客运经营业户

单位：户

地 区	公共汽电车经营业户数				轨道交通经营业户数	城市客运轮渡经营业户数
		国有企业	国有控股企业	私营企业		
中心城市总计	**401**	**150**	**65**	**166**	**49**	**12**
北 京	1	1	–	–	4	–
天 津	14	13	–	1	2	–
石家庄	1	1	–	–	1	–
太 原	1	1	–	–	–	–
呼和浩特	1	1	–	–	1	–
沈 阳	18	7	5	6	1	–
长 春	27	2	–	25	1	–
哈尔滨	50	2	1	47	1	5
上 海	32	–	22	–	6	1
南 京	7	7	–	–	2	1
杭 州	9	8	1	–	3	–
合 肥	3	–	3	–	1	–
福 州	7	4	1	2	2	–
南 昌	3	–	3	–	1	–
济 南	7	4	–	2	1	–
郑 州	1	1	–	–	1	–
武 汉	7	3	1	3	1	1
长 沙	7	–	–	1	2	–
广 州	31	16	6	9	1	1
南 宁	11	1	–	10	1	–
海 口	1	1	–	–	–	–
重 庆	49	27	5	14	1	–
成 都	13	7	6	–	1	–
贵 阳	11	4	–	7	1	–
昆 明	10	5	1	4	1	–
拉 萨	2	2	–	–	–	–
西 安	16	6	–	10	1	–
兰 州	5	5	–	–	1	–
西 宁	1	1	–	–	–	–
银 川	4	2	2	–	–	–
乌鲁木齐	7	4	–	3	1	–
大 连	16	2	4	10	2	–
青 岛	8	7	–	1	2	1
宁 波	8	4	1	3	1	1
深 圳	9	–	3	6	3	–
厦 门	3	1	–	2	1	1

4-17 （续表一）

单位：户

地 区	巡游出租汽车经营业户数					
	合计	车辆301辆以上的企业数	车辆101~300辆（含）的企业数	车辆51~100辆（含）的企业数	车辆50辆（含）以下的企业数	个体经营业户数
中心城市总计	**35 840**	**384**	**607**	**398**	**4 780**	**29 671**
北 京	1 379	29	60	52	81	1 157
天 津	6 036	24	27	9	1	5 975
石家庄	186	11	14	7	3	151
太 原	19	7	8	1	3	–
呼和浩特	25	4	12	6	3	–
沈 阳	1 278	16	25	21	90	1 126
长 春	5 612	10	17	18	6	5 561
哈尔滨	482	14	29	22	27	390
上 海	3 059	18	11	26	61	2 943
南 京	1 457	7	29	20	9	1 392
杭 州	813	11	22	17	39	724
合 肥	80	6	–	–	1	73
福 州	24	8	6	5	5	–
南 昌	543	5	7	10	9	512
济 南	206	11	27	12	3	153
郑 州	4 596	11	19	15	1	4 550
武 汉	475	11	35	4	8	417
长 沙	20	12	6	2	–	–
广 州	70	15	32	18	5	–
南 宁	11	11	–	–	–	–
海 口	16	1	4	3	8	–
重 庆	1 036	15	43	30	44	904
成 都	76	23	3	15	35	–
贵 阳	28	13	7	6	2	–
昆 明	35	7	18	7	3	–
拉 萨	2	2	–	–	–	–
西 安	63	13	28	12	10	–
兰 州	33	11	19	3	–	–
西 宁	7	6	1	–	–	–
银 川	17	8	7	–	2	–
乌鲁木齐	22	11	7	3	1	–
大 连	3 818	3	11	30	131	3 643
青 岛	4 201	6	12	8	4 175	–
宁 波	41	1	27	4	9	–
深 圳	63	18	32	10	3	–
厦 门	11	5	2	2	2	–

4-18 中心城市城市客运设施

地 区	公交专用车道长度（公里）	轨道交通车站数（个）		城市客运轮渡在用码头数（个）	公共汽电车停保场面积（万平方米）
			换乘站数		
中心城市总计	**8 772**	**3 673**	**355**	**123**	**3 780.3**
北 京	952	405	62	–	589.1
天 津	194	157	15	–	122.2
石家庄	133	32	1	–	115.7
太 原	200	–	–	–	40.8
呼和浩特	227	20	1	–	43.2
沈 阳	506	70	3	–	36.8
长 春	200	129	8	–	49.2
哈尔滨	112	27	1	23	71.1
上 海	396	415	60	41	239.1
南 京	260	200	17	10	67.6
杭 州	158	91	6	–	141.6
合 肥	151	77	3	–	114.7
福 州	151	43	1	–	55.0
南 昌	165	50	2	–	106.0
济 南	421	24	–	–	129.0
郑 州	444	104	6	–	197.7
武 汉	216	228	24	8	54.6
长 沙	280	65	6	–	99.8
广 州	519	282	35	29	153.6
南 宁	110	64	4	–	45.0
海 口	28	–	–	–	16.1
重 庆	155	189	19	–	41.1
成 都	466	257	18	–	198.8
贵 阳	57	25	–	–	45.5
昆 明	141	57	3	–	47.3
拉 萨	46	–	–	–	3.2
西 安	385	99	6	–	65.6
兰 州	15	19	–	–	8.2
西 宁	54	–	–	–	16.1
银 川	132	–	–	–	48.1
乌鲁木齐	203	21	–	–	79.1
大 连	288	102	3	–	80.1
青 岛	234	94	3	2	171.7
宁 波	174	69	16	3	123.0
深 圳	529	202	31	–	290.6
厦 门	71	56	1	7	74.0

注：广州轨道交通车站数含佛山境内 15 个，均非换乘站。

4-19 中心城市公共汽电车数量

地　区	公共汽电车数（辆）				标准运营车数（标台）
		空调车	安装卫星定位车载终端的车辆	BRT 运营车辆	
中心城市总计	**272 994**	**236 462**	**237 257**	**6 815**	**340 020**
北　京	23 685	23 534	23 685	295	32 472
天　津	12 746	12 126	10 859	–	14 250
石家庄	3 886	3 516	3 886	–	4 845
太　原	3 174	1 815	909	–	4 001
呼和浩特	3 178	3 178	3 178	41	4 004
沈　阳	5 869	3 453	5 869	–	7 591
长　春	4 518	1 994	3 213	–	5 390
哈尔滨	7 402	3 279	6 287	–	9 434
上　海	17 903	17 880	16 881	35	22 567
南　京	8 772	8 762	4 855	–	10 576
杭　州	9 153	9 153	7 801	55	11 006
合　肥	6 059	5 917	6 059	1 511	7 770
福　州	4 852	4 832	4 832	–	5 863
南　昌	3 995	3 995	3 995	98	4 681
济　南	8 076	7 267	8 076	329	9 814
郑　州	6 355	6 355	6 355	1 667	8 234
武　汉	9 631	9 352	9 567	30	11 997
长　沙	9 596	9 596	9 596	–	12 258
广　州	15 265	15 251	14 848	977	18 693
南　宁	3 761	3 706	3 742	60	4 806
海　口	2 162	2 162	936	–	2 576
重　庆	13 226	12 541	12 415	–	15 566
成　都	15 948	15 735	14 407	435	19 152
贵　阳	3 374	2 941	3 374	160	4 131
昆　明	6 457	4 289	6 457	–	7 625
拉　萨	548	548	548	–	692
西　安	9 727	8 720	1 870	–	12 147
兰　州	3 912	3 021	695	70	4 803
西　宁	1 944	485	1 944	–	2 427
银　川	1 556	1 555	1 556	125	2 076
乌鲁木齐	4 411	607	4 323	552	5 780
大　连	5 683	2 451	4 057	62	7 168
青　岛	8 563	4 827	8 563	–	10 888
宁　波	6 147	6 147	6 147	–	8 306
深　圳	17 110	11 122	11 122	–	20 997
厦　门	4 350	4 350	4 350	313	5 436

4–20 中心城市公共汽电车数量（按长度分）

地　区	公共汽电车数（辆）								
	合计	≤ 5 米	> 5 米 且≤ 7 米	> 7 米 且≤ 10 米	> 10 米 且≤ 13 米	> 13 米 且≤ 16 米	> 16 米 且≤ 18 米	> 18 米	双层车
中心城市总计	**272 994**	**180**	**13 456**	**44 145**	**203 310**	**4 981**	**3 423**	**168**	**3 331**
北　京	23 685	–	554	1 175	17 354	2 363	775	–	1 464
天　津	12 746	126	688	6 223	5 608	–	–	–	101
石家庄	3 886	–	65	722	2 978	121	–	–	–
太　原	3 174	–	–	534	2 590	–	50	–	–
呼和浩特	3 178	–	268	–	2 860	–	30	–	20
沈　阳	5 869	–	–	152	5 705	–	–	–	12
长　春	4 518	–	53	1 506	2 959	–	–	–	–
哈尔滨	7 402	–	41	587	6 754	–	–	–	20
上　海	17 903	–	161	2 456	15 115	–	68	29	74
南　京	8 772	–	589	1 620	6 538	20	5	–	–
杭　州	9 153	15	719	1 630	6 731	–	48	–	10
合　肥	6 059	–	162	579	5 073	–	175	–	70
福　州	4 852	–	399	719	3 709	22	–	–	3
南　昌	3 995	–	563	751	2 581	60	30	–	10
济　南	8 076	–	642	1 695	5 371	160	203	–	5
郑　州	6 355	–	–	858	5 155	2	250	–	90
武　汉	9 631	–	163	1 861	7 391	–	30	–	186
长　沙	9 596	–	–	724	8 872	–	–	–	–
广　州	15 265	–	458	3 278	11 367	–	24	12	126
南　宁	3 761	–	95	354	3 182	–	15	–	115
海　口	2 162	–	357	98	1 692	–	–	–	15
重　庆	13 226	14	986	3 420	8 804	–	–	–	2
成　都	15 948	9	2 399	2 870	9 638	–	1 008	12	12
贵　阳	3 374	–	215	528	2 579	–	12	–	40
昆　明	6 457	–	1 024	1 336	3 692	–	30	–	375
拉　萨	548	–	20	28	500	–	–	–	–
西　安	9 727	–	671	903	7 861	–	–	–	292
兰　州	3 912	–	270	643	2 939	–	–	60	–
西　宁	1 944	–	138	78	1 718	–	–	–	10
银　川	1 556	–	3	5	1 467	–	81	–	–
乌鲁木齐	4 411	–	311	197	3 487	–	416	–	–
大　连	5 683	–	67	919	4 597	1	28	55	16
青　岛	8 563	–	107	893	7 372	153	38	–	–
宁　波	6 147	–	350	1 024	2 694	2 079	–	–	–
深　圳	17 110	–	600	3 292	13 048	–	–	–	170
厦　门	4 350	16	318	487	3 329	–	107	–	93

4-21 中心城市公共汽电车数量（按燃料类型分）

地 区	公共汽电车数（辆）								
	合计	汽油车	柴油车	天然气车	双燃料车	无轨电车	纯电动车	混合动力车	其他
中心城市总计	**272 994**	**301**	**40 332**	**76 096**	**1 385**	**2 421**	**113 330**	**38 732**	**397**
北 京	23 685	–	4 844	9 290	–	1 276	7 521	749	5
天 津	12 746	180	5 601	709	–	–	3 757	2 499	–
石家庄	3 886	–	106	1 638	–	–	2 120	22	–
太 原	3 174	–	–	1 225	656	76	1 212	5	–
呼和浩特	3 178	–	18	1 721	–	–	1 439	–	–
沈 阳	5 869	–	1 128	2 233	–	–	403	2 105	–
长 春	4 518	–	374	2 464	130	–	1 482	68	–
哈尔滨	7 402	2	538	1 258	–	–	4 058	1 546	–
上 海	17 903	–	7 077	111	–	363	7 878	2 468	6
南 京	8 772	–	1 220	1 870	–	–	5 000	682	–
杭 州	9 153	4	948	3 302	154	85	3 163	1 497	–
合 肥	6 059	–	786	2 309	–	–	2 593	371	–
福 州	4 852	–	413	458	–	–	2 847	1 132	2
南 昌	3 995	–	1 880	606	–	–	947	562	–
济 南	8 076	20	808	1 705	–	109	2 571	2 853	10
郑 州	6 355	–	15	20	–	–	3 525	2 572	223
武 汉	9 631	–	3 044	3 134	–	40	3 191	199	23
长 沙	9 596	–	–	40	–	–	6 416	3 140	–
广 州	15 265	–	279	1 264	–	283	11 304	2 099	36
南 宁	3 761	–	528	1 350	–	–	543	1 340	–
海 口	2 162	–	537	240	–	–	870	515	–
重 庆	13 226	25	779	7 835	6	–	1 551	3 030	–
成 都	15 948	–	389	10 477	25	–	4 367	670	20
贵 阳	3 374	–	6	2 065	–	–	570	733	–
昆 明	6 457	–	2 909	922	–	–	794	1 832	–
拉 萨	548	–	106	395	–	–	47	–	–
西 安	9 727	–	–	3 386	5	–	5 082	1 254	–
兰 州	3 912	60	117	1 741	–	–	1 256	738	–
西 宁	1 944	–	2	1 305	–	–	425	212	–
银 川	1 556	–	–	956	–	–	600	–	–
乌鲁木齐	4 411	–	275	3 133	311	–	18	674	–
大 连	5 683	–	1 463	1 364	–	65	2 159	560	72
青 岛	8 563	–	1 218	3 608	–	124	2 745	868	–
宁 波	6 147	–	1 365	1 406	98	–	2 596	682	–
深 圳	17 110	–	663	–	–	–	16 432	15	–
厦 门	4 350	10	896	556	–	–	1 848	1 040	–

4-22 中心城市公共汽电车数量（按排放标准分）

地 区	公共汽电车数（辆）				
	合计	国Ⅲ及以下	国Ⅳ	国Ⅴ及以上	零排放
中心城市总计	**272 994**	**28 922**	**50 467**	**74 623**	**118 982**
北 京	23 685	190	3 205	11 488	8 802
天 津	12 746	1 957	5 097	2 040	3 652
石家庄	3 886	601	473	692	2 120
太 原	3 174	185	1 621	80	1 288
呼和浩特	3 178	1 739	–	–	1 439
沈 阳	5 869	1 298	322	3 846	403
长 春	4 518	654	1 113	1 269	1 482
哈尔滨	7 402	140	1 561	1 592	4 109
上 海	17 903	2 377	1 908	5 316	8 302
南 京	8 772	313	698	2 868	4 893
杭 州	9 153	245	991	4 669	3 248
合 肥	6 059	894	891	1 681	2 593
福 州	4 852	108	876	1 019	2 849
南 昌	3 995	879	714	1 455	947
济 南	8 076	655	994	3 737	2 690
郑 州	6 355	–	–	2 607	3 748
武 汉	9 631	1 299	2 205	2 896	3 231
长 沙	9 596	46	2 984	150	6 416
广 州	15 265	75	348	3 208	11 634
南 宁	3 761	389	261	2 568	543
海 口	2 162	71	641	580	870
重 庆	13 226	3 775	3 709	4 191	1 551
成 都	15 948	2 037	7 032	2 341	4 538
贵 阳	3 374	2	150	93	3 129
昆 明	6 457	1 597	2 846	1 220	794
拉 萨	548	–	106	395	47
西 安	9 727	1 405	1 181	2 059	5 082
兰 州	3 912	24	909	1 722	1 257
西 宁	1 944	208	965	346	425
银 川	1 556	176	71	584	725
乌鲁木齐	4 411	798	946	2 649	18
大 连	5 683	1 109	1 173	995	2 406
青 岛	8 563	2 105	1 973	1 610	2 875
宁 波	6 147	685	1 485	1 381	2 596
深 圳	17 110	264	399	15	16 432
厦 门	4 350	622	619	1 261	1 848

4-23 中心城市公共汽电车线路

地 区	运营线路条数（条）	运营线路总长度（公里）		
			BRT 线路长度	无轨电车线路长度
中心城市总计	**18 872**	**364 279**	**3 488**	**1 075**
北 京	1 158	27 632	102	456
天 津	970	25 526	–	–
石家庄	245	4 206	–	–
太 原	222	5 525	–	38
呼和浩特	225	3 063	204	–
沈 阳	313	5 090	–	–
长 春	282	5 090	–	–
哈尔滨	306	6 984	–	–
上 海	1 575	24 779	21	145
南 京	769	12 018	–	–
杭 州	894	16 133	155	50
合 肥	281	4 557	119	–
福 州	295	5 236	–	–
南 昌	307	6 934	36	–
济 南	594	11 502	246	46
郑 州	351	5 078	1 029	–
武 汉	573	9 461	12	109
长 沙	348	7 036	–	–
广 州	1 328	24 586	705	193
南 宁	233	4 633	31	–
海 口	147	4 062	–	–
重 庆	1 305	27 105	–	–
成 都	1 132	16 833	85	–
贵 阳	331	5 751	486	–
昆 明	575	11 166	–	–
拉 萨	48	1 020	–	–
西 安	342	6 217	–	–
兰 州	242	6 147	13	–
西 宁	101	1 480	–	–
银 川	125	2 330	50	–
乌鲁木齐	232	3 782	119	–
大 连	326	5 492	14	8
青 岛	710	15 940	–	29
宁 波	635	12 688	–	–
深 圳	933	21 606	–	–
厦 门	419	7 595	60	–

4-24 中心城市公共汽电车客运量

地 区	运营里程（万公里）	客运量（万人次）	
			BRT
中心城市总计	**1 449 581**	**3 371 248**	**128 358**
北 京	127 923	311 896	3 649
天 津	48 325	109 077	–
石家庄	19 243	37 239	–
太 原	11 367	34 070	–
呼和浩特	11 104	37 196	497
沈 阳	29 447	110 010	–
长 春	26 180	69 132	–
哈尔滨	41 028	106 093	–
上 海	104 237	204 695	387
南 京	48 759	91 089	–
杭 州	54 920	91 038	2 251
合 肥	24 414	56 050	13 102
福 州	23 713	44 620	–
南 昌	23 874	37 844	1 812
济 南	33 154	84 573	6 239
郑 州	32 675	93 385	33 505
武 汉	52 747	141 917	471
长 沙	43 292	67 996	–
广 州	111 930	222 927	21 100
南 宁	22 448	32 000	417
海 口	13 771	19 847	–
重 庆	77 404	240 421	–
成 都	58 955	163 666	10 617
贵 阳	17 407	54 818	3 180
昆 明	30 058	76 647	–
拉 萨	3 004	8 553	–
西 安	50 713	137 805	–
兰 州	24 586	84 230	4 441
西 宁	8 527	34 010	–
银 川	6 796	23 313	3 812
乌鲁木齐	24 239	72 012	11 109
大 连	26 043	92 212	1 407
青 岛	45 324	108 378	–
宁 波	33 398	42 376	–
深 圳	110 619	152 756	–
厦 门	27 959	77 359	10 366

4–25 中心城市巡游出租汽车车辆数

单位：辆

地区	运营车数						
	合计	汽油车	乙醇汽油车	天然气车	双燃料车	纯电动车	其他
中心城市总计	**507 155**	**154 342**	**36 877**	**7 083**	**221 374**	**61 174**	**26 305**
北京	71 517	62 597	–	–	1 143	4 729	3 048
天津	31 775	30 805	–	–	412	2	556
石家庄	7 895	–	–	–	7 890	5	–
太原	8 292	–	–	–	–	8 292	–
呼和浩特	6 207	–	–	–	6 207	–	–
沈阳	18 931	–	368	–	17 970	–	593
长春	18 534	–	18 534	–	–	–	–
哈尔滨	17 980	–	17 975	–	–	–	5
上海	39 962	37 582	–	–	481	1 899	–
南京	12 083	4 340	–	215	6 627	901	–
杭州	13 422	6 270	–	–	6 384	765	3
合肥	9 402	–	–	–	7 791	1 611	–
福州	6 605	300	–	–	6 286	18	1
南昌	5 453	5 370	–	–	20	63	–
济南	11 019	120	–	–	10 134	12	753
郑州	10 854	–	–	–	10 853	1	–
武汉	17 797	–	–	–	16 647	1 150	–
长沙	7 795	4	–	–	7 791	–	–
广州	20 217	589	–	–	9 881	7 926	1 821
南宁	6 820	–	–	–	6 470	350	–
海口	2 062	–	–	–	1 962	100	–
重庆	22 385	21	–	589	21 575	200	–
成都	13 044	–	–	–	10 922	2 122	–
贵阳	11 884	1 326	–	2	797	56	9 703
昆明	8 457	2 704	–	–	5 499	254	–
拉萨	1 670	–	–	–	–	–	1 670
西安	16 435	–	–	–	2 476	5 836	8 123
兰州	10 466	–	–	6 277	3 291	898	–
西宁	5 666	–	–	–	5 226	440	–
银川	4 991	193	–	–	4 748	50	–
乌鲁木齐	13 138	–	–	–	13 038	100	–
大连	11 632	660	–	–	10 911	58	3
青岛	10 866	1 221	–	–	9 645	–	–
宁波	4 780	–	–	–	4 597	157	26
深圳	21 498	240	–	–	–	21 258	–
厦门	5 621	–	–	–	3 700	1 921	–

4-26　中心城市巡游出租汽车客运量

地　区	载客车次总数（万车次）	运营里程（万公里）		客运量（万人次）
			载客里程	
中心城市总计	**543 539**	**5 631 845**	**3 694 496**	**1 000 459**
北　京	23 650	449 476	289 560	33 110
天　津	20 697	243 145	124 415	36 867
石家庄	11 523	91 589	55 633	15 591
太　原	11 948	113 928	78 852	23 927
呼和浩特	6 344	63 436	38 061	9 515
沈　阳	23 851	238 516	166 961	47 699
长　春	17 895	226 936	179 986	27 878
哈尔滨	27 800	209 260	146 482	55 599
上　海	31 400	474 150	294 855	56 415
南　京	5 759	84 523	48 892	11 442
杭　州	12 959	140 692	87 412	24 009
合　肥	10 736	118 253	77 950	20 693
福　州	8 548	69 989	45 450	16 038
南　昌	9 042	71 508	42 905	18 084
济　南	7 469	98 430	61 225	13 855
郑　州	12 748	126 754	93 761	16 771
武　汉	20 943	250 511	160 736	33 284
长　沙	12 615	105 478	64 946	26 235
广　州	27 499	309 284	202 391	60 173
南　宁	5 589	63 040	38 158	9 142
海　口	3 496	36 704	21 890	7 886
重　庆	45 720	378 292	249 184	93 866
成　都	16 524	159 197	96 014	26 186
贵　阳	19 180	111 407	87 635	47 864
昆　明	6 080	67 111	43 348	12 191
拉　萨	3 911	30 816	24 156	5 189
西　安	21 038	191 803	122 694	42 031
兰　州	15 311	121 578	85 870	27 891
西　宁	7 176	44 804	28 868	15 436
银　川	6 455	49 919	31 324	11 669
乌鲁木齐	22 037	190 000	140 936	31 293
大　连	16 238	148 801	102 413	33 110
青　岛	11 362	115 041	73 013	23 686
宁　波	4 463	48 699	27 707	8 550
深　圳	27 565	310 313	209 132	41 348
厦　门	7 968	78 463	51 684	15 936

4-27 中心城市轨道交通配属车辆数

地区	配属车辆数（辆）								配属列车数（列）
	合计	地铁	轻轨	单轨	有轨电车	磁浮	自动导向	市域快速轨道	
中心城市总计	**38 901**	**36 400**	**897**	**792**	**549**	**95**	**44**	**124**	**6 706**
北京	6 449	6 294	–	–	31	60	–	64	1 050
天津	1 244	1 068	152	–	24	–	–	–	224
石家庄	264	264	–	–	–	–	–	–	44
太原	–	–	–	–	–	–	–	–	–
呼和浩特	144	144	–	–	–	–	–	–	24
沈阳	540	540	–	–	–	–	–	–	90
长春	848	264	537	–	47	–	–	–	183
哈尔滨	186	186	–	–	–	–	–	–	31
上海	5 949	5 888	–	–	–	17	44	–	981
南京	1 736	1 636	–	–	100	–	–	–	311
杭州	1 032	1 032	–	–	–	–	–	–	172
合肥	594	594	–	–	–	–	–	–	99
福州	354	354	–	–	–	–	–	–	59
南昌	366	366	–	–	–	–	–	–	61
济南	204	204	–	–	–	–	–	–	42
郑州	846	846	–	–	–	–	–	–	141
武汉	2 416	2 416	–	–	–	–	–	–	435
长沙	540	522	–	–	–	18	–	–	93
广州	2 854	2 826	–	–	28	–	–	–	524
南宁	474	474	–	–	–	–	–	–	79
海口	–	–	–	–	–	–	–	–	–
重庆	2 130	1 338	–	792	–	–	–	–	356
成都	2 764	2 584	–	–	180	–	–	–	446
贵阳	204	204	–	–	–	–	–	–	34
昆明	492	492	–	–	–	–	–	–	82
拉萨	–	–	–	–	–	–	–	–	–
西安	1 122	1 122	–	–	–	–	–	–	187
兰州	156	156	–	–	–	–	–	–	26
西宁	–	–	–	–	–	–	–	–	–
银川	–	–	–	–	–	–	–	–	–
乌鲁木齐	156	156	–	–	–	–	–	–	26
大连	628	348	208	–	72	–	–	–	186
青岛	603	596	–	–	7	–	–	–	125
宁波	528	468	–	–	–	–	–	60	88
深圳	2 598	2 538	–	–	60	–	–	–	427
厦门	480	480	–	–	–	–	–	–	80

4-28 中心城市轨道交通运营线路条数

单位：条

地区	运营线路条数							
	合计	地铁	轻轨	单轨	有轨电车	磁浮	自动导向	市域快速轨道
中心城市总计	**176**	**150**	**6**	**2**	**12**	**3**	**1**	**2**
北 京	23	20	–	–	1	1	–	1
天 津	7	5	1	–	1	–	–	–
石家庄	2	2	–	–	–	–	–	–
太 原	–	–	–	–	–	–	–	–
呼和浩特	1	1	–	–	–	–	–	–
沈 阳	3	3	–	–	–	–	–	–
长 春	7	2	3	–	2	–	–	–
哈尔滨	2	2	–	–	–	–	–	–
上 海	17	15	–	–	–	1	1	–
南 京	12	10	–	–	2	–	–	–
杭 州	4	4	–	–	–	–	–	–
合 肥	3	3	–	–	–	–	–	–
福 州	2	2	–	–	–	–	–	–
南 昌	2	2	–	–	–	–	–	–
济 南	2	2	–	–	–	–	–	–
郑 州	5	5	–	–	–	–	–	–
武 汉	9	9	–	–	–	–	–	–
长 沙	4	3	–	–	–	1	–	–
广 州	15	14	–	–	1	–	–	–
南 宁	3	3	–	–	–	–	–	–
海 口	–	–	–	–	–	–	–	–
重 庆	9	7	–	2	–	–	–	–
成 都	8	7	–	–	1	–	–	–
贵 阳	1	1	–	–	–	–	–	–
昆 明	3	3	–	–	–	–	–	–
拉 萨	–	–	–	–	–	–	–	–
西 安	4	4	–	–	–	–	–	–
兰 州	1	1	–	–	–	–	–	–
西 宁	–	–	–	–	–	–	–	–
银 川	–	–	–	–	–	–	–	–
乌鲁木齐	1	1	–	–	–	–	–	–
大 连	6	2	2	–	2	–	–	–
青 岛	5	4	–	–	1	–	–	–
宁 波	4	3	–	–	–	–	–	1
深 圳	9	8	–	–	1	–	–	–
厦 门	2	2	–	–	–	–	–	–

4-29 中心城市轨道交通运营里程

单位：公里

地 区	运营里程							
	合计	地铁	轻轨	单轨	有轨电车	磁浮	自动导向	市域快速轨道
中心城市总计	**5 727.7**	**5 162.7**	**217.6**	**98.5**	**142.0**	**56.7**	**6.3**	**43.9**
北 京	695.5	639.2	–	–	9.0	9.0	–	38.3
天 津	238.9	178.7	52.3	–	7.9	–	–	–
石家庄	38.4	38.4	–	–	–	–	–	–
太 原	–	–	–	–	–	–	–	–
呼和浩特	21.7	21.7	–	–	–	–	–	–
沈 阳	87.2	87.2	–	–	–	–	–	–
长 春	117.6	38.6	61.5	–	17.5	–	–	–
哈尔滨	30.3	30.3	–	–	–	–	–	–
上 海	704.9	669.5	–	–	–	29.1	6.3	–
南 京	394.3	377.6	–	–	16.7	–	–	–
杭 州	130.9	130.9	–	–	–	–	–	–
合 肥	89.5	89.5	–	–	–	–	–	–
福 州	53.4	53.4	–	–	–	–	–	–
南 昌	60.4	60.4	–	–	–	–	–	–
济 南	47.7	47.7	–	–	–	–	–	–
郑 州	151.7	151.7	–	–	–	–	–	–
武 汉	335.2	335.2	–	–	–	–	–	–
长 沙	100.5	81.9	–	–	–	18.6	–	–
广 州	522.5	514.8	–	–	7.7	–	–	–
南 宁	80.9	80.9	–	–	–	–	–	–
海 口	–	–	–	–	–	–	–	–
重 庆	328.5	230.0	–	98.5	–	–	–	–
成 都	341.5	302.2	–	–	39.3	–	–	–
贵 阳	34.8	34.8	–	–	–	–	–	–
昆 明	88.7	88.7	–	–	–	–	–	–
拉 萨	–	–	–	–	–	–	–	–
西 安	129.5	129.5	–	–	–	–	–	–
兰 州	25.5	25.5	–	–	–	–	–	–
西 宁	–	–	–	–	–	–	–	–
银 川	–	–	–	–	–	–	–	–
乌鲁木齐	26.8	26.8	–	–	–	–	–	–
大 连	181.3	54.1	103.8	–	23.4	–	–	–
青 岛	184.8	176.0	–	–	8.8	–	–	–
宁 波	96.8	91.2	–	–	–	–	–	5.6
深 圳	316.1	304.4	–	–	11.7	–	–	–
厦 门	71.9	71.9	–	–	–	–	–	–

注：广州轨道交通运营里程含佛山境内约 21 公里。

4-30 中心城市轨道交通运量

地　区	运营车公里（万车公里）	客运量（万人次）
中心城市总计	**396 791**	**2 331 115**
北　京	65 708	395 414
天　津	10 842	52 506
石家庄	1 794	9 566
太　原	–	–
呼和浩特	8	20
沈　阳	5 705	35 855
长　春	3 626	21 762
哈尔滨	1 896	10 355
上　海	61 576	388 023
南　京	22 680	115 538
杭　州	11 996	63 313
合　肥	3 815	17 982
福　州	2 624	10 734
南　昌	3 640	17 479
济　南	661	574
郑　州	8 578	41 126
武　汉	25 033	122 373
长　沙	5 583	33 789
广　州	40 677	330 964
南　宁	4 631	27 338
海　口	–	–
重　庆	21 522	104 187
成　都	20 359	140 011
贵　阳	1 973	5 064
昆　明	4 808	21 400
拉　萨	–	–
西　安	14 137	94 368
兰　州	719	3 250
西　宁	–	–
银　川	–	–
乌鲁木齐	901	2 552
大　连	5 844	21 967
青　岛	7 540	18 868
宁　波	5 694	16 732
深　圳	29 742	202 200
厦　门	2 479	5 808

4-31 中心城市客运轮渡船舶及航线数

地　区	运营船数（艘）	运营航线条数（条）	运营航线总长度（公里）
中心城市总计	**195**	**75**	**330.2**
北　京	–	–	–
天　津	–	–	–
石家庄	–	–	–
太　原	–	–	–
呼和浩特	–	–	–
沈　阳	–	–	–
长　春	–	–	–
哈尔滨	31	11	40.1
上　海	35	17	12.8
南　京	12	4	16.6
杭　州	–	–	–
合　肥	–	–	–
福　州	–	–	–
南　昌	–	–	–
济　南	–	–	–
郑　州	–	–	–
武　汉	26	11	74.8
长　沙	–	–	–
广　州	46	13	53.5
南　宁	–	–	–
海　口	–	–	–
重　庆	12	8	63.1
成　都	–	–	–
贵　阳	–	–	–
昆　明	–	–	–
拉　萨	–	–	–
西　安	–	–	–
兰　州	–	–	–
西　宁	–	–	–
银　川	–	–	–
乌鲁木齐	–	–	–
大　连	–	–	–
青　岛	3	1	7.0
宁　波	2	1	0.3
深　圳	–	–	–
厦　门	28	9	62.0

4-32 中心城市客运轮渡运量

地　区	运　量		
	客运量（万人次）	机动车运量（辆）	非机动车运量（辆）
中心城市总计	**6 837**	**1 349 312**	**18 398 810**
北　京	–	–	–
天　津	–	–	–
石家庄	–	–	–
太　原	–	–	–
呼和浩特	–	–	–
沈　阳	–	–	–
长　春	–	–	–
哈尔滨	323	–	–
上　海	921	397 943	16 657 776
南　京	467	–	1 691 840
杭　州	–	–	–
合　肥	–	–	–
福　州	–	–	–
南　昌	–	–	–
济　南	–	–	–
郑　州	–	–	–
武　汉	488	935 467	49 194
长　沙	–	–	–
广　州	1 354	–	–
南　宁	–	–	–
海　口	–	–	–
重　庆	132	–	–
成　都	–	–	–
贵　阳	–	–	–
昆　明	–	–	–
拉　萨	–	–	–
西　安	–	–	–
兰　州	–	–	–
西　宁	–	–	–
银　川	–	–	–
乌鲁木齐	–	–	–
大　连	–	–	–
青　岛	17	15 902	–
宁　波	120	–	–
深　圳	–	–	–
厦　门	3 015	–	–

主要统计指标解释

经营业户　指截至报告期末持有主管部门核发的有效运营资质证件，从事城市客运交通经营活动的业户。按经营类别，分为公共汽电车、巡游出租汽车、轨道交通和城市客运轮渡经营业户。计算单位：户。

公交专用车道　指为了调整公共交通车辆与其他社会车辆的路权使用分配关系，提高公共交通车辆运营速度和道路资源利用率而科学、合理设置的公共交通优先车道、专用车道（路）、路口专用线（道）、专用街道、单向优先专用线（道）等。计算单位：公里。

轨道交通车站数　指轨道交通运营线路上供乘客候车和上下车的场所个数，包括地面、地下、高架车站。如同一个车站被多条线路共用，同站台换乘站计为一站；非同站台换乘站，按累计计算。计算单位：个。

城市客运轮渡在用码头数　指报告期末在用的、供城市客运轮渡停靠和乘客购票、候船和乘降的场所个数。计算单位：个。

公共汽电车运营车数　指城市（县城）用于公共客运交通运营业务的全部公共汽电车车辆数。新购、新制和调入的运营车辆，自投入之日起开始计算；调出、报废和调作他用的运营车辆，自上级主管机关批准之日起不再计入。可按不同车长、不同燃料类型、不同排放标准和是否配备空调等分别统计。计算单位：辆。

公共汽电车标准运营车数　指不同类型的运营车辆按统一的标准当量折算合成的运营车数。计算单位：标台。计算公式：标准运营车数 = Σ（每类型车辆数 × 相应换算系数）。

各类型车辆换算系数标准表		
类别	车长范围	换算系数
1	5 米以下（含）	0.5
2	5~7 米（含）	0.7
3	7~10 米（含）	1.0
4	10~13 米（含）	1.3
5	13~16 米（含）	1.7
6	16~18 米（含）	2.0
7	18 米以上	2.5
8	双层	1.9

停保场面积　指为公共汽电车提供运营车辆集中停放，或提供车辆停放场地的同时备有必要设施，能对运营车辆进行各级保养及相应的配件加工、修制和修车材料存储、发放的场所的占地面积。公共汽电车停车保养场可分散专门建设，也可与公交首末站等站点进行合建。计算单位：平方米。

公共汽电车运营线路条数　指为运营车辆设置的固定运营线路条数，包括干线、支线、专线和高峰时间行驶的固定线路，不包括临时行驶和联营线路。计算单位：条。

公共汽电车运营线路总长度　指全部运营线路长度之和。单向行驶的环行线路长度等于起点至终点里程与终点下客站至起点里程之和的一半。运营线路长度不包括折返、试车、联络线等非运营线路。计算单位：公里。

公共汽电车运营里程　指报告期内运营车辆为运营而出车行驶的全部里程，包括载客里程和空驶里程。计算单位：公里。

公共汽电车客运量　指报告期内公共汽电车运送乘客的总人次，包括付费乘客和不付费乘客人次，包括在城市道路和公路上完成的客运量。计算单位：人次。

巡游出租汽车载客车次总数　指巡游出租汽车年载客运行的总次数，数据可通过计价器、车载 GPS 等车载设备采集获得。计算单位：车次。

巡游出租汽车客运量　指报告期内巡游出租汽车运送乘客的总人次。计算单位：人次。

轨道交通配属车辆数　指城市轨道交通经营业户用于轨道交通运营服务的全部车辆数。以本单位固定资产台账中已投入运营的车辆数为准；新购、新制和调入的运营车辆，自投入运营之日起开始计算；调出、报废和调作他用的运营车辆，自上级主管机关批准之日起不再计入。计算单位：辆。

轨道交通配属列车数　指报告期内用于城市轨道交通运营服务的全部列车数。计算单位：列。

轨道交通运营线路条数　指为运营列车设置的固定线路总条数。按规划设计为同一条线路但分期建成的线路，统计时仍按一条线路计算。计算单位：条。

轨道交通客运量　指报告期内轨道交通运送乘客的总人次，包括付费乘客和不付费乘客人次。计算单位：人次。

轨道交通旅客周转量　指报告期内轨道交通企业运送的每位乘客与其相应运送距离的乘积之和。计算单位：人公里。

轨道交通运营车公里　指报告期内轨道交通车辆在运营中运行的全部里程，包括载客里程和调度空驶里程。计算单位：车公里。

运营船数　指城市客运轮渡经营业户用于城市客渡

运营业务的全部船舶数，不含旅游客轮（长途旅游和市内供游人游览江、河、湖泊的船舶）。计算单位：艘。

运营航线条数 指为运营船舶设置的固定航线的总条数，包括对江航线和顺江航线。计算单位：条。

运营航线总长度 指全部运营航线长度之和。测定运营航线的长度，应按实际航程的曲线长度计算。水位变化大的对江河客渡航线长度，可通过实测计算出一个平均长度，作为常数值使用。计算单位：公里。

轮渡客运量 指报告期内城市客运轮渡运输经营业户运送乘客的总人次。计算单位：人次。

轮渡机动车运量 指报告期内城市客运轮渡运输经营业户运送机动车（如电瓶车、摩托车等）的总量。计算单位：辆。

轮渡非机动车运量 指报告期内城市客运轮渡运输经营业户运送非机动车（如自行车、三轮车等）的总量。计算单位：辆。

五、港口吞吐量

简 要 说 明

一、本篇资料反映我国港口发展的基本情况。主要包括全国港口码头泊位拥有量、全国港口吞吐量、规模以上港口吞吐量等。

二、从 2019 年 1 月起，港口统计范围由规模以上港口调整为全国所有获得港口经营许可的业户，滚装汽车吞吐量按实际重量统计，采用企业一套表联网直报系统汇总行业数据。2019 年数据与 2018 年比按可比口径计算，具体计算方法如下：

1. 沿海港口货物吞吐量、全国港口集装箱吞吐量、全国港口旅客吞吐量可比口径增速：因 2018 年一套表统计范围为规模以上港口企业，增速用“2019 年规模以上港口的企业数据”比上“2018 年规模以上港口的企业数据”计算得到。

2. 内河港口货物吞吐量可比口径增速：按照同一个企业两年均存在的原则，用“2019 年规模以上港口的企业数据”比上“2018 年规模以上港口的企业数据”计算得到。

三、全国港口的码头泊位拥有量为年末生产用码头泊位数，根据各港口企业和生产活动单位的资料整理，由各省（区、市）交通运输厅（局、委）提供。

四、进出港船舶的统计范围为：总吨在 5 吨以上（或总载重量 10 吨以上）的各种运输船舶、工程技术船舶等。包括来港避风的船舶、从事商业性运输或作业的军用、公安、体育运动及渔业船舶。

5-1 全国港口生产用码头泊位拥有量

地 区	泊位长度（米）		生产用码头泊位（个）		#万吨级泊位（个）	
	总长	公用	总数	公用	总数	公用
总 计	**1 977 538**	**1 085 228**	**22 893**	**10 870**	**2 520**	**1 933**
沿海合计	**869 884**	**582 994**	**5 562**	**3 066**	**2 076**	**1 641**
天 津	37 157	37 157	144	144	118	118
河 北	59 576	50 004	236	192	201	174
辽 宁	81 883	69 144	416	342	232	205
上 海	75 818	38 262	560	216	185	115
江 苏	26 564	21 030	155	114	81	66
浙 江	139 534	48 854	1 118	282	253	131
福 建	80 599	59 564	481	328	185	155
山 东	117 592	95 682	596	433	326	290
广 东	184 752	118 983	1 440	770	322	255
广 西	39 502	28 351	268	156	95	78
海 南	26 907	15 963	148	89	78	54
内河合计	**1 107 654**	**502 234**	**17 331**	**7 804**	**444**	**282**
山 西	180	–	6	–	–	–
辽 宁	345	345	6	6	–	–
吉 林	1 726	1 238	31	19	–	–
黑龙江	11 834	10 435	154	138	–	–
上 海	41 650	5 957	833	126	–	–
江 苏	421 717	146 078	5 397	1 365	428	278
浙 江	127 558	22 540	2 643	665	–	–
安 徽	70 656	49 849	859	645	16	14
福 建	1 733	964	40	19	–	–
江 西	33 622	13 587	574	137	–	–
山 东	15 216	14 429	208	199	–	–
河 南	3 213	360	71	6	–	–
湖 北	75 415	38 461	689	328	–	–
湖 南	50 847	38 054	1 112	897	–	–
广 东	57 975	22 840	833	323	–	–
广 西	33 856	17 654	528	243	–	–
重 庆	61 659	47 386	632	476	–	–
四 川	50 257	47 289	1 623	1 583	–	–
贵 州	24 379	6 087	441	92	–	–
云 南	9 090	4 206	194	86	–	–
陕 西	11 127	11 127	258	258	–	–
甘 肃	3 599	3 348	199	193	–	–

5-2 全国港口吞吐量

地 区	旅客吞吐量（万人）	货物吞吐量（万吨）		集装箱吞吐量	
			外贸	箱量（万 TEU）	重量（万吨）
总 计	**8 713**	**1 395 083**	**432 069**	**26 107**	**304 796**
沿海合计	**8 206**	**918 774**	**385 525**	**23 092**	**263 989**
天 津	83	49 220	27 842	1 730	19 024
河 北	1	116 315	33 487	413	5 003
辽 宁	619	86 124	28 914	1 689	24 184
上 海	230	66 351	39 664	4 330	42 314
江 苏	21	31 575	14 899	505	5 068
浙 江	333	135 364	53 478	3 063	30 576
福 建	902	59 484	23 752	1 726	22 986
山 东	1 480	161 064	88 771	3 010	34 578
广 东	2 986	167 871	57 364	5 976	67 448
广 西	25	25 568	13 772	382	7 822
海 南	1 526	19 839	3 581	268	4 988
内河合计	**507**	**476 309**	**46 544**	**3 015**	**40 807**
山 西	–	–	–	–	–
辽 宁	–	–	–	–	–
吉 林	–	–	–	–	–
黑龙江	39	215	91	1	11
上 海	–	5 326	–	1	25
江 苏	–	251 539	37 627	1 373	17 969
浙 江	5	39 681	177	95	1 108
安 徽	–	55 488	1 591	179	1 623
福 建	–	–	–	–	–
江 西	–	15 971	386	71	1 069
山 东	–	5 891	–	–	–
河 南	–	173	–	–	–
湖 北	225	30 661	1 971	209	3 149
湖 南	7	15 337	512	69	929
广 东	35	23 948	3 444	734	10 007
广 西	–	12 348	99	113	2 411
重 庆	196	17 127	567	125	1 758
四 川	–	1 909	79	44	730
贵 州	–	27	–	–	–
云 南	–	669	–	1	17
陕 西	–	–	–	–	–
甘 肃	–	–	–	–	–

5-3 全国港口货物吞吐量（分省）

单位：万吨

地 区	合 计	液体散货	干散货	件杂货	集装箱		滚装汽车	
					（万 TEU）	重量	（万辆）	重量
总 计	**1 395 083**	**121 414**	**784 253**	**157 725**	**26 107**	**304 796**	**1 957**	**26 894**
沿海合计	**918 774**	**106 444**	**440 412**	**83 133**	**23 092**	**263 989**	**1 715**	**24 796**
天 津	49 220	7 155	20 598	2 265	1 730	19 024	102	178
河 北	116 315	2 979	102 141	6 192	413	5 003	–	–
辽 宁	86 124	16 808	26 689	14 517	1 689	24 184	226	3 926
上 海	66 351	2 910	14 803	6 034	4 330	42 314	149	290
江 苏	31 575	256	21 777	4 473	505	5 068	–	–
浙 江	135 364	19 245	73 564	10 842	3 063	30 576	150	1 136
福 建	59 484	5 824	25 962	4 638	1 726	22 986	26	74
山 东	161 064	28 163	78 063	13 708	3 010	34 578	227	6 553
广 东	167 871	17 391	59 692	17 058	5 976	67 448	494	6 282
广 西	25 568	3 016	12 791	1 928	382	7 822	2	11
海 南	19 839	2 696	4 332	1 478	268	4 988	339	6 345
内河合计	**476 309**	**14 970**	**343 841**	**74 592**	**3 015**	**40 807**	**242**	**2 098**
山 西	–	–	–	–	–	–	–	–
辽 宁	–	–	–	–	–	–	–	–
吉 林	–	–	–	–	–	–	–	–
黑龙江	215	–	112	69	1	11	1	24
上 海	5 326	29	4 468	804	1	25	–	–
江 苏	251 539	9 641	188 222	35 653	1 373	17 969	30	53
浙 江	39 681	461	26 035	12 077	95	1 108	–	–
安 徽	55 488	496	47 158	6 198	179	1 623	13	13
福 建	–	–	–	–				
江 西	15 971	488	10 448	3 966	71	1 069	–	–
山 东	5 891	43	5 671	177	–	–	–	–
河 南	173	–	164	9	–	–	–	–
湖 北	30 661	867	20 372	5 184	209	3 149	124	1 088
湖 南	15 337	1 152	11 742	1 490	69	929	13	23
广 东	23 948	799	9 737	3 405	734	10 007	–	–
广 西	12 348	79	8 902	955	113	2 411	–	–
重 庆	17 127	840	9 319	4 311	125	1 758	60	898
四 川	1 909	76	822	282	44	730	–	–
贵 州	27	–	27	–	–	–	–	–
云 南	669	–	642	10	1	17	–	–
陕 西	–	–	–	–	–	–	–	–
甘 肃	–	–	–	–	–	–	–	–

5-4 全国港口旅客吞吐量

单位：万人

港口	总计	邮轮	发送量	国际航线
全国总计	**8 713**	**425**	**4 374**	**771**
1. 沿海合计	**8 206**	**425**	**4 118**	**734**
辽宁合计	**619**	**9**	**312**	**12**
丹　东	12	–	6	6
大　连	603	9	303	4
营　口	5	–	2	2
盘　锦	–	–	–	–
锦　州	–	–	–	–
葫芦岛	–	–	–	–
河北合计	**1**	**–**	**1**	**1**
秦皇岛	1	–	1	1
黄　骅	–	–	–	–
唐　山	–	–	–	–
天　津	**83**	**73**	**41**	**41**
山东合计	**1 480**	**26**	**737**	**79**
滨　州	–	–	–	–
东　营	30	–	14	–
潍　坊	–	–	–	–
烟　台	1 208	6	600	14
威　海	205	3	104	47
青　岛	27	18	13	13
日　照	11	–	5	5
上　海	**230**	**189**	**116**	**95**
江苏合计	**21**	**–**	**10**	**10**
连云港	21	–	10	10
盐　城	–	–	–	–
浙江合计	**333**	**5**	**166**	**2**
嘉　兴	–	–	–	–
宁波舟山	319	2	158	1
#宁　波	145	–	73	–
舟　山	174	2	85	1
台　州	6	–	3	–
温　州	9	3	5	2

5-4 （续表一）

单位：万人

港口	总计	邮轮	发送量	国际航线
福建合计	**902**	**41**	**452**	**135**
福州	26	–	13	13
# 福州市港口	26	–	13	13
宁德市港口	–	–	–	–
莆田	–	–	–	–
泉州	14	–	7	7
厦门	862	41	431	115
# 厦门市港口	544	41	271	115
漳州市港口	318	–	160	–
广东合计	**2 986**	**81**	**1 488**	**358**
潮州	–	–	–	–
汕头	–	–	–	–
揭阳	–	–	–	–
汕尾	–	–	–	–
惠州	–	–	–	–
深圳	722	37	371	206
东莞	23	–	14	14
广州	78	44	41	41
中山	119	–	61	46
珠海	550	–	275	51
江门	–	–	–	–
阳江	–	–	–	–
茂名	–	–	–	–
湛江	1 494	–	726	–
广西合计	**25**	**–**	**12**	**–**
广西北部湾港	25	–	12	–
# 北海	25	–	12	–
钦州	–	–	–	–
防城	–	–	–	–
海南合计	**1 526**	**1**	**784**	…
海口	1 517	–	779	–
洋浦	–	–	–	–
八所	–	–	–	–
三亚	9	1	4	…
清澜	–	–	–	–
海南其他	–	–	–	–
2. 内河合计	**507**	**–**	**256**	**37**
黑龙江合计	**39**	**–**	**19**	**19**
黑河	33	–	16	16

5-4 （续表二）

单位：万人

港　　口	总计		发送量	
		邮轮		国际航线
肇　源	–	–	–	–
哈尔滨	–	–	–	–
佳木斯	6	–	3	3
黑龙江其他	–	–	–	–
山东合计	**–**	**–**	**–**	**–**
济　宁	–	–	–	–
枣　庄	–	–	–	–
山东其他	–	–	–	–
上　海	**–**	**–**	**–**	**–**
江苏合计	**–**	**–**	**–**	**–**
南　京	–	–	–	–
镇　江	–	–	–	–
苏　州	–	–	–	–
南　通	–	–	–	–
常　州	–	–	–	–
江　阴	–	–	–	–
扬　州	–	–	–	–
泰　州	–	–	–	–
徐　州	–	–	–	–
连云港	–	–	–	–
无　锡	–	–	–	–
宿　迁	–	–	–	–
淮　安	–	–	–	–
扬州内河	–	–	–	–
镇江内河	–	–	–	–
苏州内河	–	–	–	–
常州内河	–	–	–	–
江苏其他	–	–	–	–
浙江合计	**5**	**–**	**2**	**–**
杭　州	5	–	2	–
嘉兴内河	–	–	–	–
湖　州	–	–	–	–
宁波内河	–	–	–	–
绍　兴	–	–	–	–
金　华	–	–	–	–
青　田	–	–	–	–
浙江其他	–	–	–	–

5-4 （续表三）

单位：万人

港口	总计	邮轮	发送量	国际航线
安徽合计	**–**	**–**	**–**	**–**
马鞍山	–	–	–	–
芜湖	–	–	–	–
铜陵	–	–	–	–
池州	–	–	–	–
安庆	–	–	–	–
阜阳	–	–	–	–
合肥	–	–	–	–
六安	–	–	–	–
滁州	–	–	–	–
淮南	–	–	–	–
蚌埠	–	–	–	–
亳州	–	–	–	–
安徽其他	–	–	–	–
江西合计	**–**	**–**	**–**	**–**
南昌	–	–	–	–
九江	–	–	–	–
樟树	–	–	–	–
江西其他	–	–	–	–
河南合计	**–**	**–**	**–**	**–**
湖北合计	**225**	**–**	**113**	**–**
嘉鱼	–	–	–	–
武汉	–	–	–	–
黄州	–	–	–	–
鄂州	–	–	–	–
黄石	–	–	–	–
襄阳	–	–	–	–
荆州	–	–	–	–
宜昌	190	–	96	–
潜江	–	–	–	–
天门	–	–	–	–
汉川	–	–	–	–
湖北其他	35	–	17	–
湖南合计	**7**	**–**	**3**	**–**
长沙	–	–	–	–
湘潭	–	–	–	–
株洲	–	–	–	–

5-4 （续表四）

单位：万人

港　口	总计		发送量	
		邮轮		国际航线
岳　阳	7	–	3	–
沅　陵	–	–	–	–
常　德	–	–	–	–
湖南其他	–	–	–	–
广东合计	**35**	**–**	**18**	**18**
番　禺	–	–	–	–
新　塘	–	–	–	–
五　和	–	–	–	–
中　山	–	–	–	–
佛　山	29	–	15	15
江　门	6	–	3	3
东　莞	–	–	–	–
肇　庆	–	–	–	–
惠　州	–	–	–	–
云　浮	–	–	–	–
韶　关	–	–	–	–
清　远	–	–	–	–
河　源	–	–	–	–
广西合计	**–**	**–**	**–**	**–**
南　宁	–	–	–	–
柳　州	–	–	–	–
贵　港	–	–	–	–
梧　州	–	–	–	–
来　宾	–	–	–	–
广西其他	–	–	–	–
重　庆	**196**	**–**	**100**	**–**
四川合计	**–**	**–**	**–**	**–**
泸　州	–	–	–	–
宜　宾	–	–	–	–
乐　山	–	–	–	–
南　充	–	–	–	–
四川其他	–	–	–	–
贵州合计	**–**	**–**	**–**	**–**
云南合计	**–**	**–**	**–**	**–**
昭　通	–	–	–	–
云南其他	–	–	–	–

5-5　全国港口货物吞吐量（分港口）

单位：万吨

港　口	总计	外贸	出港	外贸	进港	外贸
全国总计	**1 395 083**	**432 069**	**600 487**	**107 580**	**794 596**	**324 489**
1. 沿海合计	**918 774**	**385 525**	**399 808**	**96 857**	**518 966**	**288 669**
辽宁合计	**86 124**	**28 914**	**47 950**	**7 248**	**38 174**	**21 667**
丹　东	5 669	1 783	2 401	162	3 268	1 621
大　连	36 641	16 511	18 366	5 615	18 275	10 896
营　口	23 818	8 264	12 513	1 054	11 305	7 210
盘　锦	4 756	443	2 579	36	2 177	407
锦　州	11 340	1 837	8 913	380	2 427	1 457
葫芦岛	3 899	77	3 177	–	722	77
河北合计	**116 315**	**33 487**	**78 784**	**599**	**37 531**	**32 888**
秦皇岛	21 880	525	21 006	141	874	384
黄　骅	28 761	5 227	21 277	18	7 484	5 209
唐　山	65 674	27 735	36 501	440	29 173	27 295
天　津	**49 220**	**27 842**	**23 477**	**8 219**	**25 743**	**19 623**
山东合计	**161 064**	**88 771**	**53 721**	**15 912**	**107 343**	**72 858**
滨　州	3 505	–	255	–	3 250	–
东　营	5 677	548	2 146	7	3 530	541
潍　坊	5 408	371	856	148	4 551	223
烟　台	38 632	14 176	14 714	1 710	23 917	12 466
威　海	3 730	1 333	1 817	598	1 913	735
青　岛	57 736	41 993	22 128	12 294	35 608	29 699
日　照	46 377	30 349	11 803	1 155	34 574	29 194
上　海	**66 351**	**39 664**	**29 306**	**19 740**	**37 046**	**19 924**
江苏合计	**31 575**	**14 899**	**11 102**	**2 646**	**20 472**	**12 254**
连云港	23 456	12 904	8 606	2 047	14 850	10 857
盐　城	8 119	1 995	2 497	599	5 622	1 396
浙江合计	**135 364**	**53 478**	**53 299**	**15 461**	**82 065**	**38 016**
嘉　兴	10 913	1 338	3 377	416	7 536	922
宁波舟山	112 009	51 283	48 426	14 878	63 583	36 405
#宁　波	58 412	35 248	22 564	14 379	35 849	20 870
舟　山	53 596	16 034	25 862	499	27 734	15 535
台　州	4 901	531	709	58	4 192	473
温　州	7 541	327	787	110	6 754	217

5-5 （续表一）

单位：万吨

港口	总计		出港		进港	
		外贸		外贸		外贸
福建合计	**59 484**	**23 752**	**20 832**	**6 340**	**38 652**	**17 412**
福州	21 255	7 160	7 890	1 555	13 366	5 605
# 福州市港口	17 038	5 486	6 321	1 467	10 718	4 019
宁德市港口	4 217	1 674	1 569	88	2 648	1 586
莆田	4 159	2 538	874	73	3 285	2 465
泉州	12 726	4 246	3 706	732	9 020	3 514
厦门	21 344	9 808	8 362	3 980	12 981	5 828
# 厦门市港口	16 705	8 884	6 823	3 760	9 883	5 124
漳州市港口	4 639	924	1 540	220	3 099	704
广东合计	**167 871**	**57 364**	**67 040**	**18 498**	**100 831**	**38 866**
潮州	824	554	47	7	777	547
汕头	3 155	1 407	553	283	2 602	1 124
揭阳	1 898	104	181	…	1 717	103
汕尾	1 310	282	24	–	1 287	282
惠州	8 353	3 629	2 108	744	6 246	2 884
深圳	25 785	17 829	15 106	10 005	10 680	7 824
东莞	19 032	3 534	6 901	518	12 131	3 016
广州	60 616	14 229	25 998	5 185	34 618	9 044
中山	1 269	562	679	387	590	175
珠海	13 838	3 014	5 279	481	8 558	2 533
江门	4 479	240	2 041	123	2 438	117
阳江	3 235	1 456	318	3	2 917	1 453
茂名	2 508	1 542	551	313	1 956	1 229
湛江	21 570	8 983	7 254	447	14 315	8 536
广西合计	**25 568**	**13 772**	**6 637**	**1 602**	**18 930**	**12 171**
广西北部湾港	25 568	13 772	6 637	1 602	18 930	12 171
# 北海	3 496	1 407	1 226	163	2 270	1 244
钦州	11 931	4 678	3 944	934	7 987	3 744
防城	10 141	7 687	1 467	504	8 673	7 183
海南合计	**19 839**	**3 581**	**7 660**	**591**	**12 179**	**2 990**
海口	12 447	403	4 897	44	7 550	359
洋浦	5 015	2 785	1 889	504	3 126	2 281
八所	1 507	337	679	43	828	295
三亚	198	–	7	–	192	–
清澜	331	9	176	…	155	8
海南其他	340	47	12	–	329	47
2. 内河合计	**476 309**	**46 544**	**200 679**	**10 724**	**275 630**	**35 820**
黑龙江合计	**215**	**91**	**89**	**34**	**126**	**57**
黑河	64	64	32	32	33	33

5-5 （续表二）

单位：万吨

港口	总计	外贸	出港	外贸	进港	外贸
肇　源	–	–	–	–	–	–
哈尔滨	92	–	42	–	50	–
佳木斯	58	26	15	2	43	24
黑龙江其他	1	1	…	…	1	1
山东合计	**5 891**	**–**	**4 911**	**–**	**979**	**–**
济　宁	4 671	–	3 816	–	854	–
枣　庄	1 167	–	1 057	–	110	–
山东其他	52	–	38	–	15	–
上　海	**5 326**	**–**	**401**	**–**	**4 926**	**–**
江苏合计	**251 539**	**37 627**	**96 210**	**6 484**	**155 328**	**31 143**
南　京	25 689	3 312	9 661	1 582	16 028	1 730
镇　江	32 916	4 300	15 088	652	17 829	3 649
苏　州	52 275	14 653	20 050	2 716	32 224	11 936
南　通	33 620	5 005	14 018	454	19 602	4 552
常　州	5 353	1 199	2 149	155	3 204	1 045
江　阴	22 393	5 217	9 244	239	13 149	4 979
扬　州	9 475	1 039	3 468	343	6 007	696
泰　州	28 243	2 780	12 364	299	15 879	2 481
徐　州	4 011	–	2 253	–	1 758	–
连云港	–	–	–	–	–	–
无　锡	6 353	72	1 243	22	5 110	51
宿　迁	1 511	–	213	–	1 298	–
淮　安	7 809	–	2 193	–	5 616	–
扬州内河	598	–	53	–	544	–
镇江内河	1 096	–	400	–	696	–
苏州内河	9 763	48	1 369	23	8 394	25
常州内河	2 246	–	697	–	1 549	–
江苏其他	8 188	–	1 746	–	6 441	–
浙江合计	**39 681**	**177**	**15 396**	**110**	**24 285**	**67**
杭　州	13 881	1	7 346	–	6 535	1
嘉兴内河	11 428	28	1 117	19	10 311	9
湖　州	11 621	148	6 436	91	5 185	57
宁波内河	117	–	6	–	111	–
绍　兴	2 265	–	287	–	1 978	–
金　华	71	–	…	–	71	–
青　田	238	–	194	–	44	–
浙江其他	60	–	10	–	50	–

5–5 （续表三）

单位：万吨

港　口	总计		出港		进港	
		外贸		外贸		外贸
安徽合计	**55 488**	**1 591**	**29 542**	**347**	**25 946**	**1 245**
马鞍山	10 093	1 089	3 173	32	6 920	1 057
芜　湖	12 778	318	7 974	184	4 804	134
铜　陵	9 621	35	5 775	17	3 846	18
池　州	9 751	49	8 397	49	1 354	–
安　庆	2 511	48	956	30	1 556	18
阜　阳	704	–	10	–	694	–
合　肥	5 292	51	1 896	33	3 396	18
六　安	269	–	222	–	47	–
滁　州	1 448	–	523	–	925	–
淮　南	832	–	320	–	512	–
蚌　埠	1 626	1	156	1	1 470	…
亳　州	97	–	4	–	93	–
安徽其他	467	–	137	–	330	–
江西合计	**15 971**	**386**	**7 020**	**206**	**8 951**	**180**
南　昌	3 827	30	818	29	3 009	1
九　江	11 358	354	6 040	175	5 317	179
樟　树	–	–	–	–	–	–
江西其他	786	2	162	2	624	–
河南合计	**173**	**–**	**162**	**–**	**11**	**–**
湖北合计	**30 661**	**1 971**	**14 611**	**851**	**16 049**	**1 119**
嘉　鱼	884	–	236	–	648	–
武　汉	9 166	1 225	2 720	682	6 446	542
黄　州	426	–	264	–	163	–
鄂　州	799	–	207	–	592	–
黄　石	4 509	628	2 753	86	1 756	542
襄　阳	12	–	6	–	6	–
荆　州	3 452	44	1 275	26	2 177	18
宜　昌	7 971	74	4 894	57	3 077	17
潜　江	56	–	5	–	51	–
天　门	–	–	–	–	–	–
汉　川	59	–	–	–	59	–
湖北其他	3 325	–	2 251	–	1 075	–
湖南合计	**15 337**	**512**	**5 233**	**270**	**10 103**	**242**
长　沙	1 263	103	203	65	1 060	38
湘　潭	920	–	71	–	849	–
株　洲	76	–	…	–	76	–

5-5 （续表四）

单位：万吨

港口	总计	外贸	出港	外贸	进港	外贸
岳阳	10 810	409	4 105	205	6 705	204
沅陵	8	–	–	–	8	–
常德	117	–	24	–	93	–
湖南其他	2 143	…	831	…	1 312	–
广东合计	**23 948**	**3 444**	**10 093**	**2 051**	**13 855**	**1 394**
番禺	334	–	53	–	280	–
新塘	714	5	59	3	655	2
五和	1 024	167	426	71	598	95
中山	279	16	24	12	254	4
佛山	9 636	2 318	3 476	1 456	6 160	863
江门	2 353	460	1 038	267	1 315	193
东莞	776	4	171	1	605	3
肇庆	4 057	210	2 081	147	1 976	63
惠州	602	–	158	–	445	–
云浮	2 613	220	1 695	71	918	149
韶关	98	–	32	–	66	–
清远	1 462	43	880	23	583	20
河源	–	–	–	–	–	–
广西合计	**12 348**	**99**	**7 307**	**67**	**5 041**	**32**
南宁	796	–	381	–	415	–
柳州	46	–	45	–	1	–
贵港	8 062	9	4 363	7	3 700	2
梧州	2 856	90	1 959	60	897	30
来宾	504	–	480	–	24	–
广西其他	84	–	80	–	4	–
重庆	**17 127**	**567**	**8 071**	**287**	**9 056**	**280**
四川合计	**1 909**	**79**	**1 002**	**18**	**908**	**61**
泸州	951	55	448	16	503	39
宜宾	909	24	506	2	404	23
乐山	42	–	42	–	…	–
南充	–	–	–	–	–	–
四川其他	7	–	6	–	1	–
贵州合计	**27**	**–**	**27**	**–**	**–**	**–**
云南合计	**669**	**–**	**602**	**–**	**67**	**–**
昭通	669	–	602	–	67	–
云南其他	–	–	–	–	–	–

5-6 全国港口分货类吞吐量

单位：万吨

货 物 种 类	总计		出港		进港	
		外贸		外贸		外贸
总 计	**1 395 083**	**432 069**	**600 487**	**107 580**	**794 596**	**324 489**
煤炭及制品	262 576	28 663	123 636	1 185	138 940	27 478
石油、天然气及制品	121 414	66 021	34 210	6 024	87 205	59 997
# 原油	65 250	45 959	9 680	319	55 571	45 640
金属矿石	222 011	134 703	48 436	1 831	173 575	132 873
钢铁	57 360	6 224	31 592	4 638	25 768	1 586
矿建材料	220 143	3 608	98 814	1 936	121 329	1 672
水泥	39 714	2 006	26 299	376	13 415	1 630
木材	10 823	7 972	1 940	219	8 883	7 753
非金属矿石	46 461	11 106	20 211	1 152	26 250	9 954
化学肥料及农药	6 497	3 036	3 820	2 093	2 677	944
盐	2 542	854	956	50	1 586	804
粮食	30 077	10 832	9 349	244	20 728	10 589
机械、设备、电器	13 449	6 702	8 220	4 898	5 229	1 804
化工原料及制品	29 632	10 299	12 168	2 137	17 464	8 161
有色金属	1 236	527	539	183	697	343
轻工、医药产品	13 622	5 445	7 036	2 758	6 586	2 687
农、林、牧、渔业产品	5 581	2 312	1 955	264	3 626	2 048
其他	311 945	131 759	171 306	77 592	140 638	54 167

5-7　沿海港口分货类吞吐量

单位：万吨

货物种类	总计	外贸	出港	外贸	进港	外贸
总　计	**918 774**	**385 525**	**399 808**	**96 857**	**518 966**	**288 669**
煤炭及制品	166 171	24 546	92 282	1 150	73 889	23 396
石油、天然气及制品	106 444	63 882	28 934	5 432	77 510	58 450
# 原油	61 995	45 952	9 078	319	52 917	45 634
金属矿石	154 788	119 732	26 573	1 805	128 215	117 927
钢铁	34 206	5 092	21 062	3 939	13 144	1 153
矿建材料	79 243	3 034	39 893	1 700	39 351	1 334
水泥	10 597	1 179	3 244	96	7 353	1 083
木材	6 149	5 222	704	198	5 445	5 024
非金属矿石	25 028	10 187	9 280	855	15 748	9 332
化学肥料及农药	3 243	2 347	1 943	1 478	1 300	869
盐	1 150	794	221	34	929	760
粮食	20 035	8 953	6 415	151	13 620	8 803
机械、设备、电器	11 824	5 768	6 866	4 056	4 958	1 712
化工原料及制品	16 540	6 593	7 325	1 499	9 215	5 094
有色金属	1 055	436	487	160	569	276
轻工、医药产品	11 647	4 717	6 204	2 575	5 443	2 141
农、林、牧、渔业产品	3 908	1 933	1 181	244	2 727	1 689
其他	266 745	121 112	147 194	71 485	119 551	49 626

5-8 内河港口分货类吞吐量

单位：万吨

货 物 种 类	总计	外贸	出港	外贸	进港	外贸
总 计	**476 309**	**46 544**	**200 679**	**10 724**	**275 630**	**35 820**
煤炭及制品	96 405	4 116	31 353	35	65 052	4 082
石油、天然气及制品	14 970	2 139	5 276	592	9 694	1 547
# 原油	3 255	7	602	–	2 654	7
金属矿石	67 223	14 972	21 863	26	45 360	14 946
钢铁	23 154	1 132	10 530	699	12 624	433
矿建材料	140 900	573	58 922	236	81 979	338
水泥	29 117	828	23 055	281	6 062	547
木材	4 675	2 750	1 237	22	3 438	2 729
非金属矿石	21 433	919	10 930	298	10 503	622
化学肥料及农药	3 254	689	1 877	614	1 377	75
盐	1 392	61	735	16	657	45
粮食	10 042	1 879	2 935	93	7 108	1 786
机械、设备、电器	1 625	934	1 355	842	270	92
化工原料及制品	13 092	3 706	4 843	638	8 249	3 068
有色金属	180	91	52	24	128	67
轻工、医药产品	1 975	728	832	182	1 143	546
农、林、牧、渔业产品	1 673	379	773	19	899	360
其他	45 199	10 647	24 112	6 107	21 087	4 541

5-9 全国港口煤炭及制品吞吐量

单位：千吨

港口	总计	外贸	出港	外贸	进港	外贸
全国总计	**2 625 760**	**286 626**	**1 236 358**	**11 849**	**1 389 403**	**274 777**
1. 沿海合计	**1 661 709**	**245 462**	**922 824**	**11 502**	**738 885**	**233 960**
辽宁合计	**60 982**	**17 345**	**4 444**	**13**	**56 538**	**17 332**
丹 东	7 905	5 690	165	–	7 740	5 690
大 连	22 978	1 431	561	1	22 418	1 430
营 口	16 754	9 206	426	11	16 329	9 195
盘 锦	6 147	872	–	–	6 147	872
锦 州	3 860	146	2 943	–	917	146
葫芦岛	3 338	–	349	–	2 989	–
河北合计	**688 596**	**23 702**	**662 805**	**1 186**	**25 791**	**22 516**
秦皇岛	193 508	293	193 265	83	244	210
黄 骅	206 569	1 482	204 935	–	1 634	1 482
唐 山	288 519	21 927	264 605	1 103	23 913	20 824
天 津	**74 335**	**3 997**	**73 608**	**3 882**	**726**	**114**
山东合计	**123 562**	**23 883**	**51 054**	**4 726**	**72 508**	**19 157**
滨 州	284	–	232	–	52	–
东 营	470	–	24	–	447	–
潍 坊	3 418	111	739	26	2 679	85
烟 台	35 034	4 360	2 470	349	32 563	4 011
威 海	8 014	71	122	–	7 892	71
青 岛	23 031	5 661	15 093	2 088	7 938	3 574
日 照	53 311	13 679	32 374	2 263	20 937	11 415
上 海	**49 583**	**11 728**	**3 188**	**113**	**46 395**	**11 615**
江苏合计	**45 022**	**8 938**	**19 022**	**1 201**	**26 001**	**7 737**
连云港	25 705	8 551	15 399	1 201	10 305	7 350
盐 城	19 318	387	3 623	–	15 695	387
浙江合计	**165 315**	**15 051**	**29 150**	**–**	**136 166**	**15 051**
嘉 兴	44 678	52	14 874	–	29 804	52
宁波舟山	79 663	9 876	13 866	–	65 797	9 876
#宁 波	52 916	3 053	4 606	–	48 310	3 053
舟 山	26 747	6 823	9 260	–	17 487	6 823
台 州	17 084	4 403	5	–	17 079	4 403
温 州	23 890	720	405	–	23 485	720

5-9 (续表一)

单位：千吨

港 口	总计		出港		进港	
		外贸		外贸		外贸
福建合计	**109 135**	**39 929**	**8 711**	**379**	**100 424**	**39 551**
福 州	35 880	10 468	1 049	–	34 831	10 468
# 福州市港口	27 943	7 050	1 049	–	26 894	7 050
宁德市港口	7 937	3 418	–	–	7 937	3 418
莆 田	28 387	15 428	6 701	27	21 686	15 400
泉 州	17 714	5 626	47	–	17 667	5 626
厦 门	27 155	8 408	914	351	26 241	8 057
# 厦门市港口	15 287	8 036	500	351	14 787	7 685
漳州市港口	11 868	372	414	–	11 453	372
广东合计	**271 293**	**67 386**	**65 627**	**2**	**205 666**	**67 384**
潮 州	6 784	4 621	–	–	6 784	4 621
汕 头	11 326	8 886	28	2	11 298	8 884
揭 阳	7 883	–	1 079	–	6 804	–
汕 尾	12 500	2 815	20	–	12 480	2 815
惠 州	10 944	360	–	–	10 944	360
深 圳	3 535	75	–	–	3 535	75
东 莞	51 675	13 114	18 063	–	33 612	13 114
广 州	70 385	21 220	23 254	–	47 132	21 220
中 山	21	–	…	–	21	–
珠 海	46 890	4 149	18 201	–	28 689	4 149
江 门	12 686	–	2 997	–	9 689	–
阳 江	10 103	729	16	–	10 087	729
茂 名	1 882	12	16	–	1 866	12
湛 江	24 677	11 404	1 954	–	22 723	11 404
广西合计	**59 860**	**27 108**	**4 222**	**1**	**55 637**	**27 108**
广西北部湾港	59 860	27 108	4 222	1	55 637	27 108
# 北 海	5 604	525	14	–	5 590	525
钦 州	25 632	7 486	3 096	1	22 536	7 485
防 城	28 624	19 098	1 112	–	27 512	19 098
海南合计	**14 026**	**6 395**	**994**	**–**	**13 032**	**6 395**
海 口	4 282	1 856	475	–	3 808	1 856
洋 浦	2 607	1 195	519	–	2 088	1 195
八 所	5 477	2 871	–	–	5 477	2 871
三 亚	5	–	…	–	5	–
清 澜	–	–	–	–	–	–
海南其他	1 655	473	–	–	1 655	473
2. 内河合计	**964 051**	**41 164**	**313 533**	**347**	**650 518**	**40 817**
黑龙江合计	**280**	**24**	**230**	**–**	**50**	**24**
黑 河	–	–	–	–	–	–

5-9 （续表二）

单位：千吨

港 口	总计	外贸	出港	外贸	进港	外贸
肇 源	–	–	–	–	–	–
哈尔滨	156	–	139	–	18	–
佳木斯	124	24	91	–	33	24
黑龙江其他	–	–	–	–	–	–
山东合计	**41 624**	**–**	**36 660**	**–**	**4 963**	**–**
济 宁	38 539	–	33 631	–	4 908	–
枣 庄	2 754	–	2 699	–	55	–
山东其他	331	–	330	–	1	–
上 海	**–**	**–**	**–**	**–**	**–**	**–**
江苏合计	**621 888**	**39 554**	**224 440**	**324**	**397 448**	**39 230**
南 京	77 561	5 096	24 194	–	53 367	5 096
镇 江	46 110	5 394	16 156	323	29 954	5 071
苏 州	131 262	10 872	41 791	–	89 471	10 872
南 通	68 165	7 228	25 821	–	42 344	7 228
常 州	10 522	1 654	3 439	–	7 083	1 654
江 阴	90 794	1 430	38 595	1	52 199	1 429
扬 州	36 578	–	15 292	–	21 285	–
泰 州	88 238	7 880	37 636	–	50 602	7 880
徐 州	23 911	–	19 413	–	4 498	–
连云港	–	–	–	–	–	–
无 锡	12 304	–	690	–	11 614	–
宿 迁	2 977	–	–	–	2 977	–
淮 安	9 804	–	3	–	9 801	–
扬州内河	1 744	–	27	–	1 717	–
镇江内河	1 227	–	53	–	1 174	–
苏州内河	13 613	1	544	–	13 069	1
常州内河	3 043	–	85	–	2 958	–
江苏其他	4 037	–	701	–	3 336	–
浙江合计	**29 809**	**–**	**1 014**	**–**	**28 795**	**–**
杭 州	4 358	–	134	–	4 224	–
嘉兴内河	8 033	–	714	–	7 319	–
湖 州	10 018	–	18	–	10 000	–
宁波内河	372	–	–	–	372	–
绍 兴	6 060	–	148	–	5 912	–
金 华	651	–	–	–	651	–
青 田	99	–	–	–	99	–
浙江其他	218	–	–	–	218	–

5-9 （续表三）

单位：千吨

港　口	总计		出港		进港	
		外贸		外贸		外贸
安徽合计	**81 350**	**856**	**10 974**	**–**	**70 376**	**856**
马鞍山	13 945	856	14	–	13 931	856
芜　湖	22 457	–	4 256	–	18 202	–
铜　陵	17 784	–	2 401	–	15 383	–
池　州	5 640	–	8	–	5 632	–
安　庆	7 850	–	57	–	7 792	–
阜　阳	–	–	–	–	–	–
合　肥	4 875	–	…	–	4 875	–
六　安	9	–	–	–	9	–
滁　州	405	–	3	–	402	–
淮　南	4 105	–	2 860	–	1 245	–
蚌　埠	3 773	–	892	–	2 882	–
亳　州	–	–	–	–	–	–
安徽其他	507	–	483	–	24	–
江西合计	**40 689**	**–**	**4 453**	**–**	**36 236**	**–**
南　昌	9 738	–	57	–	9 680	–
九　江	28 398	–	4 393	–	24 005	–
樟　树	–	–	–	–	–	–
江西其他	2 553	–	3	–	2 551	–
河南合计	**1 509**	**–**	**1 509**	**–**	**–**	**–**
湖北合计	**29 486**	**708**	**6 569**	**–**	**22 918**	**708**
嘉　鱼	1 678	–	–	–	1 678	–
武　汉	3 956	–	1 084	–	2 871	–
黄　州	–	–	–	–	–	–
鄂　州	1 204	–	–	–	1 204	–
黄　石	6 743	708	15	–	6 728	708
襄　阳	114	–	60	–	54	–
荆　州	5 615	–	789	–	4 826	–
宜　昌	8 450	–	4 397	–	4 053	–
潜　江	327	–	1	–	326	–
天　门	–	–	–	–	–	–
汉　川	–	–	–	–	–	–
湖北其他	1 400	–	223	–	1 177	–
湖南合计	**47 855**	**–**	**14 778**	**–**	**33 076**	**–**
长　沙	2 191	–	–	–	2 191	–
湘　潭	5 960	–	–	–	5 960	–
株　洲	573	–	–	–	573	–

5-9 （续表四）

单位：千吨

港口	总计	外贸	出港	外贸	进港	外贸
岳阳	34 012	–	14 219	–	19 793	–
沅陵	–	–	–	–	–	–
常德	–	–	–	–	–	–
湖南其他	5 118	–	559	–	4 558	–
广东合计	**30 483**	**24**	**537**	**24**	**29 946**	**–**
番禺	260	–	–	–	260	–
新塘	2 001	–	–	–	2 001	–
五和	332	–	–	–	332	–
中山	228	–	–	–	228	–
佛山	8 939	–	254	–	8 684	–
江门	2 416	24	67	24	2 349	–
东莞	2 444	–	4	–	2 441	–
肇庆	6 100	–	34	–	6 066	–
惠州	129	–	1	–	128	–
云浮	3 387	–	10	–	3 377	–
韶关	659	–	1	–	658	–
清远	3 587	–	166	–	3 421	–
河源	–	–	–	–	–	–
广西合计	**14 836**	**…**	**764**	**…**	**14 072**	**–**
南宁	1 433	–	235	–	1 199	–
柳州	9	–	–	–	9	–
贵港	8 858	…	373	…	8 485	–
梧州	4 272	–	–	–	4 272	–
来宾	264	–	156	–	109	–
广西其他	–	–	–	–	–	–
重庆	**21 275**	**–**	**9 735**	**–**	**11 540**	**–**
四川合计	**2 580**	**–**	**1 495**	**–**	**1 085**	**–**
泸州	2 464	–	1 430	–	1 034	–
宜宾	116	–	65	–	52	–
乐山	–	–	–	–	–	–
南充	–	–	–	–	–	–
四川其他	–	–	–	–	–	–
贵州合计	**272**	**–**	**272**	**–**	**–**	**–**
云南合计	**115**	**–**	**104**	**–**	**11**	**–**
昭通	115	–	104	–	11	–
云南其他	–	–	–	–	–	–

5-10 全国港口石油、天然气及制品吞吐量

单位：千吨

港口	总计	外贸	出港	外贸	进港	外贸
全国总计	**1 214 143**	**660 211**	**342 098**	**60 243**	**872 045**	**599 968**
1. 沿海合计	**1 064 439**	**638 820**	**289 336**	**54 321**	**775 103**	**584 499**
辽宁合计	**168 078**	**82 389**	**80 186**	**13 915**	**87 892**	**68 474**
丹 东	7	7	7	7	–	–
大 连	97 740	53 848	46 105	10 547	51 635	43 300
营 口	25 926	17 279	8 657	962	17 269	16 317
盘 锦	20 448	1 836	8 753	9	11 695	1 827
锦 州	15 282	9 419	8 205	2 389	7 078	7 030
葫芦岛	8 674	–	8 458	–	216	–
河北合计	**29 793**	**20 082**	**2 604**	**23**	**27 189**	**20 059**
秦皇岛	3 108	193	1 250	–	1 858	193
黄 骅	5 130	–	–	–	5 130	–
唐 山	21 554	19 889	1 354	23	20 201	19 866
天 津	**71 552**	**40 278**	**26 585**	**2 679**	**44 967**	**37 599**
山东合计	**281 628**	**200 525**	**46 724**	**6 223**	**234 904**	**194 301**
滨 州	3 140	–	201	–	2 939	–
东 营	39 225	5 408	13 795	–	25 429	5 408
潍 坊	2 101	3	668	–	1 434	3
烟 台	46 440	28 782	5 885	764	40 554	28 019
威 海	957	207	157	2	800	205
青 岛	119 085	99 201	23 549	5 154	95 536	94 047
日 照	70 680	66 923	2 469	303	68 211	66 620
上 海	**29 101**	**10 685**	**8 707**	**2 851**	**20 394**	**7 835**
江苏合计	**2 559**	**804**	**829**	**188**	**1 730**	**616**
连云港	2 203	804	570	188	1 633	616
盐 城	356	–	259	–	97	–
浙江合计	**192 454**	**113 248**	**49 056**	**3 540**	**143 398**	**109 708**
嘉 兴	7 316	2 681	2 123	517	5 193	2 164
宁波舟山	178 639	109 860	45 909	3 024	132 731	106 836
#宁 波	90 537	59 900	15 915	2 496	74 622	57 404
舟 山	88 103	49 960	29 994	528	58 109	49 432
台 州	1 844	–	229	–	1 615	–
温 州	4 655	707	796	–	3 859	707

5-10 （续表一）

单位：千吨

港　口	总计		出港		进港	
		外贸		外贸		外贸
福建合计	**58 235**	**37 936**	**16 027**	**6 795**	**42 209**	**31 141**
福　州	6 261	23	1 896	–	4 365	23
# 福州市港口	5 956	23	1 896	–	4 060	23
宁德市港口	305	–	–	–	305	–
莆　田	3 368	3 343	–	–	3 368	3 343
泉　州	39 138	30 607	11 696	6 350	27 442	24 257
厦　门	9 468	3 962	2 435	445	7 033	3 518
# 厦门市港口	4 671	1 015	1 024	445	3 647	571
漳州市港口	4 797	2 947	1 411	–	3 386	2 947
广东合计	**173 915**	**96 994**	**39 286**	**10 175**	**134 629**	**86 819**
潮　州	1 422	917	470	72	952	845
汕　头	1 406	704	34	23	1 372	681
揭　阳	3 837	1 035	359	–	3 478	1 035
汕　尾	–	–	–	–	–	–
惠　州	50 721	30 720	9 640	2 639	41 080	28 081
深　圳	13 692	8 870	400	94	13 292	8 776
东　莞	16 895	5 649	6 127	2 359	10 767	3 290
广　州	21 513	5 850	9 147	1 112	12 366	4 738
中　山	851	2	3	…	848	2
珠　海	13 847	6 378	4 812	808	9 035	5 570
江　门	1 688	42	805	–	883	42
阳　江	539	–	9	–	530	–
茂　名	18 798	14 984	4 209	2 934	14 589	12 050
湛　江	28 707	21 846	3 273	135	25 434	21 711
广西合计	**30 163**	**19 562**	**8 894**	**3 840**	**21 269**	**15 722**
广西北部湾港	30 163	19 562	8 894	3 840	21 269	15 722
# 北　海	8 743	3 082	3 983	185	4 760	2 897
钦　州	19 103	15 127	4 725	3 566	14 378	11 561
防　城	2 318	1 353	187	89	2 131	1 264
海南合计	**26 961**	**16 316**	**10 439**	**4 092**	**16 522**	**12 224**
海　口	1 917	293	343	–	1 574	293
洋　浦	20 320	15 974	8 382	4 043	11 938	11 931
八　所	3 754	49	1 699	49	2 055	–
三　亚	852	–	14	–	838	–
清　澜	118	–	–	–	118	–
海南其他	–	–	–	–	–	–
2. 内河合计	**149 704**	**21 392**	**52 762**	**5 922**	**96 942**	**15 470**
黑龙江合计	**–**	**–**	**–**	**–**	**–**	**–**
黑　河	–	–	–	–	–	–

5-10 （续表二）

单位：千吨

港　口	总计	外贸	出港	外贸	进港	外贸
肇　源	–	–	–	–	–	–
哈尔滨	–	–	–	–	–	–
佳木斯	–	–	–	–	–	–
黑龙江其他	–	–	–	–	–	–
山东合计	**426**	**–**	**120**	**–**	**306**	**–**
济　宁	426	–	120	–	306	–
枣　庄	–	–	–	–	–	–
山东其他	–	–	–	–	–	–
上　海	**290**	**–**	**88**	**–**	**202**	**–**
江苏合计	**96 415**	**21 286**	**40 285**	**5 896**	**56 129**	**15 390**
南　京	36 846	4 357	20 050	3 964	16 795	393
镇　江	4 871	1 680	1 740	211	3 130	1 469
苏　州	7 358	2 682	2 447	…	4 911	2 682
南　通	22 588	8 458	6 559	95	16 030	8 363
常　州	–	–	–	–	–	–
江　阴	7 419	2 177	2 404	1 012	5 015	1 165
扬　州	1 444	17	871	–	573	17
泰　州	9 591	1 913	3 913	614	5 678	1 299
徐　州	2	–	–	–	2	–
连云港	–	–	–	–	–	–
无　锡	1 062	–	18	–	1 044	–
宿　迁	203	–	79	–	124	–
淮　安	2 056	–	1 003	–	1 053	–
扬州内河	61	–	61	–	–	–
镇江内河	34	–	–	–	34	–
苏州内河	950	–	463	–	487	–
常州内河	342	–	2	–	340	–
江苏其他	1 588	–	675	–	913	–
浙江合计	**4 609**	**–**	**590**	**–**	**4 018**	**–**
杭　州	1 330	–	–	–	1 330	–
嘉兴内河	690	–	365	–	325	–
湖　州	2 547	–	225	–	2 322	–
宁波内河	–	–	–	–	–	–
绍　兴	6	–	–	–	6	–
金　华	35	–	–	–	35	–
青　田	–	–	–	–	–	–
浙江其他	–	–	–	–	–	–

5-10 （续表三）

单位：千吨

港口	总计	外贸	出港	外贸	进港	外贸
安徽合计	**4 962**	**74**	**2 105**	**1**	**2 856**	**73**
马鞍山	580	–	86	–	494	–
芜湖	1 361	73	394	–	967	73
铜陵	–	–	–	–	–	–
池州	668	–	9	–	659	–
安庆	2 004	1	1 607	1	397	–
阜阳	–	–	–	–	–	–
合肥	249	–	–	–	249	–
六安	–	–	–	–	–	–
滁州	86	–	–	–	86	–
淮南	–	–	–	–	–	–
蚌埠	14	–	10	–	4	–
亳州	–	–	–	–	–	–
安徽其他	–	–	–	–	–	–
江西合计	**4 879**	**–**	**2 683**	**–**	**2 196**	**–**
南昌	546	–	–	–	546	–
九江	4 010	–	2 557	–	1 453	–
樟树	–	–	–	–	–	–
江西其他	323	–	126	–	197	–
河南合计	**–**	**–**	**–**	**–**	**–**	**–**
湖北合计	**8 670**	**–**	**2 531**	**–**	**6 138**	**–**
嘉鱼	–	–	–	–	–	–
武汉	4 621	–	2 249	–	2 372	–
黄州	378	–	…	–	378	–
鄂州	–	–	–	–	–	–
黄石	440	–	34	–	406	–
襄阳	–	–	–	–	–	–
荆州	1 405	–	40	–	1 365	–
宜昌	1 550	–	208	–	1 342	–
潜江	–	–	–	–	–	–
天门	–	–	–	–	–	–
汉川	–	–	–	–	–	–
湖北其他	276	–	1	–	275	–
湖南合计	**11 517**	**26**	**1 710**	**25**	**9 806**	**1**
长沙	423	26	25	25	398	1
湘潭	–	–	–	–	–	–
株洲	–	–	–	–	–	–

5-10 （续表四）

单位：千吨

港　口	总计	外贸	出港	外贸	进港	外贸
岳　阳	10 282	–	1 685	–	8 597	–
沅　陵	–	–	–	–	–	–
常　德	479	–	–	–	479	–
湖南其他	332	–	–	–	332	–
广东合计	**7 986**	…	**1 302**	**–**	**6 684**	…
番　禺	504	–	138	–	366	–
新　塘	44	–	–	–	44	–
五　和	–	–	–	–	–	–
中　山	15	–	11	–	4	–
佛　山	5 704	…	904	–	4 800	…
江　门	797	–	214	–	583	–
东　莞	291	…	35	–	256	…
肇　庆	397	–	–	–	397	–
惠　州	–	–	–	–	–	–
云　浮	235	–	–	–	235	–
韶　关	–	–	–	–	–	–
清　远	–	–	–	–	–	–
河　源	–	–	–	–	–	–
广西合计	**795**	**–**	**83**	**–**	**712**	**–**
南　宁	233	–	24	–	208	–
柳　州	–	–	–	–	–	–
贵　港	52	–	25	–	26	–
梧　州	511	–	34	–	477	–
来　宾	–	–	–	–	–	–
广西其他	–	–	–	–	–	–
重　庆	**8 399**	**–**	**1 261**	**–**	**7 138**	**–**
四川合计	**758**	**5**	**3**	**–**	**755**	**5**
泸　州	758	5	3	–	755	5
宜　宾	–	–	–	–	–	–
乐　山	–	–	–	–	–	–
南　充	–	–	–	–	–	–
四川其他	–	–	–	–	–	–
贵州合计	**–**	**–**	**–**	**–**	**–**	**–**
云南合计	**–**	**–**	**–**	**–**	**–**	**–**
昭　通	–	–	–	–	–	–
云南其他	–	–	–	–	–	–

5-11 全国港口原油吞吐量

单位：千吨

港口	总计	外贸	出港	外贸	进港	外贸
全国总计	**652 503**	**459 591**	**96 796**	**3 186**	**555 706**	**456 405**
1. 沿海合计	**619 949**	**459 524**	**90 781**	**3 186**	**529 168**	**456 338**
辽宁合计	**100 651**	**59 877**	**26 254**	**683**	**74 397**	**59 195**
丹 东	–	–	–	–	–	–
大 连	54 322	35 034	14 925	683	39 397	34 351
营 口	18 217	16 172	1 268	–	16 949	16 172
盘 锦	11 013	1 642	–	–	11 013	1 642
锦 州	10 120	7 030	3 082	–	7 039	7 030
葫芦岛	6 979	–	6 979	–	–	–
河北合计	**24 088**	**15 493**	**2 045**	**–**	**22 043**	**15 493**
秦皇岛	2 064	–	718	–	1 346	–
黄 骅	5 124	–	–	–	5 124	–
唐 山	16 900	15 493	1 327	–	15 573	15 493
天 津	**50 714**	**24 244**	**21 929**	**166**	**28 785**	**24 078**
山东合计	**210 428**	**170 993**	**17 671**	**2 066**	**192 757**	**168 928**
滨 州	2 575	–	–	–	2 575	–
东 营	21 423	4 137	–	–	21 423	4 137
潍 坊	880	–	115	–	765	–
烟 台	26 843	24 486	838	–	26 006	24 486
威 海	–	–	–	–	–	–
青 岛	103 081	88 284	15 899	2 066	87 182	86 218
日 照	55 626	54 086	820	–	54 806	54 086
上 海	**4 128**	**–**	**–**	**–**	**4 128**	**–**
江苏合计	**630**	**210**	**–**	**–**	**630**	**210**
连云港	626	210	–	–	626	210
盐 城	4	–	–	–	4	–
浙江合计	**110 311**	**85 354**	**16 364**	**187**	**93 947**	**85 167**
嘉 兴	–	–	–	–	–	–
宁波舟山	109 526	85 354	16 364	187	93 162	85 167
#宁 波	62 422	49 289	5 960	–	56 462	49 289
舟 山	47 104	36 065	10 404	187	36 700	35 878
台 州	–	–	–	–	–	–
温 州	785	–	–	–	785	–

5-11 （续表一）

单位：千吨

港　口	总计		出港		进港	
		外贸		外贸		外贸
福建合计	**25 519**	**25 517**	**–**	**–**	**25 519**	**25 517**
福　州	–	–	–	–	–	–
# 福州市港口	–	–	–	–	–	–
宁德市港口	–	–	–	–	–	–
莆　田	–	–	–	–	–	–
泉　州	23 383	23 383	–	–	23 383	23 383
厦　门	2 136	2 134	–	–	2 136	2 134
# 厦门市港口	–	–	–	–	–	–
漳州市港口	2 136	2 134	–	–	2 136	2 134
广东合计	**68 360**	**58 442**	**2 778**	**84**	**65 583**	**58 358**
潮　州	–	–	–	–	–	–
汕　头	–	–	–	–	–	–
揭　阳	7	–	–	–	7	–
汕　尾	–	–	–	–	–	–
惠　州	31 273	24 789	–	–	31 273	24 789
深　圳	–	–	–	–	–	–
东　莞	–	–	–	–	–	–
广　州	127	–	63	–	63	–
中　山	18	–	–	–	18	–
珠　海	–	–	–	–	–	–
江　门	…	–	…	–	…	–
阳　江	–	–	–	–	–	–
茂　名	11 925	11 925	–	–	11 925	11 925
湛　江	25 012	21 728	2 714	84	22 298	21 644
广西合计	**13 667**	**9 887**	**3 661**	**–**	**10 006**	**9 887**
广西北部湾港	13 667	9 887	3 661	–	10 006	9 887
# 北　海	3 558	–	3 558	–	–	–
钦　州	10 109	9 887	103	–	10 006	9 887
防　城	–	–	–	–	–	–
海南合计	**11 453**	**9 507**	**79**	**–**	**11 375**	**9 507**
海　口	85	–	77	–	8	–
洋　浦	9 507	9 507	–	–	9 507	9 507
八　所	1 860	–	–	–	1 860	–
三　亚	2	–	2	–	–	–
清　澜	–	–	–	–	–	–
海南其他	–	–	–	–	–	–
2. 内河合计	**32 554**	**67**	**6 016**	**–**	**26 538**	**67**
黑龙江合计	**–**	**–**	**–**	**–**	**–**	**–**
黑　河	–	–	–	–	–	–

5-11 （续表二）

单位：千吨

港口	总计	外贸	出港	外贸	进港	外贸
肇源	–	–	–	–	–	–
哈尔滨	–	–	–	–	–	–
佳木斯	–	–	–	–	–	–
黑龙江其他	–	–	–	–	–	–
山东合计	**–**	**–**	**–**	**–**	**–**	**–**
济宁	–	–	–	–	–	–
枣庄	–	–	–	–	–	–
山东其他	–	–	–	–	–	–
上海	**3**	**–**	**–**	**–**	**3**	**–**
江苏合计	**22 145**	**67**	**5 979**	**–**	**16 165**	**67**
南京	14 409	–	5 034	–	9 375	–
镇江	–	–	–	–	–	–
苏州	35	35	–	–	35	35
南通	–	–	–	–	–	–
常州	–	–	–	–	–	–
江阴	2 213	32	354	–	1 858	32
扬州	–	–	–	–	–	–
泰州	3 576	–	–	–	3 576	–
徐州	–	–	–	–	–	–
连云港	–	–	–	–	–	–
无锡	–	–	–	–	–	–
宿迁	–	–	–	–	–	–
淮安	918	–	–	–	918	–
扬州内河	61	–	61	–	–	–
镇江内河	–	–	–	–	–	–
苏州内河	2	–	–	–	2	–
常州内河	1	–	1	–	–	–
江苏其他	931	–	529	–	401	–
浙江合计	**–**	**–**	**–**	**–**	**–**	**–**
杭州	–	–	–	–	–	–
嘉兴内河	–	–	–	–	–	–
湖州	–	–	–	–	–	–
宁波内河	–	–	–	–	–	–
绍兴	–	–	–	–	–	–
金华	–	–	–	–	–	–
青田	–	–	–	–	–	–
浙江其他	–	–	–	–	–	–

5-11 （续表三）

单位：千吨

港　口	总计	外贸	出港	外贸	进港	外贸
安徽合计	**40**	**–**	**–**	**–**	**40**	**–**
马鞍山	–	–	–	–	–	–
芜　湖	–	–	–	–	–	–
铜　陵	–	–	–	–	–	–
池　州	–	–	–	–	–	–
安　庆	40	–	–	–	40	–
阜　阳	–	–	–	–	–	–
合　肥	–	–	–	–	–	–
六　安	–	–	–	–	–	–
滁　州	–	–	–	–	–	–
淮　南	–	–	–	–	–	–
蚌　埠	–	–	–	–	–	–
亳　州	–	–	–	–	–	–
安徽其他	–	–	–	–	–	–
江西合计	**99**	**–**	**32**	**–**	**68**	**–**
南　昌	–	–	–	–	–	–
九　江	16	–	–	–	16	–
樟　树	–	–	–	–	–	–
江西其他	83	–	32	–	52	–
河南合计	**–**	**–**	**–**	**–**	**–**	**–**
湖北合计	**960**	**–**	**–**	**–**	**960**	**–**
嘉　鱼	–	–	–	–	–	–
武　汉	–	–	–	–	–	–
黄　州	–	–	–	–	–	–
鄂　州	–	–	–	–	–	–
黄　石	–	–	–	–	–	–
襄　阳	–	–	–	–	–	–
荆　州	960	–	–	–	960	–
宜　昌	–	–	–	–	–	–
潜　江	–	–	–	–	–	–
天　门	–	–	–	–	–	–
汉　川	–	–	–	–	–	–
湖北其他	–	–	–	–	–	–
湖南合计	**6 713**	**–**	**–**	**–**	**6 713**	**–**
长　沙	–	–	–	–	–	–
湘　潭	–	–	–	–	–	–
株　洲	–	–	–	–	–	–

5-11 （续表四）

单位：千吨

港 口	总计	外贸	出港	外贸	进港	外贸
岳 阳	6 713	–	–	–	6 713	–
沅 陵	–	–	–	–	–	–
常 德	–	–	–	–	–	–
湖南其他	–	–	–	–	–	–
广东合计	**1 968**	**–**	**2**	**–**	**1 966**	**–**
番 禺	–	–	–	–	–	–
新 塘	–	–	–	–	–	–
五 和	–	–	–	–	–	–
中 山	–	–	–	–	–	–
佛 山	1 968	–	2	–	1 966	–
江 门	–	–	–	–	–	–
东 莞	…	–	–	–	…	–
肇 庆	–	–	–	–	–	–
惠 州	–	–	–	–	–	–
云 浮	–	–	–	–	–	–
韶 关	–	–	–	–	–	–
清 远	–	–	–	–	–	–
河 源	–	–	–	–	–	–
广西合计	**–**	**–**	**–**	**–**	**–**	**–**
南 宁	–	–	–	–	–	–
柳 州	–	–	–	–	–	–
贵 港	–	–	–	–	–	–
梧 州	–	–	–	–	–	–
来 宾	–	–	–	–	–	–
广西其他	–	–	–	–	–	–
重 庆	**79**	**–**	**3**	**–**	**76**	**–**
四川合计	**547**	**–**	**–**	**–**	**547**	**–**
泸 州	547	–	–	–	547	–
宜 宾	–	–	–	–	–	–
乐 山	–	–	–	–	–	–
南 充	–	–	–	–	–	–
四川其他	–	–	–	–	–	–
贵州合计	**–**	**–**	**–**	**–**	**–**	**–**
云南合计	**–**	**–**	**–**	**–**	**–**	**–**
昭 通	–	–	–	–	–	–
云南其他	–	–	–	–	–	–

5-12 全国港口金属矿石吞吐量

单位：千吨

港 口	总计		出港		进港	
		外贸		外贸		外贸
全国总计	**2 220 114**	**1 347 034**	**484 365**	**18 309**	**1 735 749**	**1 328 725**
1. 沿海合计	**1 547 885**	**1 197 316**	**265 732**	**18 046**	**1 282 152**	**1 179 270**
辽宁合计	**99 590**	**89 914**	**9 152**	**7 048**	**90 437**	**82 866**
丹 东	10 718	9 423	778	–	9 941	9 423
大 连	33 021	32 026	7 914	7 048	25 108	24 978
营 口	41 731	40 553	329	–	41 402	40 553
盘 锦	2 255	1 154	–	–	2 255	1 154
锦 州	8 228	6 011	117	–	8 111	6 011
葫芦岛	3 636	747	15	–	3 621	747
河北合计	**272 753**	**266 526**	**606**	**36**	**272 147**	**266 491**
秦皇岛	521	468	–	–	521	468
黄 骅	46 567	42 422	78	25	46 489	42 397
唐 山	225 665	223 637	528	11	225 137	223 626
天 津	**110 820**	**109 870**	**724**	**267**	**110 096**	**109 603**
山东合计	**396 988**	**299 128**	**59 772**	**8 456**	**337 216**	**290 672**
滨 州	23 569	–	535	–	23 035	–
东 营	534	–	43	–	492	–
潍 坊	10 306	–	104	–	10 201	–
烟 台	21 809	18 577	8 863	6 060	12 946	12 518
威 海	156	–	20	–	136	–
青 岛	162 716	120 671	35 065	2 383	127 651	118 288
日 照	177 897	159 880	15 143	13	162 754	159 867
上 海	**64 763**	**24 508**	**21 109**	**–**	**43 654**	**24 508**
江苏合计	**123 293**	**89 092**	**27 820**	**368**	**95 472**	**88 725**
连云港	106 823	79 904	24 499	368	82 324	79 537
盐 城	16 469	9 188	3 321	–	13 148	9 188
浙江合计	**263 685**	**142 248**	**120 700**	**102**	**142 985**	**142 145**
嘉 兴	489	272	–	–	489	272
宁波舟山	262 650	141 975	120 682	102	141 969	141 873
#宁 波	86 993	53 542	33 384	15	53 609	53 527
舟 山	175 658	88 433	87 298	87	88 360	88 346
台 州	–	–	–	–	–	–
温 州	546	–	19	–	527	–

5-12 （续表一）

单位：千吨

港　口	总计		出港		进港	
		外贸		外贸		外贸
福建合计	**54 692**	**46 765**	**5 302**	**10**	**49 390**	**46 755**
福　州	39 683	34 119	4 229	–	35 454	34 119
# 福州市港口	28 095	22 743	4 219	–	23 876	22 743
宁德市港口	11 588	11 376	11	–	11 577	11 376
莆　田	5 111	4 196	915	–	4 196	4 196
泉　州	869	540	–	–	869	540
厦　门	9 030	7 910	158	10	8 871	7 900
# 厦门市港口	7 378	7 199	134	10	7 243	7 189
漳州市港口	1 652	710	24	–	1 628	710
广东合计	**95 777**	**71 125**	**14 855**	**1 207**	**80 922**	**69 918**
潮　州	–	–	–	–	–	–
汕　头	7	…	4	–	3	…
揭　阳	1 880	–	–	–	1 880	–
汕　尾	–	–	–	–	–	–
惠　州	–	–	–	–	–	–
深　圳	–	–	–	–	–	–
东　莞	1 385	68	627	25	758	43
广　州	5 357	2 136	120	10	5 236	2 126
中　山	2	–	–	–	2	–
珠　海	14 861	11 442	1 975	–	12 886	11 442
江　门	435	…	…	…	435	–
阳　江	15 168	12 335	12	–	15 157	12 335
茂　名	109	99	–	–	109	99
湛　江	56 573	45 045	12 116	1 172	44 457	43 873
广西合计	**62 708**	**58 055**	**3 005**	**549**	**59 703**	**57 506**
广西北部湾港	62 708	58 055	3 005	549	59 703	57 506
# 北　海	6 001	5 418	136	–	5 864	5 418
钦　州	12 760	10 595	1 693	539	11 067	10 057
防　城	43 947	42 042	1 176	10	42 771	42 031
海南合计	**2 817**	**84**	**2 687**	**3**	**129**	**81**
海　口	174	23	109	3	65	21
洋　浦	202	61	138	…	64	61
八　所	2 441	–	2 441	–	–	–
三　亚	–	–	–	–	–	–
清　澜	–	–	–	–	–	–
海南其他	–	–	–	–	–	–
2. 内河合计	**672 229**	**149 718**	**218 632**	**263**	**453 597**	**149 455**
黑龙江合计	**–**	**–**	**–**	**–**	**–**	**–**
黑　河	–	–	–	–	–	–

5-12 （续表二）

单位：千吨

港口	总计		出港		进港	
		外贸		外贸		外贸
肇源	–	–	–	–	–	–
哈尔滨	–	–	–	–	–	–
佳木斯	–	–	–	–	–	–
黑龙江其他	–	–	–	–	–	–
山东合计	**333**	**–**	**93**	**–**	**240**	**–**
济宁	185	–	92	–	94	–
枣庄	148	–	1	–	146	–
山东其他	–	–	–	–	–	–
上海	**14**	**–**	**12**	**–**	**2**	**–**
江苏合计	**468 679**	**135 684**	**178 921**	**248**	**289 759**	**135 436**
南京	48 302	3 971	12 203	6	36 098	3 965
镇江	50 513	14 273	24 894	–	25 619	14 273
苏州	137 493	52 904	42 587	–	94 906	52 904
南通	35 801	11 011	18 377	53	17 425	10 958
常州	31 882	7 189	14 045	–	17 837	7 189
江阴	80 849	37 254	38 012	2	42 837	37 252
扬州	16 067	5 088	7 765	188	8 303	4 900
泰州	44 033	3 697	20 894	–	23 139	3 697
徐州	890	–	15	–	876	–
连云港	–	–	–	–	–	–
无锡	7 934	298	2	–	7 933	298
宿迁	71	–	–	–	71	–
淮安	4 117	–	4	–	4 113	–
扬州内河	–	–	–	–	–	–
镇江内河	1 496	–	–	–	1 496	–
苏州内河	5 382	–	49	–	5 333	–
常州内河	3 676	–	6	–	3 670	–
江苏其他	172	–	69	–	103	–
浙江合计	**514**	**–**	**10**	**–**	**503**	**–**
杭州	468	–	10	–	458	–
嘉兴内河	28	–	–	–	28	–
湖州	–	–	–	–	–	–
宁波内河	–	–	–	–	–	–
绍兴	16	–	–	–	16	–
金华	–	–	–	–	–	–
青田	1	–	–	–	1	–
浙江其他	–	–	–	–	–	–

5-12 （续表三）

单位：千吨

港口	总计		出港		进港	
		外贸		外贸		外贸
安徽合计	**62 734**	**9 609**	**11 879**	**–**	**50 855**	**9 609**
马鞍山	29 567	9 609	378	–	29 189	9 609
芜　湖	13 298	–	3 039	–	10 259	–
铜　陵	10 367	–	3 408	–	6 958	–
池　州	4 534	–	925	–	3 609	–
安　庆	498	–	363	–	134	–
阜　阳	–	–	–	–	–	–
合　肥	1 824	…	1 583	–	241	…
六　安	2 468	–	2 178	–	290	–
滁　州	161	–	4	–	157	–
淮　南	–	–	–	–	–	–
蚌　埠	12	–	–	–	12	–
亳　州	–	–	–	–	–	–
安徽其他	6	–	–	–	6	–
江西合计	**14 191**	**–**	**994**	**–**	**13 197**	**–**
南　昌	4 386	–	711	–	3 675	–
九　江	9 691	–	276	–	9 416	–
樟　树	–	–	–	–	–	–
江西其他	113	–	6	–	107	–
河南合计	**–**	**–**	**–**	**–**	**–**	**–**
湖北合计	**48 525**	**4 372**	**2 260**	**–**	**46 265**	**4 372**
嘉　鱼	4 802	–	–	–	4 802	–
武　汉	27 615	–	210	–	27 405	–
黄　州	5	–	3	–	2	–
鄂　州	4 118	–	264	–	3 854	–
黄　石	8 665	4 372	1 078	–	7 587	4 372
襄　阳	–	–	–	–	–	–
荆　州	1 973	–	13	–	1 960	–
宜　昌	373	–	174	–	199	–
潜　江	–	–	–	–	–	–
天　门	–	–	–	–	–	–
汉　川	–	–	–	–	–	–
湖北其他	973	–	517	–	456	–
湖南合计	**51 359**	**33**	**18 536**	**14**	**32 823**	**18**
长　沙	1 657	33	38	14	1 619	18
湘　潭	2 467	–	–	–	2 467	–
株　洲	22	–	–	–	22	–

5-12 （续表四）

单位：千吨

港口	总计		出港		进港	
		外贸		外贸		外贸
岳阳	43 367	–	17 660	–	25 707	–
沅陵	–	–	–	–	–	–
常德	–	–	–	–	–	–
湖南其他	3 846	–	838	–	3 008	–
广东合计	**977**	…	**82**	…	**895**	…
番禺	–	–	–	–	–	–
新塘	–	–	–	–	–	–
五和	–	–	–	–	–	–
中山	–	–	–	–	–	–
佛山	323	…	…	…	323	…
江门	10	–	–	–	10	–
东莞	1	–	–	–	1	–
肇庆	27	–	–	–	27	–
惠州	7	–	–	–	7	–
云浮	234	–	82	–	152	–
韶关	–	–	–	–	–	–
清远	375	–	–	–	375	–
河源	–	–	–	–	–	–
广西合计	**4 677**	…	**787**	…	**3 890**	**–**
南宁	1	–	–	–	1	–
柳州	–	–	–	–	–	–
贵港	4 654	–	770	–	3 884	–
梧州	19	…	17	…	1	–
来宾	4	–	–	–	4	–
广西其他	–	–	–	–	–	–
重庆	**16 541**	**–**	**2 056**	**–**	**14 484**	**–**
四川合计	**1 103**	**20**	**419**	…	**684**	**20**
泸州	921	20	316	…	605	20
宜宾	123	–	44	–	79	–
乐山	6	–	6	–	–	–
南充	–	–	–	–	–	–
四川其他	52	–	52	–	–	–
贵州合计	**–**	**–**	**–**	**–**	**–**	**–**
云南合计	**2 584**	**–**	**2 584**	**–**	**–**	**–**
昭通	2 584	–	2 584	–	–	–
云南其他	–	–	–	–	–	–

5-13 全国港口钢铁吞吐量

单位：千吨

港口	总计		出港		进港	
		外贸		外贸		外贸
全国总计	**573 601**	**62 236**	**315 921**	**46 381**	**257 680**	**15 856**
1. 沿海合计	**342 062**	**50 918**	**210 624**	**39 389**	**131 439**	**11 529**
辽宁合计	**50 623**	**7 711**	**47 583**	**6 852**	**3 040**	**859**
丹东	5 791	768	5 581	768	210	–
大连	9 676	1 619	7 768	975	1 908	644
营口	30 499	5 265	29 865	5 071	633	194
盘锦	304	–	289	–	15	–
锦州	2 388	38	2 381	38	7	–
葫芦岛	1 966	21	1 699	–	267	21
河北合计	**54 937**	**3 254**	**53 858**	**2 640**	**1 079**	**615**
秦皇岛	4 635	148	4 542	107	93	41
黄骅	1 038	261	777	–	261	261
唐山	49 264	2 846	48 539	2 533	725	313
天津	**28 818**	**14 208**	**25 745**	**13 707**	**3 073**	**501**
山东合计	**26 478**	**7 747**	**20 210**	**6 699**	**6 268**	**1 048**
滨州	–	–	–	–	–	–
东营	1 496	–	920	–	576	–
潍坊	581	–	302	–	279	–
烟台	3 453	806	928	379	2 525	428
威海	712	584	321	286	391	298
青岛	5 708	1 502	4 036	1 180	1 672	322
日照	14 528	4 855	13 703	4 855	825	–
上海	**39 302**	**7 458**	**15 671**	**6 121**	**23 630**	**1 337**
江苏合计	**7 595**	**1 680**	**4 485**	**1 280**	**3 109**	**400**
连云港	3 536	1 577	2 298	1 275	1 237	302
盐城	4 059	103	2 187	4	1 872	98
浙江合计	**30 168**	**605**	**2 330**	**199**	**27 838**	**407**
嘉兴	3 138	–	50	–	3 088	–
宁波舟山	16 683	599	1 790	198	14 893	401
#宁波	12 958	436	1 442	198	11 516	237
舟山	3 725	164	348	–	3 377	164
台州	5 866	6	402	…	5 464	6
温州	4 481	–	88	–	4 393	–

5-13 （续表一）

单位：千吨

港口	总计		出港		进港	
		外贸		外贸		外贸
福建合计	**19 759**	**1 900**	**9 026**	**448**	**10 733**	**1 452**
福　州	11 390	989	6 975	140	4 414	850
# 福州市港口	6 753	138	3 737	1	3 016	137
宁德市港口	4 637	852	3 238	138	1 399	713
莆　田	759	–	296	–	463	–
泉　州	3 718	–	52	–	3 666	–
厦　门	3 892	910	1 702	308	2 189	602
# 厦门市港口	2 817	887	1 413	306	1 404	581
漳州市港口	1 075	23	290	3	785	21
广东合计	**66 618**	**5 023**	**24 124**	**1 094**	**42 494**	**3 929**
潮　州	–	–	–	–	–	–
汕　头	662	7	158	7	504	–
揭　阳	3 579	1	353	1	3 226	–
汕　尾	–	–	–	–	–	–
惠　州	270	–	–	–	270	–
深　圳	1 148	266	68	–	1 080	266
东　莞	10 659	539	3 320	35	7 338	505
广　州	34 240	3 639	9 061	552	25 180	3 087
中　山	1 238	101	797	45	441	56
珠　海	2 425	47	828	47	1 597	–
江　门	1 430	29	59	24	1 371	5
阳　江	1 328	41	1 058	31	271	10
茂　名	199	–	–	–	199	–
湛　江	9 440	353	8 423	352	1 017	1
广西合计	**13 475**	**1 312**	**6 915**	**346**	**6 560**	**966**
广西北部湾港	13 475	1 312	6 915	346	6 560	966
# 北　海	2 563	557	1 843	–	720	557
钦　州	5 794	223	2 151	123	3 644	100
防　城	5 118	533	2 922	223	2 196	309
海南合计	**4 290**	**20**	**676**	**5**	**3 615**	**16**
海　口	3 406	15	355	–	3 050	15
洋　浦	670	6	320	5	350	1
八　所	2	–	–	–	2	–
三　亚	211	–	–	–	211	–
清　澜	1	–	–	–	1	–
海南其他	–	–	–	–	–	–
2. 内河合计	**231 539**	**11 318**	**105 297**	**6 992**	**126 242**	**4 327**
黑龙江合计	**114**	**114**	**114**	**114**	**–**	**–**
黑　河	108	108	108	108	–	–

5-13 （续表二）

单位：千吨

港　口	总计		出港		进港	
		外贸		外贸		外贸
肇　源	–	–	–	–	–	–
哈尔滨	–	–	–	–	–	–
佳木斯	7	7	7	7	–	–
黑龙江其他	–	–	–	–	–	–
山东合计	**253**	**–**	**164**	**–**	**89**	**–**
济　宁	242	–	154	–	89	–
枣　庄	10	–	10	–	–	–
山东其他	–	–	–	–	–	–
上　海	**2 382**	**–**	**508**	**–**	**1 874**	**–**
江苏合计	**102 094**	**9 867**	**53 225**	**5 848**	**48 869**	**4 019**
南　京	11 728	113	7 662	112	4 065	1
镇　江	194	34	71	3	123	31
苏　州	31 075	7 305	20 458	5 228	10 617	2 077
南　通	4 034	273	1 318	98	2 716	176
常　州	411	41	168	–	242	41
江　阴	12 777	2 068	2 907	385	9 870	1 683
扬　州	1 827	33	506	23	1 321	11
泰　州	3 210	–	1 635	–	1 576	–
徐　州	456	–	339	–	117	–
连云港	–	–	–	–	–	–
无　锡	9 106	–	4 227	–	4 879	–
宿　迁	378	–	133	–	245	–
淮　安	3 809	–	3 324	–	485	–
扬州内河	18	–	8	–	9	–
镇江内河	4 158	–	2 600	–	1 558	–
苏州内河	6 930	–	4 129	–	2 802	–
常州内河	4 188	–	495	–	3 693	–
江苏其他	7 796	–	3 245	–	4 551	–
浙江合计	**34 250**	**–**	**3 322**	**–**	**30 928**	**–**
杭　州	15 368	–	699	–	14 669	–
嘉兴内河	6 961	–	1 711	–	5 249	–
湖　州	10 918	–	490	–	10 428	–
宁波内河	–	–	–	–	–	–
绍　兴	724	–	413	–	310	–
金　华	15	–	–	–	15	–
青　田	220	–	–	–	220	–
浙江其他	45	–	8	–	36	–

5-13 （续表三）

单位：千吨

港　口	总计	外贸	出港	外贸	进港	外贸
安徽合计	**23 046**	**304**	**16 571**	**287**	**6 475**	**17**
马鞍山	8 800	287	6 504	287	2 296	–
芜　湖	4 937	17	4 031	–	905	17
铜　陵	3 338	–	2 854	–	484	–
池　州	3 273	–	2 421	–	852	–
安　庆	85	–	64	–	21	–
阜　阳	1	–	–	–	1	–
合　肥	2 416	…	657	…	1 759	…
六　安	20	–	20	–	–	–
滁　州	138	–	15	–	123	–
淮　南	–	–	–	–	–	–
蚌　埠	33	–	2	–	31	–
亳　州	5	–	3	–	2	–
安徽其他	–	–	–	–	–	–
江西合计	**8 384**	**15**	**5 973**	**15**	**2 411**	**–**
南　昌	1 838	15	56	15	1 782	–
九　江	6 529	–	5 906	–	623	–
樟　树	–	–	–	–	–	–
江西其他	17	–	11	–	6	–
河南合计	**–**	**–**	**–**	**–**	**–**	**–**
湖北合计	**19 188**	**577**	**13 452**	**574**	**5 736**	**3**
嘉　鱼	1 306	–	1 306	–	–	–
武　汉	10 178	–	6 951	–	3 227	–
黄　州	64	–	32	–	32	–
鄂　州	1 860	–	1 573	–	287	–
黄　石	3 523	576	2 915	573	608	3
襄　阳	–	–	–	–	–	–
荆　州	462	–	110	–	352	–
宜　昌	1 573	1	554	1	1 019	…
潜　江	–	–	–	–	–	–
天　门	–	–	–	–	–	–
汉　川	100	–	–	–	100	–
湖北其他	122	–	12	–	111	–
湖南合计	**7 251**	**33**	**2 259**	**30**	**4 991**	**4**
长　沙	3 185	33	328	30	2 857	4
湘　潭	723	–	711	–	13	–
株　洲	5	–	–	–	5	–

5-13 （续表四）

单位：千吨

港口	总计	外贸	出港	外贸	进港	外贸
岳阳	2 450	–	819	–	1 631	–
沅陵	83	–	–	–	83	–
常德	280	–	35	–	245	–
湖南其他	524	–	366	–	158	–
广东合计	**22 792**	**397**	**3 375**	**116**	**19 417**	**281**
番禺	227	–	–	–	227	–
新塘	13	–	13	–	–	–
五和	399	–	138	–	260	–
中山	66	–	60	–	6	–
佛山	20 888	223	2 706	102	18 182	121
江门	340	172	70	14	270	158
东莞	481	…	198	…	283	…
肇庆	217	–	28	–	188	–
惠州	–	–	–	–	–	–
云浮	1	1	…	…	1	1
韶关	161	–	161	–	–	–
清远	–	–	–	–	–	–
河源	–	–	–	–	–	–
广西合计	**3 308**	**8**	**3 019**	**5**	**289**	**3**
南宁	87	–	23	–	64	–
柳州	249	–	249	–	–	–
贵港	1 946	1	1 836	1	110	…
梧州	137	7	24	5	113	3
来宾	889	–	887	–	2	–
广西其他	…	–	…	–	–	–
重庆	**8 306**	**–**	**3 184**	**–**	**5 122**	**–**
四川合计	**165**	**2**	**127**	**2**	**38**	**…**
泸州	14	2	9	2	5	…
宜宾	151	–	118	–	33	–
乐山	–	–	–	–	–	–
南充	–	–	–	–	–	–
四川其他	–	–	–	–	–	–
贵州合计	**–**	**–**	**–**	**–**	**–**	**–**
云南合计	**6**	**–**	**3**	**–**	**3**	**–**
昭通	6	–	3	–	3	–
云南其他	–	–	–	–	–	–

5-14 全国港口矿建材料吞吐量

单位：千吨

港口	总计	外贸	出港	外贸	进港	外贸
全国总计	**2 201 433**	**36 076**	**988 141**	**19 358**	**1 213 292**	**16 718**
1. 沿海合计	**792 432**	**30 343**	**398 925**	**17 003**	**393 506**	**13 340**
辽宁合计	**64 796**	**525**	**53 981**	**495**	**10 815**	**30**
丹　东	11 715	–	1 155	–	10 560	–
大　连	10 186	40	10 094	10	92	30
营　口	12 981	485	12 867	485	113	–
盘　锦	8 309	–	8 281	–	28	–
锦　州	6 201	…	6 195	…	7	–
葫芦岛	15 405	–	15 390	–	15	–
河北合计	**39 086**	**575**	**27 759**	**103**	**11 327**	**472**
秦皇岛	1 660	–	1 522	–	138	–
黄　骅	10 115	23	36	23	10 079	–
唐　山	27 311	552	26 202	80	1 109	472
天　津	**15 968**	**1 104**	**3 071**	**898**	**12 896**	**206**
山东合计	**61 516**	**4 081**	**33 895**	**400**	**27 621**	**3 682**
滨　州	5 599	–	–	–	5 599	–
东　营	8 156	–	2 033	–	6 123	–
潍　坊	1 981	11	129	–	1 852	11
烟　台	21 337	269	19 708	268	1 629	2
威　海	7 268	238	6 473	24	795	214
青　岛	9 670	1 423	1 025	12	8 645	1 411
日　照	7 506	2 140	4 528	96	2 979	2 044
上　海	**26 570**	**37**	**4 361**	**6**	**22 209**	**31**
江苏合计	**43 633**	**100**	**12 146**	**40**	**31 487**	**60**
连云港	19 666	40	6 049	40	13 617	–
盐　城	23 967	60	6 096	–	17 870	60
浙江合计	**268 118**	**306**	**126 259**	**15**	**141 859**	**291**
嘉　兴	26 040	–	7 388	–	18 652	–
宁波舟山	218 652	223	115 878	15	102 774	208
#宁　波	28 992	151	4 720	15	24 273	136
舟　山	189 660	72	111 159	–	78 501	72
台　州	6 734	–	681	–	6 053	–
温　州	16 693	83	2 312	–	14 381	83

5-14 （续表一）

单位：千吨

港口	总计		出港		进港	
		外贸		外贸		外贸
福建合计	**70 813**	**13 712**	**45 934**	**8 099**	**24 879**	**5 613**
福　州	49 055	5 291	40 130	5 127	8 925	164
# 福州市港口	39 667	4 497	30 814	4 388	8 853	109
宁德市港口	9 388	794	9 317	739	71	55
莆　田	732	283	22	–	710	283
泉　州	9 558	3 091	708	481	8 850	2 610
厦　门	11 469	5 046	5 074	2 491	6 395	2 555
# 厦门市港口	5 173	2 856	645	301	4 528	2 555
漳州市港口	6 296	2 191	4 429	2 191	1 867	–
广东合计	**180 883**	**7 548**	**84 290**	**6 681**	**96 593**	**867**
潮　州	–	–	–	–	–	–
汕　头	2 963	38	62	1	2 901	37
揭　阳	89	–	17	–	72	–
汕　尾	–	–	–	–	–	–
惠　州	8 756	4 717	4 717	4 717	4 039	–
深　圳	1 755	–	47	–	1 708	–
东　莞	40 346	1 185	16 334	979	24 012	205
广　州	97 030	1 309	45 237	743	51 793	566
中　山	83	13	15	7	69	6
珠　海	10 507	63	3 024	63	7 483	–
江　门	16 750	172	12 622	172	4 128	…
阳　江	366	–	228	–	138	–
茂　名	92	–	13	–	79	–
湛　江	2 144	51	1 974	–	170	51
广西合计	**6 462**	**518**	**3 955**	**242**	**2 507**	**276**
广西北部湾港	6 462	518	3 955	242	2 507	276
# 北　海	1 166	–	944	–	222	–
钦　州	4 060	254	2 374	242	1 686	12
防　城	1 236	264	637	–	599	264
海南合计	**14 586**	**1 838**	**3 274**	**25**	**11 313**	**1 813**
海　口	7 513	638	1 264	9	6 249	628
洋　浦	2 591	1 041	186	11	2 406	1 030
八　所	484	72	38	–	446	72
三　亚	650	–	3	–	647	–
清　澜	2 763	87	1 705	4	1 058	83
海南其他	585	–	78	–	507	–
2. 内河合计	**1 409 001**	**5 733**	**589 215**	**2 355**	**819 786**	**3 378**
黑龙江合计	**838**	**20**	**231**	**–**	**608**	**20**
黑　河	20	20	–	–	20	20

5-14 （续表二）

单位：千吨

港口	总计		出港		进港	
		外贸		外贸		外贸
肇源	–	–	–	–	–	–
哈尔滨	695	–	227	–	468	–
佳木斯	124	–	4	–	120	–
黑龙江其他	–	–	–	–	–	–
山东合计	**14 217**	**–**	**11 346**	**–**	**2 871**	**–**
济宁	5 967	–	3 828	–	2 138	–
枣庄	8 200	–	7 518	–	682	–
山东其他	51	–	–	–	51	–
上海	**40 834**	**–**	**1 691**	**–**	**39 144**	**–**
江苏合计	**667 572**	**2 001**	**223 106**	**226**	**444 465**	**1 775**
南京	21 955	192	1 440	192	20 515	–
镇江	172 941	216	83 631	–	89 309	216
苏州	49 080	3	24 446	3	24 633	–
南通	133 573	1 482	57 977	10	75 596	1 472
常州	3 509	–	1 003	–	2 506	–
江阴	6 591	43	3 117	12	3 474	32
扬州	19 688	–	773	–	18 915	–
泰州	75 367	65	31 379	9	43 988	56
徐州	12 369	–	1 944	–	10 425	–
连云港	–	–	–	–	–	–
无锡	20 785	–	1 265	–	19 520	–
宿迁	7 700	–	226	–	7 473	–
淮安	33 934	–	4 018	–	29 916	–
扬州内河	3 211	–	130	–	3 081	–
镇江内河	2 537	–	486	–	2 052	–
苏州内河	53 043	–	4 061	–	48 982	–
常州内河	3 414	–	1 282	–	2 133	–
江苏其他	47 875	–	5 927	–	41 948	–
浙江合计	**212 028**	**–**	**72 570**	**–**	**139 458**	**–**
杭州	62 543	–	24 764	–	37 779	–
嘉兴内河	75 598	–	3 927	–	71 671	–
湖州	59 999	–	40 350	–	19 649	–
宁波内河	727	–	60	–	667	–
绍兴	11 237	–	1 622	–	9 614	–
金华	2	–	…	–	2	–
青田	1 902	–	1 829	–	73	–
浙江其他	20	–	17	–	3	–

5-14 （续表三）

单位：千吨

港口	总计	外贸	出港	外贸	进港	外贸
安徽合计	**204 719**	**29**	**109 524**	**15**	**95 195**	**14**
马鞍山	31 312	–	14 020	–	17 293	–
芜　湖	37 230	–	27 436	–	9 795	–
铜　陵	19 242	–	6 622	–	12 620	–
池　州	43 119	–	42 468	–	650	–
安　庆	9 086	7	4 619	5	4 467	2
阜　阳	5 844	–	–	–	5 844	–
合　肥	36 027	18	12 068	6	23 958	12
六　安	165	–	–	–	165	–
滁　州	9 592	–	1 818	–	7 774	–
淮　南	1 636	–	17	–	1 619	–
蚌　埠	9 106	4	227	4	8 879	…
亳　州	863	–	–	–	863	–
安徽其他	1 497	–	229	–	1 268	–
江西合计	**36 517**	**26**	**30 143**	**26**	**6 374**	**…**
南　昌	10 121	26	5 020	26	5 102	…
九　江	25 955	–	24 882	–	1 073	–
樟　树	–	–	–	–	–	–
江西其他	441	–	241	–	200	–
河南合计	**–**	**–**	**–**	**–**	**–**	**–**
湖北合计	**81 534**	**95**	**62 340**	**58**	**19 194**	**37**
嘉　鱼	437	–	437	–	–	–
武　汉	2 614	–	475	–	2 140	–
黄　州	2 908	–	2 469	–	438	–
鄂　州	726	–	232	–	495	–
黄　石	22 319	11	21 242	–	1 077	11
襄　阳	–	–	–	–	–	–
荆　州	14 718	–	7 003	–	7 715	–
宜　昌	24 580	84	20 152	58	4 428	26
潜　江	167	–	39	–	129	–
天　门	–	–	–	–	–	–
汉　川	389	–	–	–	389	–
湖北其他	12 676	–	10 292	–	2 385	–
湖南合计	**10 324**	**17**	**3 925**	**11**	**6 398**	**6**
长　沙	98	17	27	11	71	6
湘　潭	–	–	–	–	–	–
株　洲	–	–	–	–	–	–

5-14 （续表四）

单位：千吨

港　口	总计	外贸	出港	外贸	进港	外贸
岳　阳	3 574	–	170	–	3 404	–
沅　陵	–	–	–	–	–	–
常　德	–	–	–	–	–	–
湖南其他	6 651	–	3 728	–	2 923	–
广东合计	**51 076**	**3 416**	**23 318**	**1 894**	**27 758**	**1 522**
番　禺	156	–	–	–	156	–
新　塘	766	–	–	–	766	–
五　和	2 228	–	174	–	2 054	–
中　山	–	–	–	–	–	–
佛　山	12 539	684	4 177	676	8 362	8
江　门	9 650	523	4 912	497	4 739	26
东　莞	155	–	8	–	147	–
肇　庆	13 109	665	6 481	480	6 628	185
惠　州	2 741	–	249	–	2 492	–
云　浮	7 455	1 544	5 182	241	2 273	1 303
韶　关	132	–	132	–	–	–
清　远	2 145	–	2 003	–	142	–
河　源	–	–	–	–	–	–
广西合计	**41 887**	**121**	**25 172**	**120**	**16 715**	**1**
南　宁	1 483	–	122	–	1 361	–
柳　州	195	–	195	–	–	–
贵　港	30 057	1	14 854	1	15 202	–
梧　州	7 696	120	7 581	119	115	1
来　宾	2 419	–	2 416	–	3	–
广西其他	38	–	4	–	34	–
重　庆	**43 835**	**–**	**23 666**	**–**	**20 169**	**–**
四川合计	**2 499**	**9**	**1 424**	**6**	**1 075**	**3**
泸　州	1 976	9	1 049	6	927	3
宜　宾	523	–	375	–	148	–
乐　山	1	–	1	–	–	–
南　充	–	–	–	–	–	–
四川其他	–	–	–	–	–	–
贵州合计	**–**	**–**	**–**	**–**	**–**	**–**
云南合计	**1 120**	**–**	**760**	**–**	**360**	**–**
昭　通	1 120	–	760	–	360	–
云南其他	–	–	–	–	–	–

5-15　全国港口水泥吞吐量

单位：千吨

港口	总计	外贸	出港	外贸	进港	外贸
全国总计	**397 137**	**20 062**	**262 991**	**3 763**	**134 146**	**16 299**
1. 沿海合计	**105 965**	**11 786**	**32 439**	**957**	**73 526**	**10 829**
辽宁合计	**11 293**	**7**	**11 288**	**7**	**5**	**–**
丹　东	1 384	–	1 384	–	–	–
大　连	3 530	–	3 530	–	–	–
营　口	358	7	358	7	–	–
盘　锦	2 347	–	2 347	–	–	–
锦　州	3 482	–	3 482	–	–	–
葫芦岛	191	–	186	–	5	–
河北合计	**4 565**	**–**	**4 516**	**–**	**48**	**–**
秦皇岛	2 735	–	2 735	–	–	–
黄　骅	8	–	8	–	–	–
唐　山	1 821	–	1 773	–	48	–
天　津	**979**	**20**	**96**	**17**	**884**	**3**
山东合计	**18 626**	**6 269**	**3 928**	**45**	**14 699**	**6 224**
滨　州	720	–	–	–	720	–
东　营	637	–	122	–	515	–
潍　坊	3 153	550	–	–	3 153	550
烟　台	6 700	2 927	305	45	6 395	2 882
威　海	420	53	–	–	420	53
青　岛	1 097	507	–	–	1 097	507
日　照	5 898	2 231	3 500	…	2 398	2 231
上　海	**3 196**	**1**	**47**	**1**	**3 149**	**–**
江苏合计	**3 316**	**1 932**	**284**	**–**	**3 032**	**1 932**
连云港	1 732	1 711	7	–	1 726	1 711
盐　城	1 584	221	278	–	1 306	221
浙江合计	**36 869**	**1 505**	**7 083**	**–**	**29 786**	**1 505**
嘉　兴	–	–	–	–	–	–
宁波舟山	22 108	1 505	6 748	–	15 359	1 505
#宁　波	14 668	–	4 027	–	10 641	–
舟　山	7 440	1 505	2 722	–	4 718	1 505
台　州	4 268	–	321	–	3 947	–
温　州	10 493	–	13	–	10 480	–

5-15 （续表一）

单位：千吨

港　口	总计		出港		进港	
		外贸		外贸		外贸
福建合计	**12 476**	**806**	**823**	**…**	**11 654**	**806**
福　州	8 323	669	13	–	8 310	669
# 福州市港口	5 962	669	13	–	5 949	669
宁德市港口	2 361	–	–	–	2 361	–
莆　田	635	–	1	–	634	–
泉　州	1 209	–	24	–	1 185	–
厦　门	2 309	137	784	…	1 525	137
# 厦门市港口	1 058	137	13	…	1 045	137
漳州市港口	1 251	–	771	–	480	–
广东合计	**12 011**	**1 203**	**3 019**	**864**	**8 992**	**339**
潮　州	–	–	–	–	–	–
汕　头	2 398	22	…	–	2 398	22
揭　阳	951	–	–	–	951	–
汕　尾	602	–	217	–	385	–
惠　州	2 633	–	–	–	2 633	–
深　圳	–	–	–	–	–	–
东　莞	1 676	870	1 254	864	423	6
广　州	489	…	227	…	263	…
中　山	1	…	…	–	1	…
珠　海	1 781	204	140	–	1 641	204
江　门	659	–	468	–	191	–
阳　江	654	–	654	–	–	–
茂　名	–	–	–	–	–	–
湛　江	168	107	60	–	107	107
广西合计	**1 224**	**24**	**1 198**	**24**	**26**	**–**
广西北部湾港	1 224	24	1 198	24	26	–
# 北　海	25	–	22	–	3	–
钦　州	1 184	24	1 162	24	22	–
防　城	15	–	14	–	1	–
海南合计	**1 410**	**21**	**159**	**–**	**1 251**	**21**
海　口	141	…	40	–	101	…
洋　浦	185	20	2	–	183	20
八　所	122	–	115	–	7	–
三　亚	17	–	–	–	17	–
清　澜	127	–	–	–	127	–
海南其他	817	–	1	–	816	–
2. 内河合计	**291 172**	**8 277**	**230 552**	**2 806**	**60 620**	**5 470**
黑龙江合计	**19**	**19**	**19**	**19**	**–**	**–**
黑　河	19	19	19	19	–	–

5-15 （续表二）

单位：千吨

港口	总计	外贸	出港	外贸	进港	外贸
肇　源	–	–	–	–	–	–
哈尔滨	–	–	–	–	–	–
佳木斯	–	–	–	–	–	–
黑龙江其他	–	–	–	–	–	–
山东合计	**44**	**–**	**36**	**–**	**8**	**–**
济　宁	–	–	–	–	–	–
枣　庄	44	–	36	–	8	–
山东其他	…	–	–	–	…	–
上　海	**3 907**	**–**	**327**	**–**	**3 580**	**–**
江苏合计	**63 089**	**8 081**	**36 429**	**2 613**	**26 661**	**5 468**
南　京	1 342	624	1 073	624	270	–
镇　江	6 379	–	6 086	–	293	–
苏　州	1 254	70	996	70	258	–
南　通	21 412	5 897	8 601	429	12 810	5 468
常　州	–	–	–	–	–	–
江　阴	–	–	–	–	–	–
扬　州	3 967	1 491	3 823	1 491	144	–
泰　州	3 717	–	2 807	–	910	–
徐　州	247	–	178	–	70	–
连云港	–	–	–	–	–	–
无　锡	4 557	–	3 861	–	696	–
宿　迁	28	–	–	–	28	–
淮　安	3 084	–	1 056	–	2 028	–
扬州内河	343	–	165	–	178	–
镇江内河	70	–	17	–	54	–
苏州内河	6 557	–	2 303	–	4 254	–
常州内河	3 422	–	3 392	–	30	–
江苏其他	6 710	–	2 072	–	4 638	–
浙江合计	**35 086**	**–**	**23 103**	**–**	**11 983**	**–**
杭　州	4 628	–	1 064	–	3 565	–
嘉兴内河	6 216	–	1 320	–	4 896	–
湖　州	23 009	–	20 702	–	2 307	–
宁波内河	73	–	–	–	73	–
绍　兴	1 160	–	17	–	1 143	–
金　华	–	–	–	–	–	–
青　田	–	–	–	–	–	–
浙江其他	–	–	–	–	–	–

5-15 （续表三）

单位：千吨

港　口	总计	外贸	出港	外贸	进港	外贸
安徽合计	**96 045**	**–**	**90 328**	**–**	**5 718**	**–**
马鞍山	6 209	–	5 955	–	254	–
芜　湖	35 984	–	35 595	–	390	–
铜　陵	31 798	–	31 798	–	–	–
池　州	14 119	–	14 119	–	–	–
安　庆	2 581	–	1 379	–	1 203	–
阜　阳	1 086	–	–	–	1 086	–
合　肥	1 337	–	1 097	–	239	–
六　安	–	–	–	–	–	–
滁　州	50	–	–	–	50	–
淮　南	2 570	–	321	–	2 248	–
蚌　埠	2	–	–	–	2	–
亳　州	–	–	–	–	–	–
安徽其他	309	–	63	–	246	–
江西合计	**17 546**	**2**	**12 510**	**2**	**5 036**	**–**
南　昌	4 797	2	9	2	4 788	–
九　江	11 543	–	11 295	–	248	–
樟　树	–	–	–	–	–	–
江西其他	1 206	–	1 206	–	–	–
河南合计	**–**	**–**	**–**	**–**	**–**	**–**
湖北合计	**11 689**	**–**	**8 600**	**–**	**3 090**	**–**
嘉　鱼	619	–	619	–	–	–
武　汉	2 154	–	369	–	1 785	–
黄　州	–	–	–	–	–	–
鄂　州	–	–	–	–	–	–
黄　石	1 410	–	1 410	–	–	–
襄　阳	–	–	–	–	–	–
荆　州	871	–	633	–	239	–
宜　昌	3 645	–	3 060	–	585	–
潜　江	–	–	–	–	–	–
天　门	–	–	–	–	–	–
汉　川	–	–	–	–	–	–
湖北其他	2 990	–	2 509	–	481	–
湖南合计	**816**	**–**	**523**	**–**	**293**	**–**
长　沙	–	–	–	–	–	–
湘　潭	–	–	–	–	–	–
株　洲	–	–	–	–	–	–

5-15 （续表四）

单位：千吨

港口	总计	外贸	出港	外贸	进港	外贸
岳阳	62	–	–	–	62	–
沅陵	–	–	–	–	–	–
常德	–	–	–	–	–	–
湖南其他	754	–	523	–	231	–
广东合计	**21 820**	**174**	**20 627**	**172**	**1 193**	**2**
番禺	156	–	11	–	145	–
新塘	110	–	–	–	110	–
五和	1 404	127	1 385	127	19	–
中山	–	–	–	–	–	–
佛山	2 307	47	2 239	45	67	2
江门	1 097	–	734	–	363	–
东莞	275	–	3	–	272	–
肇庆	9 307	–	9 125	–	183	–
惠州	–	–	–	–	–	–
云浮	4 547	–	4 536	–	12	–
韶关	–	–	–	–	–	–
清远	2 616	–	2 595	–	21	–
河源	–	–	–	–	–	–
广西合计	**23 667**	…	**22 584**	…	**1 083**	**–**
南宁	2 401	–	2 148	–	253	–
柳州	4	–	4	–	–	–
贵港	20 206	–	19 382	–	824	–
梧州	6	…	…	…	6	–
来宾	697	–	696	–	…	–
广西其他	354	–	354	–	–	–
重庆	**16 950**	**–**	**15 287**	**–**	**1 664**	**–**
四川合计	**493**	**–**	**181**	**–**	**312**	**–**
泸州	478	–	181	–	298	–
宜宾	4	–	–	–	4	–
乐山	–	–	–	–	–	–
南充	–	–	–	–	–	–
四川其他	11	–	–	–	11	–
贵州合计	**–**	**–**	**–**	**–**	**–**	**–**
云南合计	**–**	**–**	**–**	**–**	**–**	**–**
昭通	–	–	–	–	–	–
云南其他	–	–	–	–	–	–

5-16 全国港口木材吞吐量

单位：千吨

港 口	总计	外贸	出港	外贸	进港	外贸
全国总计	**108 234**	**79 723**	**19 404**	**2 195**	**88 829**	**77 528**
1. 沿海合计	**61 487**	**52 218**	**7 036**	**1 979**	**54 452**	**50 239**
辽宁合计	**196**	**30**	**101**	**–**	**95**	**30**
丹 东	–	–	–	–	–	–
大 连	196	30	101	–	95	30
营 口	–	–	–	–	–	–
盘 锦	–	–	–	–	–	–
锦 州	–	–	–	–	–	–
葫芦岛	–	–	–	–	–	–
河北合计	**1 462**	**1 460**	**–**	**–**	**1 462**	**1 460**
秦皇岛	2	–	–	–	2	–
黄 骅	–	–	–	–	–	–
唐 山	1 460	1 460	–	–	1 460	1 460
天 津	**1 276**	**806**	**370**	**38**	**907**	**768**
山东合计	**30 549**	**30 210**	**136**	**2**	**30 413**	**30 208**
滨 州	–	–	–	–	–	–
东 营	–	–	–	–	–	–
潍 坊	1 316	1 236	–	–	1 316	1 236
烟 台	3 241	3 014	135	–	3 107	3 014
威 海	–	–	–	–	–	–
青 岛	1 499	1 466	…	…	1 498	1 466
日 照	24 493	24 493	1	1	24 492	24 492
上 海	**5**	**3**	**2**	**–**	**3**	**3**
江苏合计	**3 342**	**3 342**	**1 398**	**1 398**	**1 944**	**1 944**
连云港	1 836	1 836	1 398	1 398	439	439
盐 城	1 506	1 506	–	–	1 506	1 506
浙江合计	**112**	**6**	**12**	**–**	**100**	**6**
嘉 兴	14	–	–	–	14	–
宁波舟山	49	5	12	–	37	5
#宁 波	26	5	1	–	25	5
舟 山	23	–	11	–	12	–
台 州	1	–	–	–	1	–
温 州	48	1	–	–	48	1

5-16 （续表一）

单位：千吨

港口	总计	外贸	出港	外贸	进港	外贸
福建合计	**2 784**	**2 661**	**20**	**…**	**2 764**	**2 660**
福　州	46	…	…	…	46	–
#福州市港口	46	…	…	…	46	–
宁德市港口	–	–	–	–	–	–
莆　田	864	863	–	–	864	863
泉　州	188	159	1	–	187	159
厦　门	1 686	1 639	19	…	1 667	1 638
#厦门市港口	…	…	…	…	–	–
漳州市港口	1 686	1 638	19	–	1 667	1 638
广东合计	**9 137**	**5 162**	**1 390**	**111**	**7 747**	**5 052**
潮　州	–	–	–	–	–	–
汕　头	35	1	15	1	20	…
揭　阳	24	–	–	–	24	–
汕　尾	–	–	–	–	–	–
惠　州	–	–	–	–	–	–
深　圳	4	–	4	–	–	–
东　莞	3 055	2 101	281	12	2 774	2 089
广　州	3 758	1 373	810	28	2 947	1 345
中　山	403	78	30	9	373	69
珠　海	8	–	…	–	8	–
江　门	203	26	174	19	29	7
阳　江	14	–	2	–	12	–
茂　名	8	–	7	–	2	–
湛　江	1 624	1 583	67	41	1 557	1 541
广西合计	**4 846**	**2 193**	**2 661**	**431**	**2 185**	**1 762**
广西北部湾港	4 846	2 193	2 661	431	2 185	1 762
#北　海	118	–	8	–	110	–
钦　州	4 681	2 193	2 611	431	2 071	1 762
防　城	46	–	42	–	4	–
海南合计	**7 777**	**6 347**	**945**	**…**	**6 832**	**6 347**
海　口	815	…	370	–	444	…
洋　浦	6 940	6 347	564	…	6 376	6 347
八　所	–	–	–	–	–	–
三　亚	–	–	–	–	–	–
清　澜	11	–	–	–	11	–
海南其他	11	–	11	–	–	–
2. 内河合计	**46 747**	**27 505**	**12 369**	**215**	**34 378**	**27 289**
黑龙江合计	**208**	**203**	**4**	**–**	**204**	**203**
黑　河	12	12	–	–	12	12

5-16 （续表二）

单位：千吨

港　口	总计	外贸	出港	外贸	进港	外贸
肇　源	–	–	–	–	–	–
哈尔滨	–	–	–	–	–	–
佳木斯	193	189	4	–	189	189
黑龙江其他	3	2	–	–	3	2
山东合计	**144**	**–**	**7**	**–**	**136**	**–**
济　宁	144	–	7	–	136	–
枣　庄	–	–	–	–	–	–
山东其他	–	–	–	–	–	–
上　海	**3**	**–**	**…**	**–**	**3**	**–**
江苏合计	**36 981**	**25 607**	**10 050**	**58**	**26 931**	**25 549**
南　京	–	–	–	–	–	–
镇　江	4 666	3 619	1 043	–	3 624	3 619
苏　州	17 390	14 203	2 973	11	14 417	14 192
南　通	1 779	1 764	12	–	1 767	1 764
常　州	–	–	–	–	–	–
江　阴	30	4	16	1	14	3
扬　州	1 597	1 087	508	–	1 089	1 087
泰　州	10 358	4 929	5 466	46	4 892	4 883
徐　州	255	–	–	–	255	–
连云港	–	–	–	–	–	–
无　锡	6	–	6	–	–	–
宿　迁	357	–	–	–	357	–
淮　安	104	–	21	–	82	–
扬州内河	–	–	–	–	–	–
镇江内河	14	–	–	–	14	–
苏州内河	364	–	–	–	364	–
常州内河	–	–	–	–	–	–
江苏其他	61	–	5	–	56	–
浙江合计	**568**	**–**	**6**	**–**	**562**	**–**
杭　州	68	–	–	–	68	–
嘉兴内河	15	–	–	–	15	–
湖　州	468	–	6	–	462	–
宁波内河	–	–	–	–	–	–
绍　兴	–	–	–	–	–	–
金　华	–	–	–	–	–	–
青　田	17	–	–	–	17	–
浙江其他	–	–	–	–	–	–

5-16 （续表三）

单位：千吨

港　口	总计		出港		进港	
		外贸		外贸		外贸
安徽合计	**158**	**6**	**18**	**6**	**140**	**–**
马鞍山	–	–	–	–	–	–
芜　湖	48	–	–	–	48	–
铜　陵	–	–	–	–	–	–
池　州	98	–	12	–	86	–
安　庆	6	6	6	6	–	–
阜　阳	–	–	–	–	–	–
合　肥	7	–	1	–	6	–
六　安	–	–	–	–	–	–
滁　州	–	–	–	–	–	–
淮　南	–	–	–	–	–	–
蚌　埠	–	–	–	–	–	–
亳　州	–	–	–	–	–	–
安徽其他	–	–	–	–	–	–
江西合计	**379**	**–**	**–**	**–**	**379**	**–**
南　昌	203	–	–	–	203	–
九　江	136	–	–	–	136	–
樟　树	–	–	–	–	–	–
江西其他	41	–	–	–	41	–
河南合计	**–**	**–**	**–**	**–**	**–**	**–**
湖北合计	**806**	**1**	**414**	**1**	**392**	**…**
嘉　鱼	–	–	–	–	–	–
武　汉	53	–	–	–	53	–
黄　州	–	–	–	–	–	–
鄂　州	–	–	–	–	–	–
黄　石	13	–	2	–	10	–
襄　阳	–	–	–	–	–	–
荆　州	379	–	65	–	315	–
宜　昌	2	1	2	1	1	…
潜　江	–	–	–	–	–	–
天　门	–	–	–	–	–	–
汉　川	–	–	–	–	–	–
湖北其他	359	–	346	–	13	–
湖南合计	**1 320**	**5**	**95**	**3**	**1 225**	**2**
长　沙	86	5	84	3	3	2
湘　潭	–	–	–	–	–	–
株　洲	–	–	–	–	–	–

5-16 （续表四）

单位：千吨

港　口	总计	外贸	出港	外贸	进港	外贸
岳　阳	1 215	–	–	–	1 215	–
沅　陵	–	–	–	–	–	–
常　德	–	–	–	–	–	–
湖南其他	19	–	11	–	8	–
广东合计	**3 334**	**1 607**	**755**	**79**	**2 579**	**1 528**
番　禺	–	–	–	–	–	–
新　塘	–	–	–	–	–	–
五　和	…	…	–	–	…	…
中　山	–	–	–	–	–	–
佛　山	2 237	1 308	374	71	1 862	1 237
江　门	897	298	229	6	668	291
东　莞	67	…	28	–	38	…
肇　庆	106	1	95	1	11	…
惠　州	–	–	–	–	–	–
云　浮	28	–	28	–	–	–
韶　关	–	–	–	–	–	–
清　远	–	–	–	–	–	–
河　源	–	–	–	–	–	–
广西合计	**1 018**	**67**	**1 002**	**67**	**16**	…
南　宁	94	–	93	–	1	–
柳　州	–	–	–	–	–	–
贵　港	385	55	371	55	14	…
梧　州	539	12	538	12	2	…
来　宾	–	–	–	–	–	–
广西其他	–	–	–	–	–	–
重　庆	**1 758**	**–**	**5**	**–**	**1 752**	**–**
四川合计	**70**	**8**	**11**	**2**	**59**	**6**
泸　州	66	8	9	2	58	6
宜　宾	3	–	2	–	1	–
乐　山	–	–	–	–	–	–
南　充	–	–	–	–	–	–
四川其他	–	–	–	–	–	–
贵州合计	**–**	**–**	**–**	**–**	**–**	**–**
云南合计	**–**	**–**	**–**	**–**	**–**	**–**
昭　通	–	–	–	–	–	–
云南其他	–	–	–	–	–	–

5-17 全国港口非金属矿石吞吐量

单位：千吨

港口	总计		出港		进港	
		外贸		外贸		外贸
全国总计	**464 607**	**111 063**	**202 105**	**11 524**	**262 502**	**99 538**
1. 沿海合计	**250 276**	**101 869**	**92 801**	**8 548**	**157 475**	**93 320**
辽宁合计	**9 520**	**3 899**	**9 361**	**3 853**	**159**	**46**
丹 东	678	481	678	481	–	–
大 连	1 363	91	1 250	91	113	–
营 口	4 217	3 099	4 170	3 053	46	46
盘 锦	25	25	25	25	–	–
锦 州	3 238	203	3 238	203	–	–
葫芦岛	–	–	–	–	–	–
河北合计	**13 019**	**10 111**	**628**	**–**	**12 391**	**10 111**
秦皇岛	595	–	484	–	111	–
黄 骅	7 347	6 227	79	–	7 268	6 227
唐 山	5 077	3 884	65	–	5 012	3 884
天 津	**2 395**	**1 485**	**1 553**	**1 264**	**843**	**221**
山东合计	**162 185**	**78 799**	**57 876**	**650**	**104 309**	**78 148**
滨 州	–	–	–	–	–	–
东 营	51	–	3	–	49	–
潍 坊	11 410	2	134	2	11 276	–
烟 台	131 879	64 586	54 018	467	77 861	64 119
威 海	6 996	3 553	3 366	–	3 630	3 553
青 岛	183	104	84	16	99	88
日 照	11 666	10 553	272	165	11 394	10 388
上 海	**3 568**	**7**	**116**	**–**	**3 452**	**7**
江苏合计	**2 709**	**2 019**	**601**	**524**	**2 109**	**1 495**
连云港	2 349	2 019	528	524	1 821	1 495
盐 城	360	–	73	–	287	–
浙江合计	**17 530**	**714**	**5 447**	**180**	**12 083**	**534**
嘉 兴	262	4	–	–	262	4
宁波舟山	8 202	709	2 410	180	5 791	530
#宁 波	5 093	549	181	180	4 912	370
舟 山	3 109	160	2 230	–	879	160
台 州	7 248	–	2 794	–	4 454	–
温 州	1 818	1	243	–	1 576	1

5-17 （续表一）

单位：千吨

港　口	总计		出港		进港	
		外贸		外贸		外贸
福建合计	**8 829**	**952**	**2 685**	**412**	**6 144**	**540**
福　州	4 719	318	327	45	4 392	272
# 福州市港口	3 459	45	287	45	3 171	–
宁德市港口	1 260	272	40	–	1 221	272
莆　田	180	–	45	–	135	–
泉　州	941	332	162	76	779	256
厦　门	2 989	303	2 151	290	838	12
# 厦门市港口	432	303	301	290	131	12
漳州市港口	2 557	–	1 850	–	707	–
广东合计	**12 295**	**1 235**	**4 256**	**654**	**8 039**	**582**
潮　州	–	–	–	–	–	–
汕　头	483	148	148	8	335	141
揭　阳	373	–	…	–	373	–
汕　尾	–	–	–	–	–	–
惠　州	–	–	–	–	–	–
深　圳	31	–	15	–	15	–
东　莞	5 589	264	2 339	96	3 250	169
广　州	2 783	307	1 311	237	1 472	70
中　山	130	48	4	2	126	46
珠　海	447	22	44	22	403	–
江　门	1 286	18	38	17	1 248	1
阳　江	5	–	–	–	5	–
茂　名	93	69	77	69	16	–
湛　江	1 075	358	281	203	794	155
广西合计	**10 232**	**2 459**	**6 346**	**993**	**3 886**	**1 466**
广西北部湾港	10 232	2 459	6 346	993	3 886	1 466
# 北　海	2 040	143	1 925	102	115	41
钦　州	7 030	1 466	3 550	315	3 480	1 151
防　城	1 162	850	870	576	291	274
海南合计	**7 994**	**189**	**3 932**	**18**	**4 062**	**171**
海　口	6 179	189	3 555	18	2 623	171
洋　浦	1 296	…	369	…	927	–
八　所	168	–	7	–	161	–
三　亚	110	–	1	–	109	–
清　澜	–	–	–	–	–	–
海南其他	241	–	–	–	241	–
2. 内河合计	**214 331**	**9 194**	**109 304**	**2 976**	**105 027**	**6 218**
黑龙江合计	**–**	**–**	**–**	**–**	**–**	**–**
黑　河	–	–	–	–	–	–

5-17 （续表二）

单位：千吨

港 口	总计	外贸	出港	外贸	进港	外贸
肇 源	–	–	–	–	–	–
哈尔滨	–	–	–	–	–	–
佳木斯	–	–	–	–	–	–
黑龙江其他	–	–	–	–	–	–
山东合计	**509**	**–**	**206**	**–**	**303**	**–**
济 宁	438	–	202	–	236	–
枣 庄	5	–	5	–	–	–
山东其他	67	–	–	–	67	–
上 海	**2 240**	**–**	**135**	**–**	**2 105**	**–**
江苏合计	**51 482**	**8 366**	**14 519**	**2 193**	**36 963**	**6 173**
南 京	6 194	71	2 992	26	3 202	45
镇 江	10 660	5 451	4 604	1 448	6 057	4 003
苏 州	1 186	187	122	78	1 064	109
南 通	4 389	1 580	2 170	641	2 219	939
常 州	61	–	4	–	57	–
江 阴	59	–	–	–	59	–
扬 州	1 470	346	492	–	978	346
泰 州	7 001	731	3 351	…	3 651	731
徐 州	432	–	10	–	422	–
连云港	–	–	–	–	–	–
无 锡	3 277	–	38	–	3 239	–
宿 迁	588	–	2	–	586	–
淮 安	5 798	–	189	–	5 609	–
扬州内河	117	–	–	–	117	–
镇江内河	80	–	–	–	80	–
苏州内河	4 486	–	7	–	4 480	–
常州内河	2 858	–	344	–	2 514	–
江苏其他	2 824	–	196	–	2 628	–
浙江合计	**12 091**	**–**	**2 303**	**–**	**9 788**	**–**
杭 州	2 939	–	1 808	–	1 131	–
嘉兴内河	5 091	–	163	–	4 928	–
湖 州	2 512	–	199	–	2 314	–
宁波内河	–	–	–	–	–	–
绍 兴	1 433	–	23	–	1 410	–
金 华	3	–	–	–	3	–
青 田	113	–	110	–	3	–
浙江其他	–	–	–	–	–	–

5-17 （续表三）

单位：千吨

港口	总计	外贸	出港	外贸	进港	外贸
安徽合计	**51 699**	**560**	**38 472**	**560**	**13 228**	**–**
马鞍山	7 809	–	4 238	–	3 571	–
芜　湖	3 155	–	199	–	2 956	–
铜　陵	9 455	69	7 396	69	2 059	–
池　州	23 352	491	22 676	491	676	–
安　庆	132	–	5	–	128	–
阜　阳	–	–	–	–	–	–
合　肥	800	–	292	–	508	–
六　安	–	–	–	–	–	–
滁　州	3 340	–	3 135	–	206	–
淮　南	–	–	–	–	–	–
蚌　埠	2 112	–	53	–	2 059	–
亳　州	–	–	–	–	–	–
安徽其他	1 544	–	478	–	1 066	–
江西合计	**11 672**	**22**	**6 821**	**22**	**4 851**	**–**
南　昌	471	22	301	22	171	–
九　江	8 685	–	6 517	–	2 167	–
樟　树	–	–	–	–	–	–
江西其他	2 516	–	3	–	2 513	–
河南合计	**130**	**–**	**100**	**–**	**30**	**–**
湖北合计	**38 999**	**21**	**17 468**	**8**	**21 531**	**12**
嘉　鱼	–	–	–	–	–	–
武　汉	8 896	–	19	–	8 877	–
黄　州	–	–	–	–	–	–
鄂　州	49	–	–	–	49	–
黄　石	819	5	397	–	422	5
襄　阳	–	–	–	–	–	–
荆　州	3 305	–	1 542	–	1 762	–
宜　昌	15 825	16	9 716	8	6 110	7
潜　江	46	–	7	–	38	–
天　门	–	–	–	–	–	–
汉　川	–	–	–	–	–	–
湖北其他	10 059	–	5 787	–	4 272	–
湖南合计	**7 191**	**28**	**4 736**	**1**	**2 456**	**27**
长　沙	2 581	28	835	1	1 747	27
湘　潭	25	–	–	–	25	–
株　洲	24	–	–	–	24	–

5-17 （续表四）

单位：千吨

港口	总计	外贸	出港	外贸	进港	外贸
岳阳	3 236	–	2 864	–	372	–
沅陵	–	–	–	–	–	–
常德	–	–	–	–	–	–
湖南其他	1 325	–	1 037	–	288	–
广东合计	**11 518**	**193**	**7 519**	**189**	**3 999**	**4**
番禺	–	–	–	–	–	–
新塘	867	–	–	–	867	–
五和	122	–	–	–	122	–
中山	–	–	–	–	–	–
佛山	160	1	…	…	159	…
江门	275	–	166	–	109	–
东莞	1 117	3	504	3	614	–
肇庆	2 572	3	1 711	–	861	3
惠州	307	–	169	–	138	–
云浮	3 286	187	2 341	187	944	–
韶关	–	–	–	–	–	–
清远	2 812	–	2 627	–	185	–
河源	–	–	–	–	–	–
广西合计	**11 282**	**2**	**9 123**	**2**	**2 159**	**…**
南宁	883	–	868	–	15	–
柳州	–	–	–	–	–	–
贵港	5 108	…	3 299	…	1 809	…
梧州	4 859	2	4 546	2	313	…
来宾	158	–	136	–	21	–
广西其他	274	–	274	–	–	–
重庆	**11 322**	**–**	**4 225**	**–**	**7 097**	**–**
四川合计	**1 594**	**2**	**1 347**	**…**	**247**	**2**
泸州	163	2	1	…	163	2
宜宾	1 230	–	1 146	–	84	–
乐山	200	–	200	–	–	–
南充	–	–	–	–	–	–
四川其他	–	–	–	–	–	–
贵州合计	**–**	**–**	**–**	**–**	**–**	**–**
云南合计	**2 602**	**–**	**2 331**	**–**	**270**	**–**
昭通	2 602	–	2 331	–	270	–
云南其他	–	–	–	–	–	–

5-18　全国港口化学肥料及农药吞吐量

单位：千吨

港　口	总计		出港		进港	
		外贸		外贸		外贸
全国总计	**64 968**	**30 364**	**38 196**	**20 928**	**26 771**	**9 437**
1. 沿海合计	**32 428**	**23 474**	**19 431**	**14 783**	**12 997**	**8 691**
辽宁合计	**2 732**	**2 295**	**845**	**843**	**1 886**	**1 452**
丹　东	12	12	12	12	–	–
大　连	263	39	41	39	222	–
营　口	1 765	1 561	205	205	1 560	1 356
盘　锦	374	374	277	277	96	96
锦　州	318	310	310	310	8	–
葫芦岛	–	–	–	–	–	–
河北合计	**756**	**746**	**560**	**560**	**196**	**187**
秦皇岛	607	597	469	469	137	128
黄　骅	59	59	59	59	–	–
唐　山	90	90	31	31	59	59
天　津	**2 675**	**2 395**	**2 364**	**2 160**	**312**	**235**
山东合计	**6 286**	**5 873**	**3 752**	**3 474**	**2 534**	**2 399**
滨　州	–	–	–	–	–	–
东　营	72	72	72	72	–	–
潍　坊	–	–	–	–	–	–
烟　台	5 065	4 670	3 317	3 056	1 748	1 614
威　海	–	–	–	–	–	–
青　岛	1 083	1 075	298	290	785	785
日　照	66	56	66	56	–	–
上　海	**12**	**–**	**1**	**–**	**11**	**–**
江苏合计	**1 799**	**1 751**	**415**	**412**	**1 384**	**1 338**
连云港	1 799	1 751	415	412	1 384	1 338
盐　城	…	–	–	–	…	–
浙江合计	**128**	**94**	**94**	**94**	**34**	**–**
嘉　兴	–	–	–	–	–	–
宁波舟山	114	94	94	94	20	–
#宁　波	19	–	–	–	19	–
舟　山	95	94	94	94	1	–
台　州	14	–	–	–	14	–
温　州	–	–	–	–	–	–

5-18 （续表一）

单位：千吨

港口	总计	外贸	出港	外贸	进港	外贸
福建合计	**1 012**	**578**	**831**	**565**	**181**	**12**
福　州	759	478	744	478	15	–
#福州市港口	752	478	744	478	8	–
宁德市港口	7	–	–	–	7	–
莆　田	–	–	–	–	–	–
泉　州	6	–	–	–	6	–
厦　门	247	99	87	87	160	12
#厦门市港口	183	87	87	87	96	–
漳州市港口	64	12	–	–	64	12
广东合计	**4 126**	**3 123**	**1 736**	**1 225**	**2 390**	**1 897**
潮　州	–	–	–	–	–	–
汕　头	97	–	17	–	79	–
揭　阳	5	–	–	–	5	–
汕　尾	–	–	–	–	–	–
惠　州	–	–	–	–	–	–
深　圳	–	–	–	–	–	–
东　莞	1 436	1 093	259	–	1 176	1 093
广　州	197	40	62	14	135	26
中　山	3	1	2	1	2	–
珠　海	–	–	–	–	–	–
江　门	39	–	1	–	38	–
阳　江	–	–	–	–	–	–
茂　名	17	–	–	–	17	–
湛　江	2 333	1 988	1 396	1 210	937	778
广西合计	**10 854**	**6 240**	**7 620**	**5 072**	**3 234**	**1 168**
广西北部湾港	10 854	6 240	7 620	5 072	3 234	1 168
#北　海	2 348	1 373	1 301	1 102	1 047	271
钦　州	3 095	928	1 539	588	1 556	340
防　城	5 410	3 939	4 779	3 382	631	557
海南合计	**2 049**	**380**	**1 213**	**377**	**836**	**2**
海　口	915	2	250	–	666	2
洋　浦	160	–	19	–	142	–
八　所	955	377	944	377	11	–
三　亚	18	–	–	–	18	–
清　澜	–	–	–	–	–	–
海南其他	–	–	–	–	–	–
2. 内河合计	**32 539**	**6 891**	**18 765**	**6 145**	**13 774**	**746**
黑龙江合计	**3**	**–**	**1**	**–**	**2**	**–**
黑　河	–	–	–	–	–	–

5-18 （续表二）

单位：千吨

港　口	总计		出港		进港	
		外贸		外贸		外贸
肇　源	–	–	–	–	–	–
哈尔滨	3	–	1	–	2	–
佳木斯	–	–	–	–	–	–
黑龙江其他	–	–	–	–	–	–
山东合计	**24**	**–**	**–**	**–**	**24**	**–**
济　宁	14	–	–	–	14	–
枣　庄	–	–	–	–	–	–
山东其他	10	–	–	–	10	–
上　海	**41**	**–**	**–**	**–**	**41**	**–**
江苏合计	**19 047**	**6 799**	**9 618**	**6 074**	**9 429**	**725**
南　京	3 941	2 051	2 042	1 711	1 899	340
镇　江	4 207	2 106	2 140	2 043	2 067	63
苏　州	2 925	1 420	1 441	1 367	1 484	53
南　通	1 666	754	846	620	821	134
常　州	40	–	7	–	33	–
江　阴	562	2	231	1	331	0
扬　州	115	–	50	–	66	–
泰　州	1 105	462	540	328	565	134
徐　州	413	–	–	–	413	–
连云港	–	–	–	–	–	–
无　锡	1 289	–	1 031	–	258	–
宿　迁	10	–	–	–	10	–
淮　安	1 177	–	291	–	886	–
扬州内河	…	–	–	–	…	–
镇江内河	15	–	–	–	15	–
苏州内河	885	4	591	4	295	–
常州内河	363	–	262	–	101	–
江苏其他	332	–	147	–	185	–
浙江合计	**129**	**–**	**20**	**–**	**110**	**–**
杭　州	67	–	–	–	67	–
嘉兴内河	52	–	12	–	40	–
湖　州	1	–	–	–	1	–
宁波内河	–	–	–	–	–	–
绍　兴	10	–	8	–	2	–
金　华	–	–	–	–	–	–
青　田	–	–	–	–	–	–
浙江其他	–	–	–	–	–	–

5-18 （续表三）

单位：千吨

港口	总计	外贸	出港	外贸	进港	外贸
安徽合计	**583**	**–**	**197**	**–**	**385**	**–**
马鞍山	2	–	0	–	2	–
芜湖	7	–	6	–	2	–
铜陵	65	–	42	–	24	–
池州	38	–	–	–	38	–
安庆	31	–	–	–	31	–
阜阳	17	–	17	–	–	–
合肥	23	–	10	–	13	–
六安	–	–	–	–	–	–
滁州	56	–	18	–	38	–
淮南	–	–	–	–	–	–
蚌埠	238	–	–	–	238	–
亳州	–	–	–	–	–	–
安徽其他	105	–	105	–	–	–
江西合计	**406**	**–**	**31**	**–**	**375**	**–**
南昌	15	–	–	–	15	–
九江	392	–	31	–	360	–
樟树	–	–	–	–	–	–
江西其他	–	–	–	–	–	–
河南合计	**–**	**–**	**–**	**–**	**–**	**–**
湖北合计	**8 115**	**56**	**6 429**	**56**	**1 687**	**–**
嘉鱼	–	–	–	–	–	–
武汉	185	1	133	1	52	–
黄州	–	–	–	–	–	–
鄂州	–	–	–	–	–	–
黄石	1	–	…	–	1	–
襄阳	10	–	5	–	5	–
荆州	842	–	673	–	169	–
宜昌	5 588	55	4 235	55	1 354	–
潜江	–	–	–	–	–	–
天门	–	–	–	–	–	–
汉川	–	–	–	–	–	–
湖北其他	1 489	–	1 383	–	106	–
湖南合计	**83**	**10**	**5**	**1**	**77**	**10**
长沙	15	10	3	1	13	10
湘潭	24	–	–	–	24	–
株洲	18	–	–	–	18	–

5-18 （续表四）

单位：千吨

港　口	总计	外贸	出港	外贸	进港	外贸
岳　阳	22	–	–	–	22	–
沅　陵	–	–	–	–	–	–
常　德	–	–	–	–	–	–
湖南其他	4	–	2	–	2	–
广东合计	**264**	**20**	**22**	**13**	**242**	**7**
番　禺	–	–	–	–	–	–
新　塘	40	–	–	–	40	–
五　和	92	–	–	–	92	–
中　山	–	–	–	–	–	–
佛　山	4	…	…	…	4	–
江　门	20	20	13	13	7	7
东　莞	67	…	5	…	61	–
肇　庆	40	–	4	–	36	–
惠　州	–	–	–	–	–	–
云　浮	–	–	–	–	–	–
韶　关	–	–	–	–	–	–
清　远	–	–	–	–	–	–
河　源	–	–	–	–	–	–
广西合计	**323**	**5**	**105**	**1**	**218**	**4**
南　宁	12	–	–	–	12	–
柳　州	–	–	–	–	–	–
贵　港	230	4	101	…	129	4
梧　州	72	1	1	1	71	–
来　宾	6	–	4	–	2	–
广西其他	4	–	–	–	4	–
重　庆	**2 291**	**–**	**1 810**	**–**	**481**	**–**
四川合计	**1 170**	**…**	**476**	**…**	**694**	**–**
泸　州	304	…	293	…	11	–
宜　宾	856	–	173	–	683	–
乐　山	–	–	–	–	–	–
南　充	–	–	–	–	–	–
四川其他	10	–	10	–	–	–
贵州合计	**–**	**–**	**–**	**–**	**–**	**–**
云南合计	**59**	**–**	**50**	**–**	**10**	**–**
昭　通	59	–	50	–	10	–
云南其他	–	–	–	–	–	–

5-19 全国港口盐吞吐量

单位：千吨

港口	总计	外贸	出港	外贸	进港	外贸
全国总计	**25 422**	**8 542**	**9 560**	**497**	**15 862**	**8 045**
1. 沿海合计	**11 501**	**7 936**	**2 208**	**337**	**9 294**	**7 600**
辽宁合计	**1 408**	**1 395**	**12**	**–**	**1 395**	**1 395**
丹东	12	–	12	–	–	–
大连	123	122	–	–	123	122
营口	173	173	–		173	173
盘锦	114	114	–	–	114	114
锦州	986	986	–	–	986	986
葫芦岛	–	–	–	–	–	–
河北合计	**979**	**868**	**–**	**–**	**979**	**868**
秦皇岛	–	–	–	–	–	–
黄骅	–	–	–	–	–	–
唐山	979	868	–	–	979	868
天津	**590**	**581**	**16**	**11**	**574**	**570**
山东合计	**3 107**	**1 462**	**1 749**	**238**	**1 358**	**1 223**
滨州	315	–	315	–	–	–
东营	41	–	41	–	–	–
潍坊	658	221	640	221	18	–
烟台	1 461	720	749	14	712	706
威海	112	–	–	–	112	–
青岛	517	517	–	–	517	517
日照	3	3	3	3	–	–
上海	**1 057**	**872**	**–**	**–**	**1 057**	**872**
江苏合计	**689**	**351**	**295**	**46**	**394**	**305**
连云港	483	295	201	46	282	249
盐城	206	57	94	–	112	57
浙江合计	**2 326**	**1 728**	**55**	**41**	**2 271**	**1 687**
嘉兴	551	188	–	–	551	188
宁波舟山	1 774	1 540	55	41	1 719	1 499
#宁波	1 674	1 466	1	…	1 673	1 465
舟山	100	74	54	40	46	34
台州	1	–	–	–	1	–
温州	–	–	–	–	–	–

5-19 （续表一）

单位：千吨

港　口	总计		出港		进港	
		外贸		外贸		外贸
福建合计	**699**	**569**	**–**	**–**	**699**	**569**
福　州	600	470	–	–	600	470
# 福州市港口	600	470	–	–	600	470
宁德市港口	–	–	–	–	–	–
莆　田	–	–	–	–	–	–
泉　州	99	99	–	–	99	99
厦　门	–	–	–	–	–	–
# 厦门市港口	–	–	–	–	–	–
漳州市港口	–	–	–	–	–	–
广东合计	**378**	**3**	**38**	**…**	**340**	**2**
潮　州	–	–	–	–	–	–
汕　头	65	…	…	–	65	…
揭　阳	14	–	–	–	14	–
汕　尾	–	–	–	–	–	–
惠　州	–	–	–	–	–	–
深　圳	–	–	–	–	–	–
东　莞	105	…	34	…	71	…
广　州	121	2	1	…	119	2
中　山	46	1	…	…	46	…
珠　海	–	–	–	–	–	–
江　门	25	–	–	–	25	–
阳　江	–	–	–	–	–	–
茂　名	–	–	–	–	–	–
湛　江	2	–	2	–	…	–
广西合计	**200**	**63**	**36**	**…**	**164**	**63**
广西北部湾港	200	63	36	…	164	63
# 北　海	23	–	–	–	23	–
钦　州	164	63	36	…	128	63
防　城	13	–	–	–	13	–
海南合计	**69**	**45**	**7**	**…**	**61**	**45**
海　口	14	–	5	–	9	–
洋　浦	54	45	2	…	52	45
八　所	–	–	–	–	–	–
三　亚	–	–	–	–	–	–
清　澜	–	–	–	–	–	–
海南其他	–	–	–	–	–	–
2. 内河合计	**13 920**	**606**	**7 352**	**160**	**6 568**	**445**
黑龙江合计	**–**	**–**	**–**	**–**	**–**	**–**
黑　河	–	–	–	–	–	–

5-19 （续表二）

单位：千吨

港　口	总计	外贸	出港	外贸	进港	外贸
肇　源	–	–	–	–	–	–
哈尔滨	–	–	–	–	–	–
佳木斯	–	–	–	–	–	–
黑龙江其他	–	–	–	–	–	–
山东合计	**44**	**–**	**19**	**–**	**25**	**–**
济　宁	44	–	19	–	25	–
枣　庄	–	–	–	–	–	–
山东其他	–	–	–	–	–	–
上　海	**107**	**–**	**–**	**–**	**107**	**–**
江苏合计	**10 218**	**576**	**6 854**	**144**	**3 363**	**432**
南　京	475	2	6	2	469	–
镇　江	1 786	77	1 584	77	202	–
苏　州	128	6	6	6	122	–
南　通	428	5	100	5	328	–
常　州	–	–	–	–	–	–
江　阴	–	–	–	–	–	–
扬　州	35	–	–	–	35	–
泰　州	1 459	486	198	54	1 261	432
徐　州	–	–	–	–	–	–
连云港	–	–	–	–	–	–
无　锡	35	–	–	–	35	–
宿　迁	–	–	–	–	–	–
淮　安	4 419	–	4 185	–	234	–
扬州内河	124	–	–	–	124	–
镇江内河	–	–	–	–	–	–
苏州内河	307	–	–	–	307	–
常州内河	775	–	775	–	–	–
江苏其他	246	–	–	–	246	–
浙江合计	**125**	**–**	**4**	**–**	**121**	**–**
杭　州	18	–	–	–	18	–
嘉兴内河	82	–	4	–	78	–
湖　州	15	–	–	–	15	–
宁波内河	–	–	–	–	–	–
绍　兴	9	–	–	–	9	–
金　华	–	–	–	–	–	–
青　田	–	–	–	–	–	–
浙江其他	–	–	–	–	–	–

5-19 （续表三）

单位：千吨

港　口	总计		出港		进港	
		外贸		外贸		外贸
安徽合计	**529**	**–**	**14**	**–**	**515**	**–**
马鞍山	211	–	–	–	211	–
芜　湖	235	–	–	–	235	–
铜　陵	–	–	–	–	–	–
池　州	–	–	–	–	–	–
安　庆	…	–	–	–	…	–
阜　阳	–	–	–	–	–	–
合　肥	80	–	14	–	66	–
六　安	–	–	–	–	–	–
滁　州	–	–	–	–	–	–
淮　南	–	–	–	–	–	–
蚌　埠	2	–	–	–	2	–
亳　州	–	–	–	–	–	–
安徽其他	–	–	–	–	–	–
江西合计	**458**	**15**	**54**	**15**	**404**	**–**
南　昌	54	15	54	15	–	–
九　江	404	–	–	–	404	–
樟　树	–	–	–	–	–	–
江西其他	–	–	–	–	–	–
河南合计	**–**	**–**	**–**	**–**	**–**	**–**
湖北合计	**648**	**–**	**15**	**–**	**633**	**–**
嘉　鱼	–	–	–	–	–	–
武　汉	49	–	12	–	36	–
黄　州	–	–	–	–	–	–
鄂　州	–	–	–	–	–	–
黄　石	3	–	3	–	–	–
襄　阳	–	–	–	–	–	–
荆　州	–	–	–	–	–	–
宜　昌	596	–	–	–	596	–
潜　江	–	–	–	–	–	–
天　门	–	–	–	–	–	–
汉　川	–	–	–	–	–	–
湖北其他	–	–	–	–	–	–
湖南合计	**154**	**…**	**20**	**…**	**134**	**–**
长　沙	1	…	…	…	1	–
湘　潭	–	–	–	–	–	–
株　洲	–	–	–	–	–	–

5-19 （续表四）

单位：千吨

港　口	总计	外贸	出港	外贸	进港	外贸
岳　阳	133	–	–	–	133	–
沅　陵	–	–	–	–	–	–
常　德	–	–	–	–	–	–
湖南其他	20	–	20	–	–	–
广东合计	**108**	**14**	**48**	**1**	**60**	**13**
番　禺	4	–	–	–	4	–
新　塘	–	–	–	–	–	–
五　和	–	–	–	–	–	–
中　山	–	–	–	–	–	–
佛　山	91	14	47	1	44	13
江　门	9	–	–	–	9	–
东　莞	3	–	1	–	2	–
肇　庆	2	–	–	–	2	–
惠　州	–	–	–	–	–	–
云　浮	–	–	–	–	–	–
韶　关	–	–	–	–	–	–
清　远	–	–	–	–	–	–
河　源	–	–	–	–	–	–
广西合计	**39**	**–**	**1**	**–**	**39**	**–**
南　宁	–	–	–	–	–	–
柳　州	–	–	–	–	–	–
贵　港	2	–	1	–	1	–
梧　州	38	–	–	–	38	–
来　宾	…	–	–	–	…	–
广西其他	–	–	–	–	–	–
重　庆	**1 441**	**–**	**316**	**–**	**1 125**	**–**
四川合计	**50**	**…**	**6**	**…**	**43**	**…**
泸　州	…	…	…	…	…	…
宜　宾	49	–	6	–	43	–
乐　山	–	–	–	–	–	–
南　充	–	–	–	–	–	–
四川其他	–	–	–	–	–	–
贵州合计	**–**	**–**	**–**	**–**	**–**	**–**
云南合计	**–**	**–**	**–**	**–**	**–**	**–**
昭　通	–	–	–	–	–	–
云南其他	–	–	–	–	–	–

5-20 全国港口粮食吞吐量

单位：千吨

港口	总计	外贸	出港	外贸	进港	外贸
全国总计	**300 772**	**108 325**	**93 495**	**2 439**	**207 277**	**105 885**
1. 沿海合计	**200 351**	**89 535**	**64 150**	**1 508**	**136 201**	**88 027**
辽宁合计	**42 771**	**10 120**	**33 339**	**1 088**	**9 432**	**9 032**
丹东	4 422	995	3 427	–	995	995
大连	13 578	5 642	8 740	1 035	4 838	4 606
营口	9 770	3 177	6 597	4	3 172	3 172
盘锦	1 666	–	1 498	–	168	–
锦州	8 549	306	8 291	48	258	258
葫芦岛	4 786	–	4 786	–	–	–
河北合计	**5 300**	**5 085**	**118**	**–**	**5 182**	**5 085**
秦皇岛	2 351	2 293	–	–	2 351	2 293
黄骅	1 598	1 569	10	–	1 587	1 569
唐山	1 351	1 223	108	–	1 243	1 223
天津	**8 785**	**7 449**	**854**	**129**	**7 931**	**7 319**
山东合计	**27 288**	**22 116**	**838**	**93**	**26 451**	**22 023**
滨州	70	–	–	–	70	–
东营	10	–	10	–	–	–
潍坊	800	8	8	8	791	–
烟台	7 591	4 502	185	5	7 406	4 497
威海	22	–	16	–	6	–
青岛	6 705	6 443	192	80	6 513	6 363
日照	12 092	11 164	428	–	11 664	11 164
上海	**2 263**	**927**	**846**	**–**	**1 417**	**927**
江苏合计	**8 761**	**5 857**	**1 500**	**–**	**7 261**	**5 857**
连云港	4 488	4 420	68	–	4 420	4 420
盐城	4 274	1 437	1 432	–	2 841	1 437
浙江合计	**9 448**	**5 478**	**3 789**	**69**	**5 660**	**5 409**
嘉兴	–	–	–	–	–	–
宁波舟山	9 315	5 478	3 764	69	5 551	5 409
#宁波	2 047	1 443	483	–	1 564	1 443
舟山	7 268	4 035	3 281	69	3 987	3 965
台州	26	–	20	–	7	–
温州	107	–	5	–	102	–

5-20 （续表一）

单位：千吨

港　口	总计	外贸	出港	外贸	进港	外贸
福建合计	**7 174**	**4 774**	**57**	**–**	**7 118**	**4 774**
福　州	2 581	2 431	15	–	2 566	2 431
# 福州市港口	2 579	2 431	15	–	2 564	2 431
宁德市港口	2	–	–	–	2	–
莆　田	584	409	26	–	558	409
泉　州	956	578	3	–	953	578
厦　门	3 053	1 357	13	–	3 041	1 357
# 厦门市港口	795	683	9	–	787	683
漳州市港口	2 258	674	4	–	2 254	674
广东合计	**65 470**	**18 907**	**20 145**	**91**	**45 325**	**18 817**
潮　州	–	–	–	–	–	–
汕　头	1 192	…	9	…	1 183	–
揭　阳	300	–	1	–	299	–
汕　尾	–	–	–	–	–	–
惠　州	5	–	5	–	–	–
深　圳	9 762	1 964	4 507	–	5 255	1 964
东　莞	21 326	3 246	8 384	45	12 942	3 201
广　州	24 847	10 010	7 069	44	17 778	9 966
中　山	341	3	32	1	309	1
珠　海	27	–	4	–	22	–
江　门	1 142	–	84	–	1 058	–
阳　江	1 670	1 227	–	–	1 670	1 227
茂　名	1 624	18	26	–	1 598	18
湛　江	3 235	2 440	24	–	3 211	2 440
广西合计	**17 900**	**8 819**	**1 680**	**38**	**16 221**	**8 782**
广西北部湾港	17 900	8 819	1 680	38	16 221	8 782
# 北　海	2 238	1 882	10	–	2 229	1 882
钦　州	9 776	2 844	1 193	38	8 582	2 806
防　城	5 886	4 094	477	–	5 410	4 094
海南合计	**5 189**	**2**	**985**	**–**	**4 204**	**2**
海　口	4 015	2	514	–	3 501	2
洋　浦	1 094	–	471	–	623	–
八　所	–	–	–	–	–	–
三　亚	–	–	–	–	–	–
清　澜	80	–	–	–	80	–
海南其他	–	–	–	–	–	–
2. 内河合计	**100 421**	**18 790**	**29 345**	**932**	**71 076**	**17 858**
黑龙江合计	**184**	**183**	**…**	**–**	**184**	**183**
黑　河	168	168	–	–	168	168

5-20 （续表二）

单位：千吨

港　口	总计	外贸	出港	外贸	进港	外贸
肇　源	–	–	–	–	–	–
哈尔滨	–	–	–	–	–	–
佳木斯	16	15	…	–	15	15
黑龙江其他	…	…	–	–	…	…
山东合计	**49**	**–**	**47**	**–**	**2**	**–**
济　宁	2	–	2	–	–	–
枣　庄	47	–	45	–	2	–
山东其他	1	–	1	–	–	–
上　海	**1 151**	**–**	**666**	**–**	**485**	**–**
江苏合计	**61 978**	**17 850**	**23 249**	**854**	**38 729**	**16 997**
南　京	2 564	1 646	911	455	1 653	1 191
镇　江	6 945	4 182	1 961	6	4 984	4 176
苏　州	9 167	4 581	2 694	376	6 472	4 205
南　通	10 758	4 032	3 916	–	6 842	4 032
常　州	–	–	–	–	–	–
江　阴	1 985	469	316	17	1 669	452
扬　州	73	–	40	–	33	–
泰　州	22 425	2 940	9 958	–	12 467	2 940
徐　州	334	–	203	–	131	–
连云港	–	–	–	–	–	–
无　锡	556	–	135	–	421	–
宿　迁	604	–	330	–	274	–
淮　安	1 950	–	1 478	–	471	–
扬州内河	28	–	14	–	14	–
镇江内河	367	–	–	–	367	–
苏州内河	609	–	290	–	319	–
常州内河	33	–	33	–	–	–
江苏其他	3 582	–	969	–	2 613	–
浙江合计	**2 071**	**–**	**351**	**–**	**1 720**	**–**
杭　州	623	–	102	–	520	–
嘉兴内河	1 187	–	212	–	975	–
湖　州	201	–	30	–	171	–
宁波内河	–	–	–	–	–	–
绍　兴	25	–	1	–	24	–
金　华	–	–	–	–	–	–
青　田	5	–	4	–	1	–
浙江其他	30	–	1	–	29	–

5-20 （续表三）

单位：千吨

港　口	总计	外贸	出港	外贸	进港	外贸
安徽合计	**5 048**	**52**	**1 834**	**4**	**3 214**	**49**
马鞍山	759	–	47	–	712	–
芜　湖	440	–	62	–	378	–
铜　陵	8	–	6	–	2	–
池　州	174	–	20	–	154	–
安　庆	184	48	76	–	109	48
阜　阳	71	–	63	–	8	–
合　肥	2 096	…	1 076	…	1 020	…
六　安	26	–	20	–	5	–
滁　州	337	–	184	–	153	–
淮　南	4	–	3	–	1	–
蚌　埠	658	4	231	4	427	…
亳　州	101	–	37	–	64	–
安徽其他	190	–	9	–	181	–
江西合计	**2 778**	**180**	**275**	**3**	**2 503**	**177**
南　昌	2 203	5	246	3	1 957	2
九　江	575	175	29	–	546	175
樟　树	–	–	–	–	–	–
江西其他	–	–	–	–	–	–
河南合计	**–**	**–**	**–**	**–**	**–**	**–**
湖北合计	**3 964**	**1**	**265**	**–**	**3 698**	**1**
嘉　鱼	–	–	–	–	–	–
武　汉	1 411	–	53	–	1 358	–
黄　州	31	–	–	–	31	–
鄂　州	28	–	–	–	28	–
黄　石	278	…	15	–	263	…
襄　阳	–	–	–	–	–	–
荆　州	1 349	–	84	–	1 265	–
宜　昌	764	…	102	–	662	…
潜　江	–	–	–	–	–	–
天　门	–	–	–	–	–	–
汉　川	–	–	–	–	–	–
湖北其他	103	–	12	–	91	–
湖南合计	**5 201**	**…**	**1 236**	**…**	**3 966**	**…**
长　沙	719	…	…	…	718	…
湘　潭	–	–	–	–	–	–
株　洲	91	–	–	–	91	–

5-20 （续表四）

单位：千吨

港　口	总计	外贸	出港	外贸	进港	外贸
岳　阳	1 645	–	61	–	1 584	–
沅　陵	–	–	–	–	–	–
常　德	–	–	–	–	–	–
湖南其他	2 747	–	1 174	–	1 573	–
广东合计	**6 416**	**458**	**812**	**68**	**5 604**	**390**
番　禺	963	–	9	–	954	–
新　塘	–	–	–	–	–	–
五　和	310	–	–	–	310	–
中　山	–	–	–	–	–	–
佛　山	2 295	356	340	31	1 956	325
江　门	812	15	358	11	454	4
东　莞	290	–	13	–	276	–
肇　庆	1 351	87	92	26	1 259	61
惠　州	81	–	–	–	81	–
云　浮	110	–	–	–	110	–
韶　关	–	–	–	–	–	–
清　远	203	–	–	–	203	–
河　源	–	–	–	–	–	–
广西合计	**6 347**	**57**	**510**	**4**	**5 837**	**53**
南　宁	854	–	–	–	854	–
柳　州	4	–	–	–	4	–
贵　港	3 878	…	318	…	3 560	…
梧　州	1 370	56	13	4	1 357	53
来　宾	74	–	12	–	62	–
广西其他	167	–	167	–	–	–
重　庆	**4 947**	**–**	**45**	**–**	**4 902**	**–**
四川合计	**283**	**9**	**52**	**–**	**231**	**9**
泸　州	243	9	28	–	215	9
宜　宾	41	–	25	–	16	–
乐　山	–	–	–	–	–	–
南　充	–	–	–	–	–	–
四川其他	–	–	–	–	–	–
贵州合计	**–**	**–**	**–**	**–**	**–**	**–**
云南合计	**2**	**–**	**1**	**–**	**1**	**–**
昭　通	2	–	1	–	1	–
云南其他	–	–	–	–	–	–

5-21 全国港口机械、设备、电器吞吐量

单位：千吨

港口	总计	外贸	出港	外贸	进港	外贸
全国总计	**134 490**	**67 015**	**82 202**	**48 978**	**52 288**	**18 037**
1. 沿海合计	**118 239**	**57 677**	**68 655**	**40 557**	**49 584**	**17 120**
辽宁合计	**3 155**	**1 916**	**2 548**	**1 836**	**607**	**80**
丹东	–	–	–	–	–	–
大连	2 522	1 615	2 108	1 548	415	67
营口	619	301	437	288	182	13
盘锦	5	–	2	–	3	–
锦州	9	–	1	–	8	–
葫芦岛	–	–	–	–	–	–
河北合计	**125**	**102**	**107**	**101**	**18**	**…**
秦皇岛	90	82	85	82	5	…
黄骅	3	–	–	–	3	–
唐山	32	20	21	20	11	…
天津	**27 972**	**22 955**	**16 547**	**14 569**	**11 425**	**8 386**
山东合计	**11 061**	**2 061**	**4 657**	**2 006**	**6 404**	**55**
滨州	6	–	4	–	2	–
东营	2 782	–	2 198	–	584	–
潍坊	…	–	…	–	–	–
烟台	976	778	806	770	170	8
威海	9	2	6	1	3	1
青岛	7 253	1 271	1 631	1 224	5 621	47
日照	36	11	11	11	25	–
上海	**4 212**	**3 635**	**3 711**	**3 479**	**501**	**156**
江苏合计	**9 774**	**8 536**	**9 738**	**8 512**	**35**	**24**
连云港	3 133	3 120	3 126	3 119	7	1
盐城	6 641	5 417	6 612	5 394	29	23
浙江合计	**815**	**48**	**89**	**22**	**726**	**26**
嘉兴	2	–	–	–	2	–
宁波舟山	812	47	89	22	723	24
#宁波	77	26	54	15	23	11
舟山	735	21	35	8	700	13
台州	1	1	–	–	1	1
温州	–	–	–	–	–	–

5-21 （续表一）

单位：千吨

港口	总计	外贸	出港	外贸	进港	外贸
福建合计	**224**	**89**	**53**	**34**	**172**	**55**
福　州	40	5	10	…	29	5
#福州市港口	39	5	10	…	28	5
宁德市港口	1	–	–	–	1	–
莆　田	…	–	…	–	…	–
泉　州	128	42	1	–	127	42
厦　门	57	41	41	33	15	8
#厦门市港口	40	39	33	32	7	7
漳州市港口	17	2	9	1	8	1
广东合计	**49 293**	**17 311**	**25 283**	**9 247**	**24 010**	**8 064**
潮　州	–	–	–	–	–	–
汕　头	1 929	656	925	331	1 004	325
揭　阳	–	–	–	–	–	–
汕　尾	–	–	–	–	–	–
惠　州	9	1	…	–	8	1
深　圳	13	10	1	…	12	10
东　莞	1 416	275	500	46	916	229
广　州	37 925	14 613	18 768	7 273	19 157	7 341
中　山	2 447	1 586	2 252	1 495	195	91
珠　海	131	111	78	59	54	52
江　门	143	54	98	42	45	12
阳　江	15	–	12	–	3	–
茂　名	14	1	14	1	–	–
湛　江	5 251	4	2 635	–	2 615	4
广西合计	**1 084**	**758**	**746**	**637**	**338**	**121**
广西北部湾港	1 084	758	746	637	338	121
#北　海	43	–	15	–	27	–
钦　州	965	710	675	588	290	121
防　城	76	48	56	48	20	…
海南合计	**10 523**	**265**	**5 178**	**113**	**5 346**	**152**
海　口	10 320	164	5 094	71	5 226	93
洋　浦	201	99	84	42	117	57
八　所	2	2	–	–	2	2
三　亚	1	–	…	–	…	–
清　澜	–	–	–	–	–	–
海南其他	–	–	–	–	–	–
2. 内河合计	**16 252**	**9 338**	**13 547**	**8 421**	**2 704**	**917**
黑龙江合计	**19**	**11**	**15**	**11**	**4**	**…**
黑　河	10	10	10	10	…	…

5-21 （续表二）

单位：千吨

港口	总计	外贸	出港	外贸	进港	外贸
肇源	–	–	–	–	–	–
哈尔滨	8	–	4	–	4	–
佳木斯	1	1	1	1	–	–
黑龙江其他	–	–	–	–	–	–
山东合计	**–**	**–**	**–**	**–**	**–**	**–**
济宁	–	–	–	–	–	–
枣庄	–	–	–	–	–	–
山东其他	–	–	–	–	–	–
上海	**27**	**–**	**27**	**–**	**–**	**–**
江苏合计	**9 548**	**5 231**	**8 257**	**5 048**	**1 291**	**183**
南京	1 597	295	1 587	285	11	11
镇江	1	1	1	1	…	–
苏州	4 841	3 945	4 154	3 860	687	85
南通	1 586	257	1 261	245	325	12
常州	4	1	4	–	1	1
江阴	663	242	568	205	95	37
扬州	371	356	363	351	7	5
泰州	210	5	113	4	97	1
徐州	5	–	5	–	–	–
连云港	–	–	–	–	–	–
无锡	4	–	1	–	3	–
宿迁	–	–	–	–	–	–
淮安	66	–	61	–	6	–
扬州内河	–	–	–	–	–	–
镇江内河	5	–	4	–	…	–
苏州内河	194	128	136	97	59	31
常州内河	–	–	–	–	–	–
江苏其他	–	–	–	–	–	–
浙江合计	**64**	**–**	**58**	**–**	**5**	**–**
杭州	55	–	53	–	2	–
嘉兴内河	5	–	2	–	2	–
湖州	4	–	3	–	1	–
宁波内河	–	–	–	–	–	–
绍兴	–	–	–	–	–	–
金华	–	–	–	–	–	–
青田	–	–	–	–	–	–
浙江其他	–	–	–	–	–	–

5-21 （续表三）

单位：千吨

港　口	总计		出港		进港	
		外贸		外贸		外贸
安徽合计	**963**	**230**	**920**	**212**	**42**	**18**
马鞍山	1	–	1	–	1	–
芜　湖	…	–	…	–	…	–
铜　陵	–	–	–	–	–	–
池　州	–	–	–	–	–	–
安　庆	8	3	2	2	6	1
阜　阳	–	–	–	–	–	–
合　肥	953	227	917	210	36	17
六　安	–	–	–	–	–	–
滁　州	–	–	–	–	–	–
淮　南	–	–	–	–	–	–
蚌　埠	–	–	–	–	–	–
亳　州	–	–	–	–	–	–
安徽其他	–	–	–	–	–	–
江西合计	**145**	**47**	**52**	**43**	**92**	**3**
南　昌	48	46	44	43	5	3
九　江	96	1	8	–	88	1
樟　树	–	–	–	–	–	–
江西其他	–	–	–	–	–	–
河南合计	**–**	**–**	**–**	**–**	**–**	**–**
湖北合计	**375**	**84**	**195**	**31**	**180**	**53**
嘉　鱼	–	–	–	–	–	–
武　汉	249	–	151	–	98	–
黄　州	–	–	–	–	–	–
鄂　州	–	–	–	–	–	–
黄　石	37	27	22	21	14	6
襄　阳	–	–	–	–	–	–
荆　州	2	–	1	–	0	–
宜　昌	87	57	21	10	66	47
潜　江	–	–	–	–	–	–
天　门	–	–	–	–	–	–
汉　川	–	–	–	–	–	–
湖北其他	–	–	–	–	–	–
湖南合计	**147**	**133**	**87**	**83**	**60**	**50**
长　沙	144	133	84	83	60	50
湘　潭	–	–	–	–	–	–
株　洲	–	–	–	–	–	–

5-21 （续表四）

单位：千吨

港　口	总计	外贸	出港	外贸	进港	外贸
岳　阳	1	–	1	–	…	–
沅　陵	–	–	–	–	–	–
常　德	–	–	–	–	–	–
湖南其他	1	–	1	–	–	–
广东合计	**4 385**	**3 453**	**3 586**	**2 937**	**799**	**516**
番　禺	124	–	123	–	0	–
新　塘	3	3	–	–	3	3
五　和	324	39	115	–	209	39
中　山	75	75	75	75	–	–
佛　山	3 174	2 851	2 737	2 514	437	337
江　门	610	439	475	307	135	132
东　莞	14	3	9	…	4	2
肇　庆	61	43	51	41	10	2
惠　州	–	–	–	–	–	–
云　浮	–	–	–	–	–	–
韶　关	–	–	–	–	–	–
清　远	–	–	–	–	–	–
河　源	–	–	–	–	–	–
广西合计	**37**	**25**	**6**	**3**	**31**	**23**
南　宁	–	–	–	–	–	–
柳　州	–	–	–	–	–	–
贵　港	7	1	1	…	6	1
梧　州	26	24	3	2	23	22
来　宾	4	–	2	–	1	–
广西其他	–	–	–	–	–	–
重　庆	**291**	**–**	**257**	**–**	**34**	**–**
四川合计	**251**	**124**	**85**	**53**	**166**	**71**
泸　州	164	124	54	53	110	71
宜　宾	59	–	4	–	56	–
乐　山	29	–	28	–	1	–
南　充	–	–	–	–	–	–
四川其他	–	–	–	–	–	–
贵州合计	**–**	**–**	**–**	**–**	**–**	**–**
云南合计	**–**	**–**	**–**	**–**	**–**	**–**
昭　通	–	–	–	–	–	–
云南其他	–	–	–	–	–	–

5-22 全国港口化工原料及制品吞吐量

单位：千吨

港　口	总计	外贸	出港	外贸	进港	外贸
全国总计	**296 317**	**102 986**	**121 679**	**21 372**	**174 637**	**81 614**
1. 沿海合计	**165 400**	**65 926**	**73 252**	**14 989**	**92 148**	**50 937**
辽宁合计	**21 744**	**4 383**	**16 709**	**1 073**	**5 034**	**3 310**
丹　东	38	–	–	–	38	–
大　连	18 906	3 575	14 199	265	4 707	3 310
营　口	699	3	483	3	216	–
盘　锦	–	–	–	–	–	–
锦　州	2 100	805	2 027	805	73	–
葫芦岛	–	–	–	–	–	–
河北合计	**691**	**106**	**590**	**59**	**101**	**48**
秦皇岛	93	50	15	15	78	34
黄　骅	–	–	–	–	–	–
唐　山	598	57	575	43	23	13
天　津	**22 148**	**12 236**	**13 908**	**7 159**	**8 240**	**5 077**
山东合计	**7 781**	**2 256**	**5 121**	**848**	**2 660**	**1 408**
滨　州	–	–	–	–	–	–
东　营	704	–	704	–	–	–
潍　坊	271	176	129	52	143	124
烟　台	3 110	508	1 830	194	1 280	314
威　海	–	–	–	–	–	–
青　岛	3 394	1 287	2 397	554	997	733
日　照	301	285	61	47	241	238
上　海	**8 815**	**2 328**	**3 614**	**109**	**5 202**	**2 220**
江苏合计	**4 940**	**3 538**	**1 207**	**361**	**3 733**	**3 177**
连云港	4 688	3 434	1 140	361	3 548	3 073
盐　城	252	105	67	–	185	105
浙江合计	**27 243**	**15 158**	**5 166**	**431**	**22 077**	**14 727**
嘉　兴	8 257	4 379	371	50	7 886	4 329
宁波舟山	18 433	10 748	4 755	381	13 677	10 367
#宁　波	16 402	10 203	3 459	323	12 942	9 880
舟　山	2 031	546	1 296	58	735	487
台　州	177	–	7	–	170	–
温　州	376	31	32	–	344	31

5-22 （续表一）

单位：千吨

港　口	总计	外贸	出港	外贸	进港	外贸
福建合计	**13 997**	**3 310**	**5 866**	**727**	**8 131**	**2 583**
福　州	3 524	1 208	259	43	3 266	1 166
# 福州市港口	3 524	1 208	259	43	3 266	1 166
宁德市港口	–	–	–	–	–	–
莆　田	774	669	698	669	77	–
泉　州	4 831	606	2 503	–	2 328	606
厦　门	4 867	827	2 407	15	2 460	812
# 厦门市港口	520	393	34	15	486	378
漳州市港口	4 347	434	2 372	–	1 975	434
广东合计	**36 083**	**14 710**	**9 904**	**1 843**	**26 179**	**12 867**
潮　州	30	–	–	–	30	–
汕　头	1 362	75	149	22	1 212	53
揭　阳	45	–	–	–	45	–
汕　尾	–	–	–	–	–	–
惠　州	4 942	396	3 634	53	1 307	343
深　圳	240	13	–	–	240	13
东　莞	12 157	4 399	1 891	156	10 265	4 242
广　州	8 022	5 483	1 578	1 227	6 445	4 256
中　山	1 145	430	271	159	875	270
珠　海	3 529	1 783	515	56	3 014	1 727
江　门	737	296	342	141	395	156
阳　江	1 173	80	702	–	471	80
茂　名	471	19	467	19	4	–
湛　江	2 229	1 736	355	9	1 874	1 727
广西合计	**11 779**	**6 315**	**5 406**	**2 170**	**6 374**	**4 145**
广西北部湾港	11 779	6 315	5 406	2 170	6 374	4 145
# 北　海	1 588	1 029	671	186	917	843
钦　州	5 884	2 009	3 595	1 451	2 289	558
防　城	4 308	3 277	1 140	532	3 168	2 745
海南合计	**10 179**	**1 586**	**5 761**	**211**	**4 418**	**1 375**
海　口	2 106	22	931	10	1 175	12
洋　浦	6 482	1 564	3 352	201	3 130	1 363
八　所	1 591	–	1 478	–	113	–
三　亚	–	–	–	–	–	–
清　澜	–	–	–	–	–	–
海南其他	–	–	–	–	–	–
2. 内河合计	**130 917**	**37 060**	**48 428**	**6 383**	**82 489**	**30 677**
黑龙江合计	–	–	–	–	–	–
黑　河	–	–	–	–	–	–

5-22 （续表二）

单位：千吨

港 口	总计	外贸	出港	外贸	进港	外贸
肇 源	–	–	–	–	–	–
哈尔滨	–	–	–	–	–	–
佳木斯	–	–	–	–	–	–
黑龙江其他	–	–	–	–	–	–
山东合计	**100**	**–**	**8**	**–**	**92**	**–**
济 宁	100	–	8	–	92	–
枣 庄	–	–	–	–	–	–
山东其他	–	–	–	–	–	–
上 海	**236**	**–**	**18**	**–**	**218**	**–**
江苏合计	**90 305**	**34 987**	**31 647**	**5 486**	**58 658**	**29 500**
南 京	14 050	3 540	5 780	821	8 270	2 719
镇 江	7 712	2 261	2 291	393	5 421	1 868
苏 州	24 271	14 279	6 613	1 881	17 657	12 398
南 通	5 800	2 180	1 956	367	3 844	1 813
常 州	2 222	1 108	536	–	1 685	1 108
江 阴	15 725	8 251	3 058	616	12 668	7 634
扬 州	731	65	223	–	507	65
泰 州	7 112	3 302	3 207	1 408	3 905	1 894
徐 州	7	–	–	–	7	–
连云港	–	–	–	–	–	–
无 锡	1 411	–	538	–	873	–
宿 迁	–	–	–	–	–	–
淮 安	5 993	–	5 593	–	401	–
扬州内河	131	–	125	–	7	–
镇江内河	49	–	38	–	12	–
苏州内河	2 895	–	385	–	2 510	–
常州内河	251	–	229	–	22	–
江苏其他	1 945	–	1 076	–	868	–
浙江合计	**6 591**	**–**	**1 032**	**–**	**5 560**	**–**
杭 州	275	–	–	–	275	–
嘉兴内河	4 767	–	751	–	4 016	–
湖 州	1 322	–	139	–	1 183	–
宁波内河	–	–	–	–	–	–
绍 兴	227	–	142	–	85	–
金 华	–	–	–	–	–	–
青 田	–	–	–	–	–	–
浙江其他	–	–	–	–	–	–

5-22 （续表三）

单位：千吨

港口	总计	外贸	出港	外贸	进港	外贸
安徽合计	**7 225**	**63**	**5 609**	**6**	**1 616**	**57**
马鞍山	301	–	45	–	256	–
芜　湖	1 270	–	1 140	–	131	–
铜　陵	2 565	–	2 518	–	47	–
池　州	1 191	–	756	–	435	–
安　庆	849	18	476	3	372	15
阜　阳	17	–	17	–	–	–
合　肥	833	45	657	3	176	42
六　安	–	–	–	–	–	–
滁　州	182	–	–	–	182	–
淮　南	–	–	–	–	–	–
蚌　埠	16	–	–	–	16	–
亳　州	–	–	–	–	–	–
安徽其他	–	–	–	–	–	–
江西合计	**2 561**	**19**	**812**	**19**	**1 750**	**–**
南　昌	92	1	17	1	76	–
九　江	1 815	–	771	–	1 044	–
樟　树	–	–	–	–	–	–
江西其他	654	18	24	18	630	–
河南合计	**–**	**–**	**–**	**–**	**–**	**–**
湖北合计	**7 677**	**608**	**3 151**	**378**	**4 527**	**231**
嘉　鱼	–	–	–	–	–	–
武　汉	2 126	–	1 053	–	1 073	–
黄　州	–	–	–	–	–	–
鄂　州	–	–	–	–	–	–
黄　石	583	416	284	199	299	216
襄　阳	–	–	–	–	–	–
荆　州	1 412	–	634	–	778	–
宜　昌	2 951	193	962	179	1 988	14
潜　江	17	–	–	–	17	–
天　门	–	–	–	–	–	–
汉　川	94	–	–	–	94	–
湖北其他	493	–	216	–	277	–
湖南合计	**1 261**	**256**	**463**	**219**	**798**	**37**
长　沙	575	256	271	219	304	37
湘　潭	–	–	–	–	–	–
株　洲	24	–	–	–	24	–

5-22 （续表四）

单位：千吨

港　口	总计	外贸	出港	外贸	进港	外贸
岳　阳	659	–	192	–	466	–
沅　陵	–	–	–	–	–	–
常　德	–	–	–	–	–	–
湖南其他	3	–	–	–	3	–
广东合计	**7 716**	**853**	**623**	**126**	**7 093**	**727**
番　禺	–	–	–	–	–	–
新　塘	2 627	–	25	–	2 602	–
五　和	10	2	–	–	10	2
中　山	2 260	–	–	–	2 260	–
佛　山	1 206	665	84	60	1 122	605
江　门	908	113	168	42	740	72
东　莞	183	6	34	…	149	5
肇　庆	403	66	192	24	210	42
惠　州	–	–	–	–	–	–
云　浮	–	–	–	–	–	–
韶　关	–	–	–	–	–	–
清　远	120	–	120	–	–	–
河　源	–	–	–	–	–	–
广西合计	**1 703**	**126**	**1 331**	**109**	**372**	**17**
南　宁	23	–	9	–	15	–
柳　州	1	–	1	–	–	–
贵　港	396	2	337	2	60	…
梧　州	1 270	125	977	108	293	17
来　宾	11	–	8	–	3	–
广西其他	1	–	–	–	1	–
重　庆	**4 412**	**–**	**2 905**	**–**	**1 507**	**–**
四川合计	**1 129**	**148**	**830**	**40**	**299**	**108**
泸　州	753	148	534	40	218	108
宜　宾	232	–	151	–	81	–
乐　山	145	–	145	–	–	–
南　充	–	–	–	–	–	–
四川其他	–	–	–	–	–	–
贵州合计	**–**	**–**	**–**	**–**	**–**	**–**
云南合计	**–**	**–**	**–**	**–**	**–**	**–**
昭　通	–	–	–	–	–	–
云南其他	–	–	–	–	–	–

5-23 全国港口有色金属吞吐量

单位：千吨

港口	总计	外贸	出港	外贸	进港	外贸
全国总计	**12 355**	**5 270**	**5 386**	**1 835**	**6 970**	**3 435**
1. 沿海合计	**10 551**	**4 356**	**4 866**	**1 595**	**5 685**	**2 761**
辽宁合计	**820**	**…**	**30**	**…**	**790**	**–**
丹 东	–	–	–	–	–	–
大 连	…	…	…	…	–	–
营 口	…	…	…	…	–	–
盘 锦	–	–	–	–	–	–
锦 州	820	–	30	–	790	–
葫芦岛	–	–	–	–	–	–
河北合计	**192**	**68**	**35**	**9**	**157**	**58**
秦皇岛	12	12	9	9	3	3
黄 骅	180	55	25	–	154	55
唐 山	–	–	–	–	–	–
天 津	**4 673**	**3 332**	**2 431**	**1 284**	**2 242**	**2 048**
山东合计	**1 363**	**32**	**1 264**	**32**	**99**	**–**
滨 州	1 208	–	1 208	–	–	–
东 营	16	–	16	–	–	–
潍 坊	94	–	–	–	94	–
烟 台	20	12	15	12	5	–
威 海	–	–	–	–	–	–
青 岛	24	20	24	20	–	–
日 照	–	–	–	–	–	–
上 海	**289**	**135**	**–**	**–**	**289**	**135**
江苏合计	**486**	**285**	**71**	**49**	**416**	**235**
连云港	486	285	71	49	416	235
盐 城	–	–	–	–	–	–
浙江合计	**30**	**–**	**–**	**–**	**30**	**–**
嘉 兴	–	–	–	–	–	–
宁波舟山	30	–	–	–	30	–
#宁 波	30	–	–	–	30	–
舟 山	–	–	–	–	–	–
台 州	–	–	–	–	–	–
温 州	–	–	–	–	–	–

5-23 （续表一）

单位：千吨

港口	总计	外贸	出港	外贸	进港	外贸
福建合计	**258**	**–**	**–**	**–**	**258**	**–**
福州	258	–	–	–	258	–
# 福州市港口	231	–	–	–	231	–
宁德市港口	27	–	–	–	27	–
莆田	–	–	–	–	–	–
泉州	–	–	–	–	–	–
厦门	–	–	–	–	–	–
# 厦门市港口	–	–	–	–	–	–
漳州市港口	–	–	–	–	–	–
广东合计	**1 160**	**319**	**312**	**76**	**848**	**243**
潮州	–	–	–	–	–	–
汕头	3	–	…	–	3	–
揭阳	–	–	–	–	–	–
汕尾	–	–	–	–	–	–
惠州	–	–	–	–	–	–
深圳	11	11	–	–	11	11
东莞	537	28	207	3	330	25
广州	551	252	90	61	461	191
中山	32	25	12	9	20	15
珠海	–	–	–	–	–	–
江门	5	3	3	3	2	…
阳江	20	–	–	–	20	–
茂名	–	–	–	–	–	–
湛江	…	–	–	–	…	–
广西合计	**1 200**	**184**	**677**	**144**	**522**	**41**
广西北部湾港	1 200	184	677	144	522	41
# 北海	361	–	21	–	340	–
钦州	720	184	567	144	153	41
防城	119	–	89	–	30	–
海南合计	**79**	**1**	**46**	**1**	**33**	**1**
海口	34	–	22	–	11	–
洋浦	45	1	24	1	22	1
八所	–	–	–	–	–	–
三亚	–	–	–	–	–	–
清澜	–	–	–	–	–	–
海南其他	–	–	–	–	–	–
2. 内河合计	**1 804**	**913**	**520**	**240**	**1 284**	**674**
黑龙江合计	**–**	**–**	**–**	**–**	**–**	**–**
黑河	–	–	–	–	–	–

5-23 （续表二）

单位：千吨

港口	总计	外贸	出港	外贸	进港	外贸
肇　源	–	–	–	–	–	–
哈尔滨	–	–	–	–	–	–
佳木斯	–	–	–	–	–	–
黑龙江其他	–	–	–	–	–	–
山东合计	**–**	**–**	**–**	**–**	**–**	**–**
济　宁	–	–	–	–	–	–
枣　庄	–	–	–	–	–	–
山东其他	–	–	–	–	–	–
上　海	**–**	**–**	**–**	**–**	**–**	**–**
江苏合计	**202**	**20**	**105**	**13**	**97**	**7**
南　京	–	–	–	–	–	–
镇　江	–	–	–	–	–	–
苏　州	11	9	9	9	3	–
南　通	10	–	5	–	5	–
常　州	–	–	–	–	–	–
江　阴	109	1	70	…	39	…
扬　州	–	–	–	–	–	–
泰　州	29	11	9	4	20	7
徐　州	–	–	–	–	–	–
连云港	–	–	–	–	–	–
无　锡	32	–	12	–	20	–
宿　迁	–	–	–	–	–	–
淮　安	–	–	–	–	–	–
扬州内河	–	–	–	–	–	–
镇江内河	–	–	–	–	–	–
苏州内河	–	–	–	–	–	–
常州内河	7	–	–	–	7	–
江苏其他	3	–	–	–	3	–
浙江合计	**5**	**–**	**2**	**–**	**3**	**–**
杭　州	2	–	2	–	–	–
嘉兴内河	1	–	–	–	1	–
湖　州	2	–	–	–	2	–
宁波内河	–	–	–	–	–	–
绍　兴	–	–	–	–	–	–
金　华	–	–	–	–	–	–
青　田	–	–	–	–	–	–
浙江其他	–	–	–	–	–	–

5-23 （续表三）

单位：千吨

港口	总计	外贸	出港	外贸	进港	外贸
安徽合计	**423**	**–**	**88**	**–**	**335**	**–**
马鞍山	11	–	1	–	10	–
芜湖	–	–	–	–	–	–
铜陵	12	–	–	–	12	–
池州	399	–	87	–	313	–
安庆	–	–	–	–	–	–
阜阳	–	–	–	–	–	–
合肥	–	–	–	–	–	–
六安	–	–	–	–	–	–
滁州	–	–	–	–	–	–
淮南	–	–	–	–	–	–
蚌埠	–	–	–	–	–	–
亳州	–	–	–	–	–	–
安徽其他	–	–	–	–	–	–
江西合计	**67**	**–**	**11**	**–**	**56**	**–**
南昌	–	–	–	–	–	–
九江	67	–	11	–	56	–
樟树	–	–	–	–	–	–
江西其他	–	–	–	–	–	–
河南合计	**–**	**–**	**–**	**–**	**–**	**–**
湖北合计	**108**	**94**	**40**	**39**	**68**	**56**
嘉鱼	–	–	–	–	–	–
武汉	–	–	–	–	–	–
黄州	–	–	–	–	–	–
鄂州	–	–	–	–	–	–
黄石	79	79	23	23	56	56
襄阳	–	–	–	–	–	–
荆州	10	–	–	–	10	–
宜昌	17	15	17	15	…	…
潜江	–	–	–	–	–	–
天门	–	–	–	–	–	–
汉川	–	–	–	–	–	–
湖北其他	2	–	–	–	2	–
湖南合计	**21**	**16**	**17**	**14**	**4**	**2**
长沙	18	16	14	14	4	2
湘潭	–	–	–	–	–	–
株洲	1	–	1	–	–	–

5-23 （续表四）

单位：千吨

港口	总计	外贸	出港	外贸	进港	外贸
岳阳	–	–	–	–	–	–
沅陵	–	–	–	–	–	–
常德	–	–	–	–	–	–
湖南其他	2	–	2	–	–	–
广东合计	**840**	**723**	**237**	**173**	**603**	**550**
番禺	–	–	–	–	–	–
新塘	–	–	–	–	–	–
五和	–	–	–	–	–	–
中山	–	–	–	–	–	–
佛山	673	589	109	68	565	521
江门	47	33	37	24	10	10
东莞	13	2	3	1	10	1
肇庆	106	99	88	81	18	18
惠州	–	–	–	–	–	–
云浮	–	–	–	–	–	–
韶关	–	–	–	–	–	–
清远	–	–	–	–	–	–
河源	–	–	–	–	–	–
广西合计	**120**	**60**	**20**	**1**	**99**	**59**
南宁	–	–	–	–	–	–
柳州	–	–	–	–	–	–
贵港	33	…	16	–	17	…
梧州	87	60	5	1	82	59
来宾	–	–	–	–	–	–
广西其他	–	–	–	–	–	–
重庆	**…**	**–**	**–**	**–**	**…**	**–**
四川合计	**20**	**–**	**–**	**–**	**20**	**–**
泸州	–	–	–	–	–	–
宜宾	20	–	–	–	20	–
乐山	–	–	–	–	–	–
南充	–	–	–	–	–	–
四川其他	–	–	–	–	–	–
贵州合计	**–**	**–**	**–**	**–**	**–**	**–**
云南合计	**–**	**–**	**–**	**–**	**–**	**–**
昭通	–	–	–	–	–	–
云南其他	–	–	–	–	–	–

5-24 全国港口轻工、医药产品吞吐量

单位：千吨

港　口	总计		出港		进港	
		外贸		外贸		外贸
全国总计	**136 222**	**54 446**	**70 360**	**27 576**	**65 862**	**26 871**
1. 沿海合计	**116 475**	**47 167**	**62 042**	**25 755**	**54 433**	**21 412**
辽宁合计	**818**	**786**	**25**	**25**	**793**	**761**
丹　东	–	–	–	–	–	–
大　连	75	43	25	25	50	18
营　口	654	654	–	–	654	654
盘　锦	–	–	–	–	–	–
锦　州	88	88	…	…	88	88
葫芦岛	–	–	–	–	–	–
河北合计	**249**	**222**	**–**	**–**	**249**	**222**
秦皇岛	–	–	–	–	–	–
黄　骅	59	59	–	–	59	59
唐　山	190	162	–	–	190	162
天　津	**68 269**	**31 649**	**42 129**	**22 823**	**26 139**	**8 827**
山东合计	**4 607**	**4 269**	**324**	**26**	**4 283**	**4 243**
滨　州	–	–	–	–	–	–
东　营	–	–	–	–	–	–
潍　坊	100	22	100	22	–	–
烟　台	100	100	–	–	100	100
威　海	–	–	–	–	–	–
青　岛	4 110	3 866	209	–	3 901	3 866
日　照	298	282	15	5	282	277
上　海	**1 559**	**760**	**641**	**3**	**918**	**757**
江苏合计	**1 101**	**959**	**87**	**–**	**1 014**	**959**
连云港	848	761	87	–	761	761
盐　城	253	198	–	–	253	198
浙江合计	**908**	**421**	**14**	**–**	**894**	**421**
嘉　兴	–	–	–	–	–	–
宁波舟山	908	421	14	–	894	421
#宁　波	906	421	14	–	892	421
舟　山	2	–	1	–	1	–
台　州	–	–	–	–	–	–
温　州	…	–	–	–	…	–

5-24 （续表一）

单位：千吨

港口	总计		出港		进港	
		外贸		外贸		外贸
福建合计	**345**	**343**	**3**	**1**	**341**	**341**
福 州	–	–	–	–	–	–
#福州市港口	–	–	–	–	–	–
宁德市港口	–	–	–	–	–	–
莆 田	–	–	–	–	–	–
泉 州	16	16	…	…	16	16
厦 门	328	327	3	1	326	326
#厦门市港口	256	256	1	1	255	255
漳州市港口	72	71	2	–	71	71
广东合计	**23 700**	**6 815**	**9 686**	**2 428**	**14 014**	**4 387**
潮 州	–	–	–	–	–	–
汕 头	2 076	666	1 451	636	625	30
揭 阳	–	–	–	–	–	–
汕 尾	–	–	–	–	–	–
惠 州	–	–	–	–	–	–
深 圳	–	–	–	–	–	–
东 莞	8 412	354	3 246	197	5 167	157
广 州	8 661	2 811	2 602	217	6 059	2 594
中 山	2 015	1 173	1 490	947	525	226
珠 海	980	610	388	19	592	592
江 门	995	796	475	413	520	383
阳 江	38	35	–	–	38	35
茂 名	–	–	–	–	–	–
湛 江	522	370	33	–	489	370
广西合计	**9 325**	**746**	**6 415**	**395**	**2 910**	**351**
广西北部湾港	9 325	746	6 415	395	2 910	351
#北 海	826	–	538	–	287	–
钦 州	8 127	574	5 719	395	2 408	179
防 城	372	172	158	–	215	172
海南合计	**5 594**	**197**	**2 717**	**53**	**2 877**	**144**
海 口	2 742	41	729	36	2 012	5
洋 浦	2 757	156	1 940	17	817	138
八 所	–	–	–	–	–	–
三 亚	96	–	48	–	48	–
清 澜	–	–	–	–	–	–
海南其他	–	–	–	–	–	–
2. 内河合计	**19 747**	**7 279**	**8 318**	**1 821**	**11 429**	**5 458**
黑龙江合计	–	–	–	–	–	–
黑 河	–	–	–	–	–	–

5-24 （续表二）

单位：千吨

港口	总计		出港		进港	
		外贸		外贸		外贸
肇源	–	–	–	–	–	–
哈尔滨	–	–	–	–	–	–
佳木斯	–	–	–	–	–	–
黑龙江其他	–	–	–	–	–	–
山东合计	**–**	**–**	**–**	**–**	**–**	**–**
济宁	–	–	–	–	–	–
枣庄	–	–	–	–	–	–
山东其他	–	–	–	–	–	–
上海	**66**	**–**	**41**	**–**	**25**	**–**
江苏合计	**9 353**	**4 243**	**3 554**	**186**	**5 799**	**4 057**
南京	112	–	13	–	99	–
镇江	43	6	–	–	43	6
苏州	6 817	3 998	2 465	1	4 352	3 998
南通	101	40	60	–	41	40
常州	146	–	9	–	137	–
江阴	797	17	184	6	613	11
扬州	29	–	15	–	14	–
泰州	364	181	339	180	25	2
徐州	15	–	–	–	15	–
连云港	–	–	–	–	–	–
无锡	99	–	99	–	–	–
宿迁	65	–	59	–	6	–
淮安	690	–	236	–	453	–
扬州内河	–	–	–	–	–	–
镇江内河	–	–	–	–	–	–
苏州内河	38	–	37	–	1	–
常州内河	–	–	–	–	–	–
江苏其他	36	–	36	–	–	–
浙江合计	**338**	**–**	**1**	**–**	**337**	**–**
杭州	185	–	–	–	185	–
嘉兴内河	137	–	1	–	136	–
湖州	16	–	–	–	16	–
宁波内河	–	–	–	–	–	–
绍兴	–	–	–	–	–	–
金华	–	–	–	–	–	–
青田	–	–	–	–	–	–
浙江其他	–	–	–	–	–	–

5-24 （续表三）

单位：千吨

港口	总计	外贸	出港	外贸	进港	外贸
安徽合计	**816**	**155**	**235**	**136**	**581**	**20**
马鞍山	30	–	29	–	1	–
芜　湖	27	–	15	–	13	–
铜　陵	–	–	–	–	–	–
池　州	–	–	–	–	–	–
安　庆	363	152	137	133	226	20
阜　阳	–	–	–	–	–	–
合　肥	396	3	54	3	341	…
六　安	–	–	–	–	–	–
滁　州	–	–	–	–	–	–
淮　南	–	–	–	–	–	–
蚌　埠	–	–	–	–	–	–
亳　州	–	–	–	–	–	–
安徽其他	–	–	–	–	–	–
江西合计	**258**	**58**	**106**	**57**	**151**	**1**
南　昌	124	58	92	57	33	1
九　江	133	–	15	–	119	–
樟　树	–	–	–	–	–	–
江西其他	–	–	–	–	–	–
河南合计	**–**	**–**	**–**	**–**	**–**	**–**
湖北合计	**1 004**	**183**	**491**	**176**	**513**	**7**
嘉　鱼	–	–	–	–	–	–
武　汉	266	–	26	–	240	–
黄　州	–	–	–	–	–	–
鄂　州	–	–	–	–	–	–
黄　石	8	3	6	3	2	…
襄　阳	–	–	–	–	–	–
荆　州	334	–	254	–	80	–
宜　昌	395	180	204	173	191	6
潜　江	–	–	–	–	–	–
天　门	–	–	–	–	–	–
汉　川	–	–	–	–	–	–
湖北其他	1	–	1	–	–	–
湖南合计	**232**	**156**	**88**	**77**	**144**	**79**
长　沙	224	156	88	77	137	79
湘　潭	1	–	–	–	1	–
株　洲	2	–	–	–	2	–

5-24 （续表四）

单位：千吨

港　口	总计	外贸	出港	外贸	进港	外贸
岳　阳	3	–	–	–	3	–
沅　陵	–	–	–	–	–	–
常　德	–	–	–	–	–	–
湖南其他	2	–	–	–	2	–
广东合计	**5 008**	**2 402**	**2 572**	**1 137**	**2 436**	**1 265**
番　禺	601	–	–	–	601	–
新　塘	133	39	22	22	112	18
五　和	626	152	626	152	–	–
中　山	–	–	–	–	–	–
佛　山	927	740	154	86	773	653
江　门	1 799	1 411	1 231	850	568	560
东　莞	706	14	456	1	250	12
肇　庆	216	47	83	26	133	20
惠　州	–	–	–	–	–	–
云　浮	–	–	–	–	–	–
韶　关	–	–	–	–	–	–
清　远	–	–	–	–	–	–
河　源	–	–	–	–	–	–
广西合计	**724**	**56**	**594**	**46**	**131**	**10**
南　宁	128	–	116	–	12	–
柳　州	–	–	–	–	–	–
贵　港	277	…	231	…	45	…
梧　州	216	56	146	46	70	10
来　宾	103	–	100	–	3	–
广西其他	–	–	–	–	–	–
重　庆	**437**	**–**	**145**	**–**	**292**	**–**
四川合计	**1 511**	**26**	**491**	**5**	**1 020**	**20**
泸　州	226	26	191	5	35	20
宜　宾	1 285	–	300	–	984	–
乐　山	–	–	–	–	–	–
南　充	–	–	–	–	–	–
四川其他	–	–	–	–	–	–
贵州合计	**–**	**–**	**–**	**–**	**–**	**–**
云南合计	**–**	**–**	**–**	**–**	**–**	**–**
昭　通	–	–	–	–	–	–
云南其他	–	–	–	–	–	–

5-25 全国港口农、林、牧、渔业产品吞吐量

单位：千吨

港口	总计	外贸	出港	外贸	进港	外贸
全国总计	**55 811**	**23 123**	**19 547**	**2 638**	**36 264**	**20 485**
1. 沿海合计	**39 084**	**19 334**	**11 814**	**2 445**	**27 270**	**16 889**
辽宁合计	**1 027**	**978**	**36**	**6**	**991**	**973**
丹　东	1	1	1	1	–	–
大　连	773	759	7	5	766	754
营　口	239	219	13	–	225	219
盘　锦	–	–	–	–	–	–
锦　州	15	–	15	–	–	–
葫芦岛	–	–	–	–	–	–
河北合计	**206**	**175**	**46**	**18**	**160**	**157**
秦皇岛	161	130	46	18	115	112
黄　骅	40	40	–	–	40	40
唐　山	5	5	…	–	5	5
天　津	**11 046**	**6 337**	**4 636**	**1 557**	**6 411**	**4 780**
山东合计	**1 365**	**1 006**	**308**	**42**	**1 057**	**964**
滨　州	–	–	–	–	–	–
东　营	206	4	202	–	4	4
潍　坊	13	–	–	–	13	–
烟　台	250	212	32	5	218	207
威　海	189	120	19	19	170	101
青　岛	344	315	47	17	297	297
日　照	363	355	8	–	355	355
上　海	**1 569**	**892**	**468**	**…**	**1 101**	**892**
江苏合计	**672**	**638**	**68**	**66**	**604**	**573**
连云港	660	627	68	66	591	562
盐　城	12	11	–	–	12	11
浙江合计	**1 184**	**1 093**	**56**	**11**	**1 128**	**1 082**
嘉　兴	421	421	–	–	421	421
宁波舟山	655	572	56	11	599	562
#宁　波	100	81	20	6	80	75
舟　山	555	491	36	4	519	487
台　州	18	12	–	–	18	12
温　州	90	88	–	–	90	88

5-25 （续表一）

单位：千吨

港　口	总计		出港		进港	
		外贸		外贸		外贸
福建合计	**1 403**	**1 266**	**111**	**18**	**1 292**	**1 248**
福　州	161	160	4	4	156	156
# 福州市港口	161	160	4	4	156	156
宁德市港口	–	–	–	–	–	–
莆　田	–	–	–	–	–	–
泉　州	173	132	8	…	165	132
厦　门	1 070	974	99	14	970	960
# 厦门市港口	892	823	78	14	813	809
漳州市港口	178	151	21	–	157	151
广东合计	**6 295**	**4 193**	**1 112**	**85**	**5 183**	**4 108**
潮　州	–	–	–	–	–	–
汕　头	8	2	1	…	8	1
揭　阳	–	–	–	–	–	–
汕　尾	–	–	–	–	–	–
惠　州	–	–	–	–	–	–
深　圳	613	397	189	–	424	397
东　莞	1 650	575	451	3	1 199	572
广　州	3 338	3 007	293	68	3 045	2 939
中　山	34	12	5	3	29	9
珠　海	12	6	6	6	6	–
江　门	413	13	130	4	283	9
阳　江	123	99	17	–	106	99
茂　名	1	–	–	–	1	–
湛　江	103	81	22	–	82	81
广西合计	**4 442**	**2 092**	**1 451**	**465**	**2 991**	**1 626**
广西北部湾港	4 442	2 092	1 451	465	2 991	1 626
# 北　海	271	41	167	38	103	3
钦　州	2 581	883	904	271	1 677	612
防　城	1 590	1 168	380	156	1 210	1 012
海南合计	**9 874**	**665**	**3 522**	**178**	**6 352**	**487**
海　口	9 539	545	3 467	177	6 072	368
洋　浦	335	120	55	1	281	119
八　所	–	–	–	–	–	–
三　亚	–	–	–	–	–	–
清　澜	–	–	–	–	–	–
海南其他	–	–	–	–	–	–
2. 内河合计	**16 727**	**3 788**	**7 734**	**193**	**8 993**	**3 595**
黑龙江合计	**24**	**21**	**22**	**19**	**2**	**2**
黑　河	17	17	17	17	–	–

5-25 （续表二）

单位：千吨

港口	总计	外贸	出港	外贸	进港	外贸
肇 源	–	–	–	–	–	–
哈尔滨	2	–	2	–	–	–
佳木斯	5	4	3	1	2	2
黑龙江其他	–	–	–	–	–	–
山东合计	**8**	**–**	**–**	**–**	**8**	**–**
济 宁	8	–	–	–	8	–
枣 庄	–	–	–	–	–	–
山东其他	–	–	–	–	–	–
上 海	**27**	**–**	**16**	**–**	**11**	**–**
江苏合计	**10 063**	**3 418**	**5 357**	**40**	**4 706**	**3 378**
南 京	231	90	102	–	130	90
镇 江	–	–	–	–	–	–
苏 州	4 920	1 645	2 712	–	2 207	1 645
南 通	1 967	1 142	708	37	1 259	1 106
常 州	–	–	–	–	–	–
江 阴	463	9	376	4	87	5
扬 州	–	–	–	–	–	–
泰 州	796	533	250	–	547	533
徐 州	–	–	–	–	–	–
连云港	–	–	–	–	–	–
无 锡	35	–	32	–	3	–
宿 迁	131	–	79	–	52	–
淮 安	230	–	22	–	208	–
扬州内河	59	–	–	–	59	–
镇江内河	–	–	–	–	–	–
苏州内河	2	–	1	–	1	–
常州内河	18	–	18	–	–	–
江苏其他	1 210	–	1 056	–	153	–
浙江合计	**39**	**–**	**19**	**–**	**20**	**–**
杭 州	8	–	8	–	–	–
嘉兴内河	31	–	11	–	20	–
湖 州	–	–	–	–	–	–
宁波内河	–	–	–	–	–	–
绍 兴	–	–	–	–	–	–
金 华	–	–	–	–	–	–
青 田	–	–	–	–	–	–
浙江其他	–	–	–	–	–	–

5-25 （续表三）

单位：千吨

港口	总计	外贸	出港	外贸	进港	外贸
安徽合计	**442**	**96**	**192**	**48**	**250**	**48**
马鞍山	–	–	–	–	–	–
芜　湖	108	–	–	–	108	–
铜　陵	–	–	–	–	–	–
池　州	–	–	–	–	–	–
安　庆	18	14	3	–	16	14
阜　阳	1	–	–	–	1	–
合　肥	314	82	189	48	125	34
六　安	–	–	–	–	–	–
滁　州	–	–	–	–	–	–
淮　南	–	–	–	–	–	–
蚌　埠	–	–	–	–	–	–
亳　州	–	–	–	–	–	–
安徽其他	–	–	–	–	–	–
江西合计	**508**	**–**	**51**	**–**	**457**	**–**
南　昌	508	–	51	–	457	–
九　江	–	–	–	–	–	–
樟　树	–	–	–	–	–	–
江西其他	–	–	–	–	–	–
河南合计	**–**	**–**	**–**	**–**	**–**	**–**
湖北合计	**1 261**	**2**	**132**	…	**1 129**	**2**
嘉　鱼	–	–	–	–	–	–
武　汉	159	–	8	–	151	–
黄　州	842	–	98	–	744	–
鄂　州	–	–	–	–	–	–
黄　石	–	–	–	–	–	–
襄　阳	–	–	–	–	–	–
荆　州	207	–	24	–	184	–
宜　昌	19	2	2	…	16	2
潜　江	–	–	–	–	–	–
天　门	–	–	–	–	–	–
汉　川	–	–	–	–	–	–
湖北其他	34	–	1	–	33	–
湖南合计	**301**	**41**	**24**	**23**	**277**	**19**
长　沙	215	41	24	23	191	19
湘　潭	–	–	–	–	–	–
株　洲	–	–	–	–	–	–

5-25 （续表四）

单位：千吨

港口	总计		出港		进港	
		外贸		外贸		外贸
岳阳	85	–	–	–	85	–
沅陵	–	–	–	–	–	–
常德	–	–	–	–	–	–
湖南其他	1	–	–	–	1	–
广东合计	**1 424**	**115**	**351**	**57**	**1 073**	**58**
番禺	160	–	160	–	–	–
新塘	–	–	–	–	–	–
五和	644	32	–	–	644	32
中山	4	4	4	4	–	–
佛山	71	23	5	1	66	22
江门	335	4	64	4	271	…
东莞	51	…	31	–	20	…
肇庆	154	52	82	48	72	4
惠州	–	–	–	–	–	–
云浮	5	–	5	–	–	–
韶关	–	–	–	–	–	–
清远	–	–	–	–	–	–
河源	–	–	–	–	–	–
广西合计	**214**	**7**	**65**	…	**149**	**7**
南宁	61	–	31	–	30	–
柳州	–	–	–	–	–	–
贵港	98	1	10	…	88	1
梧州	33	6	2	…	31	6
来宾	22	–	22	–	–	–
广西其他	–	–	–	–	–	–
重庆	**1 963**	**–**	**1 394**	**–**	**569**	**–**
四川合计	**454**	**87**	**111**	**5**	**343**	**82**
泸州	454	87	111	5	343	82
宜宾	–	–	–	–	–	–
乐山	–	–	–	–	–	–
南充	–	–	–	–	–	–
四川其他	–	–	–	–	–	–
贵州合计	**–**	**–**	**–**	**–**	**–**	**–**
云南合计	**–**	**–**	**–**	**–**	**–**	**–**
昭通	–	–	–	–	–	–
云南其他	–	–	–	–	–	–

5-26 全国港口其他吞吐量

单位：千吨

港口	总计	外贸	出港	外贸	进港	外贸
全国总计	**3 119 446**	**1 317 591**	**1 713 063**	**775 920**	**1 406 383**	**541 671**
1. 沿海合计	**2 667 454**	**1 211 116**	**1 471 944**	**714 852**	**1 195 510**	**496 264**
辽宁合计	**321 686**	**65 454**	**209 856**	**35 425**	**111 831**	**30 028**
丹 东	14 006	448	10 807	351	3 199	97
大 连	151 484	64 228	81 218	34 562	70 266	29 666
营 口	91 796	660	60 723	450	31 073	210
盘 锦	5 568	53	4 319	51	1 249	3
锦 州	57 840	64	51 899	11	5 941	53
葫芦岛	993	–	889	–	104	–
河北合计	**50 443**	**1 783**	**33 609**	**1 251**	**16 834**	**532**
秦皇岛	8 715	980	5 633	627	3 082	353
黄 骅	8 902	71	6 764	71	2 138	–
唐 山	32 825	732	21 212	554	11 614	178
天 津	**39 898**	**19 720**	**20 131**	**9 749**	**19 768**	**9 971**
山东合计	**446 247**	**197 991**	**245 600**	**125 166**	**200 647**	**72 825**
滨 州	141	–	58	–	82	–
东 营	2 368	–	1 281	–	1 087	–
潍 坊	17 874	1 370	5 609	1 151	12 265	218
烟 台	97 851	6 940	47 899	4 712	49 952	2 227
威 海	12 448	8 502	7 676	5 649	4 772	2 853
青 岛	230 939	174 594	137 633	109 919	93 306	64 676
日 照	84 627	6 586	45 445	3 735	39 183	2 851
上 海	**427 647**	**332 668**	**230 573**	**184 718**	**197 074**	**147 950**
江苏合计	**56 054**	**19 173**	**31 058**	**12 015**	**24 995**	**7 158**
连云港	54 121	17 907	30 131	11 422	23 990	6 485
盐 城	1 933	1 265	927	592	1 005	673
浙江合计	**337 303**	**237 072**	**183 688**	**149 910**	**153 615**	**87 162**
嘉 兴	17 962	5 380	8 963	3 595	8 999	1 784
宁波舟山	301 401	229 173	168 136	144 639	133 265	84 534
#宁 波	270 688	221 208	157 335	140 537	113 353	80 671
舟 山	30 713	7 965	10 801	4 102	19 912	3 863
台 州	5 729	886	2 634	578	3 095	308
温 州	12 211	1 633	3 955	1 098	8 256	535

5-26 （续表一）

单位：千吨

港口	总计	外贸	出港	外贸	进港	外贸
福建合计	**233 005**	**81 934**	**112 871**	**45 916**	**120 133**	**36 018**
福　州	49 275	14 969	23 244	9 715	26 031	5 255
# 福州市港口	44 615	14 939	20 160	9 708	24 455	5 231
宁德市港口	4 660	30	3 084	7	1 575	24
莆　田	193	193	33	33	160	160
泉　州	47 717	629	21 857	411	25 860	218
厦　门	135 820	66 142	67 737	35 757	68 083	30 385
# 厦门市港口	127 552	66 126	63 953	35 750	63 599	30 376
漳州市港口	8 268	15	3 784	7	4 484	9
广东合计	**670 275**	**252 584**	**365 340**	**149 196**	**304 935**	**103 388**
潮　州	…	…	–	–	…	…
汕　头	5 538	2 865	2 532	1 803	3 006	1 063
揭　阳	–	–	–	–	–	–
汕　尾	–	–	–	–	–	–
惠　州	5 255	91	3 081	35	2 174	56
深　圳	227 050	166 682	145 826	99 955	81 223	66 727
东　莞	12 000	1 577	5 693	355	6 307	1 221
广　州	286 941	70 239	140 346	40 263	146 595	29 976
中　山	3 895	2 150	1 881	1 194	2 014	955
珠　海	42 932	5 330	22 779	3 731	20 153	1 599
江　门	6 152	954	2 114	399	4 038	555
阳　江	1 132	12	474	1	658	12
茂　名	1 769	217	686	109	1 083	108
湛　江	77 611	2 467	39 927	1 352	37 683	1 115
广西合计	**9 924**	**1 276**	**5 148**	**671**	**4 776**	**605**
广西北部湾港	9 924	1 276	5 148	671	4 776	605
# 北　海	1 007	20	661	14	346	6
钦　州	7 752	1 220	3 850	629	3 902	591
防　城	1 165	36	637	28	528	8
海南合计	**74 972**	**1 462**	**34 069**	**835**	**40 902**	**627**
海　口	70 356	242	31 445	115	38 911	127
洋　浦	4 210	1 219	2 466	719	1 744	500
八　所	74	1	66	1	7	–
三　亚	24	–	3	–	21	–
清　澜	212	–	60	–	153	–
海南其他	96	–	30	–	67	–
2. 内河合计	**451 992**	**106 474**	**241 119**	**61 067**	**210 873**	**45 407**
黑龙江合计	**459**	**315**	**253**	**173**	**206**	**142**
黑　河	289	289	162	162	127	127

5-26 （续表二）

单位：千吨

港　口	总计	外贸	出港	外贸	进港	外贸
肇　源	–	–	–	–	–	–
哈尔滨	54	–	49	–	5	–
佳木斯	107	18	37	7	70	12
黑龙江其他	9	7	4	3	4	3
山东合计	**1 133**	**–**	**407**	**–**	**726**	**–**
济　宁	600	–	102	–	498	–
枣　庄	468	–	257	–	211	–
山东其他	65	–	48	–	17	–
上　海	**1 938**	**–**	**479**	**–**	**1 459**	**–**
江苏合计	**196 472**	**52 698**	**92 489**	**29 587**	**103 983**	**23 111**
南　京	29 988	11 076	16 554	7 627	13 434	3 449
镇　江	12 136	3 702	4 676	2 012	7 460	1 689
苏　州	93 569	28 417	44 588	14 273	48 981	14 144
南　通	22 146	3 950	10 497	1 937	11 649	2 013
常　州	4 735	2 003	2 277	1 548	2 458	454
江　阴	5 102	207	2 586	127	2 516	81
扬　州	10 753	1 906	3 955	1 375	6 799	531
泰　州	7 417	661	1 947	341	5 470	320
徐　州	777	–	425	–	352	–
连云港	–	–	–	–	–	–
无　锡	1 038	424	473	217	565	207
宿　迁	1 999	–	1 224	–	775	–
淮　安	855	–	441	–	414	–
扬州内河	142	–	5	–	137	–
镇江内河	906	–	803	–	102	–
苏州内河	1 375	352	697	130	677	223
常州内河	72	–	52	–	21	–
江苏其他	3 462	–	1 289	–	2 173	–
浙江合计	**58 494**	**1 767**	**49 558**	**1 099**	**8 935**	**668**
杭　州	45 872	12	44 816	–	1 056	12
嘉兴内河	5 390	279	1 980	191	3 410	88
湖　州	5 177	1 475	2 195	907	2 982	568
宁波内河	–	–	–	–	–	–
绍　兴	1 741	–	494	–	1 247	–
金　华	4	–	–	–	4	–
青　田	26	–	–	–	26	–
浙江其他	283	–	74	–	210	–

5-26 （续表三）

单位：千吨

港口	总计	外贸	出港	外贸	进港	外贸
安徽合计	**14 139**	**3 879**	**6 464**	**2 192**	**7 675**	**1 687**
马鞍山	1 390	143	416	37	975	105
芜　湖	7 221	3 094	3 572	1 841	3 649	1 253
铜　陵	1 573	280	705	104	868	176
池　州	901	–	469	–	432	–
安　庆	1 417	228	763	148	653	80
阜　阳	–	–	–	–	–	–
合　肥	692	134	343	62	349	72
六　安	–	–	–	–	–	–
滁　州	130	–	50	–	80	–
淮　南	7	–	–	–	7	–
蚌　埠	290	1	141	1	150	…
亳　州	–	–	–	–	–	–
安徽其他	518	–	4	–	513	–
江西合计	**18 270**	**3 473**	**5 229**	**1 856**	**13 041**	**1 617**
南　昌	3 120	111	1 518	109	1 602	2
九　江	15 150	3 362	3 711	1 747	11 439	1 615
樟　树	–	–	–	–	–	–
江西其他	–	–	–	–	–	–
河南合计	**87**	**–**	**12**	**–**	**75**	**–**
湖北合计	**44 558**	**12 906**	**21 761**	**7 193**	**22 797**	**5 713**
嘉　鱼	–	–	–	–	–	–
武　汉	27 130	12 246	14 406	6 824	12 725	5 422
黄　州	34	–	34	–	–	–
鄂　州	–	–	–	–	–	–
黄　石	175	81	86	38	88	43
襄　阳	–	–	–	–	–	–
荆　州	1 638	444	889	260	749	184
宜　昌	13 297	135	5 134	71	8 163	64
潜　江	–	–	–	–	–	–
天　门	–	–	–	–	–	–
汉　川	5	–	–	–	5	–
湖北其他	2 279	–	1 211	–	1 067	–
湖南合计	**8 335**	**4 367**	**3 830**	**2 201**	**4 506**	**2 166**
长　沙	498	276	209	153	289	122
湘　潭	–	–	–	–	–	–
株　洲	–	–	–	–	–	–

5-26 （续表四）

单位：千吨

港　口	总计		出港		进港	
		外贸		外贸		外贸
岳　阳	7 352	4 090	3 374	2 047	3 978	2 043
沅　陵	–	–	–	–	–	–
常　德	408	–	201	–	208	–
湖南其他	77	1	45	1	31	–
广东合计	**63 336**	**20 594**	**35 165**	**13 519**	**28 170**	**7 075**
番　禺	184	–	92	–	92	–
新　塘	536	9	531	5	6	4
五　和	3 745	1 315	1 824	435	1 921	880
中　山	138	82	93	38	45	44
佛　山	34 825	15 683	20 628	10 900	14 197	4 783
江　门	3 509	1 552	1 641	879	1 869	672
东　莞	1 602	11	375	5	1 227	6
肇　庆	6 406	1 040	2 748	743	3 658	297
惠　州	2 760	–	1 159	–	1 601	–
云　浮	6 839	467	4 761	281	2 077	186
韶　关	26	–	26	–	–	–
清　远	2 766	435	1 287	232	1 479	203
河　源	–	–	–	–	–	–
广西合计	**12 505**	**456**	**7 903**	**314**	**4 602**	**142**
南　宁	270	–	142	–	128	–
柳　州	–	–	–	–	–	–
贵　港	4 440	22	1 701	11	2 738	11
梧　州	7 406	434	5 701	303	1 705	131
来　宾	389	–	359	–	30	–
广西其他	…	–	–	–	0	–
重　庆	**27 099**	**5 671**	**14 418**	**2 872**	**12 681**	**2 799**
四川合计	**4 964**	**350**	**2 960**	**64**	**2 004**	**287**
泸　州	527	106	276	45	251	61
宜　宾	4 402	245	2 649	19	1 753	226
乐　山	35	–	35	–	–	–
南　充	–	–	–	–	–	–
四川其他	–	–	–	–	–	–
贵州合计	**–**	**–**	**–**	**–**	**–**	**–**
云南合计	**204**	**–**	**191**	**–**	**12**	**–**
昭　通	204	–	191	–	12	–
云南其他	–	–	–	–	–	–

5-27 全国港口集装箱吞吐量

港口	总计（TEU）	出港（TEU）			进港（TEU）			重量（万吨）	
			40英尺	20英尺		40英尺	20英尺		货重
全国总计	**261 071 995**	**131 223 754**	**39 191 128**	**51 533 868**	**129 848 242**	**38 617 091**	**51 342 398**	**304 796**	**250 817**
1. 沿海合计	**230 921 240**	**116 142 615**	**35 577 752**	**43 708 644**	**114 778 625**	**35 085 383**	**43 383 769**	**263 989**	**216 103**
辽宁合计	**16 893 138**	**8 555 347**	**1 745 386**	**5 061 613**	**8 337 791**	**1 702 428**	**4 930 318**	**24 184**	**20 188**
丹东	398 820	199 601	31 996	135 609	199 219	32 296	134 627	759	672
大连	8 758 107	4 416 145	1 194 902	2 023 379	4 341 962	1 189 988	1 959 369	10 662	8 642
营口	5 477 882	2 766 645	446 837	1 872 971	2 711 237	434 875	1 841 487	9 175	7 992
盘锦	318 339	160 267	1 919	156 429	158 072	1 962	154 148	551	479
锦州	1 878 663	982 411	69 239	843 933	896 252	42 811	810 630	2 937	2 318
葫芦岛	61 327	30 278	493	29 292	31 049	496	30 057	99	85
河北合计	**4 127 124**	**2 070 876**	**136 731**	**1 797 135**	**2 056 248**	**138 173**	**1 779 623**	**5 003**	**4 022**
秦皇岛	617 257	308 813	51 413	205 987	308 444	53 347	201 750	859	674
黄骅	565 872	285 177	19 191	246 795	280 695	18 197	244 301	870	742
唐山	2 943 995	1 476 886	66 127	1 344 353	1 467 109	66 629	1 333 572	3 274	2 606
天津	**17 300 669**	**8 600 450**	**2 307 447**	**3 959 463**	**8 700 218**	**2 329 829**	**4 013 747**	**19 024**	**15 348**
山东合计	**30 095 639**	**15 107 183**	**4 396 244**	**6 227 131**	**14 988 456**	**4 394 749**	**6 115 667**	**34 578**	**28 205**
滨州	–	–	–	–	–	–	–	–	–
东营	–	–	–	–	–	–	–	–	–
潍坊	451 753	186 895	25 341	134 941	264 858	37 722	189 344	926	823
烟台	3 102 412	1 619 243	284 174	1 050 895	1 483 169	285 480	912 209	3 088	2 404
威海	1 027 876	516 081	175 232	153 420	511 795	171 940	155 765	906	683
青岛	21 012 349	10 544 732	3 569 306	3 332 270	10 467 618	3 554 376	3 288 119	22 215	17 832
日照	4 501 248	2 240 232	342 191	1 555 605	2 261 016	345 231	1 570 230	7 443	6 463
上海	**43 302 607**	**21 811 261**	**7 828 542**	**5 911 510**	**21 491 346**	**7 748 623**	**5 765 450**	**42 314**	**33 856**
江苏合计	**5 045 626**	**2 551 448**	**851 680**	**845 851**	**2 494 178**	**837 315**	**816 990**	**5 068**	**4 039**
连云港	4 781 118	2 421 473	822 122	774 992	2 359 645	806 039	745 009	4 887	3 911
盐城	264 508	129 975	29 558	70 859	134 533	31 276	71 981	181	128
浙江合计	**30 630 897**	**15 463 469**	**5 590 730**	**3 931 691**	**15 167 428**	**5 473 812**	**3 867 413**	**30 576**	**24 282**
嘉兴	1 865 324	982 191	298 841	384 509	883 133	269 681	343 771	1 792	1 391
宁波舟山	27 534 918	13 879 197	5 145 839	3 238 521	13 655 721	5 057 988	3 188 743	27 198	21 557
#宁波	26 169 825	13 206 229	4 885 705	3 094 743	12 963 596	4 790 421	3 040 119	26 397	21 029
舟山	1 365 093	672 967	260 134	143 778	692 126	267 567	148 624	802	528
台州	428 177	199 942	43 409	113 124	228 235	44 027	140 181	545	454
温州	802 478	402 140	102 641	195 537	400 338	102 116	194 718	1 041	880

5-27 （续表一）

港　口	总计（TEU）	出港（TEU）			进港（TEU）			重量（万吨）	
			40 英尺	20 英尺		40 英尺	20 英尺		货重
福建合计	**17 259 722**	**8 608 256**	**2 355 307**	**3 789 418**	**8 651 465**	**2 342 319**	**3 859 263**	**22 986**	**19 426**
福　州	3 539 010	1 738 853	376 706	972 081	1 800 158	377 841	1 031 652	4 687	3 927
# 福州市港口	3 408 202	1 674 172	374 516	911 780	1 734 031	375 546	970 115	4 438	3 706
宁德市港口	130 808	64 681	2 190	60 301	66 127	2 295	61 537	249	221
莆　田	19 155	8 644	3 752	1 140	10 511	4 604	1 303	19	15
泉　州	2 579 340	1 275 682	217 868	839 516	1 303 659	224 282	854 784	4 771	4 219
厦　门	11 122 216	5 585 078	1 756 981	1 976 681	5 537 138	1 735 592	1 971 524	13 508	11 265
# 厦门市港口	10 694 204	5 371 603	1 731 311	1 814 589	5 322 601	1 708 329	1 811 515	12 716	10 563
漳州市港口	428 012	213 475	25 670	162 092	214 537	27 263	160 009	792	701
广东合计	**59 763 571**	**30 140 194**	**9 867 693**	**9 946 816**	**29 623 377**	**9 624 263**	**9 955 050**	**67 448**	**55 392**
潮　州	4	–	–	–	4	–	4	…	…
汕　头	1 350 429	669 730	235 644	194 756	680 699	240 540	195 857	1 363	1 093
揭　阳	–	–	–	–	–	–	–	–	–
汕　尾	–	–	–	–	–	–	–	–	–
惠　州	239 665	118 695	48 398	21 476	120 970	49 332	21 892	282	239
深　圳	25 769 087	13 009 619	5 193 665	2 245 227	12 759 469	5 073 472	2 244 627	19 003	13 797
东　莞	3 678 691	1 829 243	361 093	1 105 948	1 849 448	363 492	1 121 987	5 289	4 553
广　州	22 834 268	11 521 146	3 255 798	4 965 632	11 313 122	3 156 640	4 957 501	33 320	28 725
中　山	1 408 215	702 751	267 334	163 610	705 464	269 110	163 284	1 078	797
珠　海	2 555 770	1 283 055	275 143	732 499	1 272 715	267 920	736 567	4 286	3 766
江　门	671 296	386 312	99 341	160 605	284 984	71 875	140 620	889	755
阳　江	52 955	26 424	830	24 764	26 531	718	25 095	102	90
茂　名	87 884	44 168	6 669	30 823	43 716	6 455	30 799	157	140
湛　江	1 115 308	549 052	123 778	301 476	566 255	124 709	316 817	1 678	1 436
广西合计	**3 820 401**	**1 903 615**	**234 395**	**1 434 753**	**1 916 786**	**230 916**	**1 454 880**	**7 822**	**6 933**
广西北部湾港	3 820 401	1 903 615	234 395	1 434 753	1 916 786	230 916	1 454 880	7 822	6 933
# 北　海	383 305	190 883	26 480	137 923	192 422	26 616	139 190	816	732
钦　州	3 016 085	1 500 907	203 913	1 093 047	1 515 178	200 230	1 114 644	6 183	5 477
防　城	421 011	211 825	4 002	203 783	209 186	4 070	201 046	823	724
海南合计	**2 681 847**	**1 330 516**	**263 597**	**803 263**	**1 351 332**	**262 956**	**825 368**	**4 988**	**4 413**
海　口	1 972 565	977 016	186 498	603 961	995 550	185 011	625 476	3 837	3 413
洋　浦	707 773	353 078	77 099	198 880	354 695	77 945	198 805	1 148	997
八　所	–	–	–	–	–	–	–	–	–
三　亚	1 509	422	–	422	1 087	–	1 087	4	3
清　澜	–	–	–	–	–	–	–	–	–
海南其他	–	–	–	–	–	–	–	–	–
2. 内河合计	**30 150 756**	**15 081 139**	**3 613 376**	**7 825 224**	**15 069 617**	**3 531 708**	**7 958 629**	**40 807**	**34 715**
黑龙江合计	**9 850**	**4 805**	**–**	**4 801**	**5 045**	**19**	**4 996**	**11**	**9**
黑　河	9 579	4 770	–	4 770	4 809	–	4 809	10	8

5-27 （续表二）

港　口	总计（TEU）	出港（TEU）			进港（TEU）			重量（万吨）	
			40英尺	20英尺		40英尺	20英尺		货重
肇　源	–	–	–	–	–	–	–	–	–
哈尔滨	–	–	–	–	–	–	–	–	–
佳木斯	271	35	–	31	236	19	187	…	…
黑龙江其他	–	–	–	–	–	–	–	–	–
山东合计	**–**	**–**	**–**	**–**	**–**	**–**	**–**	**–**	**–**
济　宁	–	–	–	–	–	–	–	–	–
枣　庄	–	–	–	–	–	–	–	–	–
山东其他	–	–	–	–	–	–	–	–	–
上　海	**14 668**	**–**	**–**	**–**	**14 668**	**–**	**14 668**	**25**	**22**
江苏合计	**13 726 509**	**6 804 490**	**1 640 965**	**3 512 272**	**6 922 019**	**1 641 071**	**3 628 315**	**17 969**	**15 218**
南　京	3 305 384	1 506 562	437 248	631 175	1 798 822	499 961	798 110	2 954	2 280
镇　江	415 230	202 045	26 573	148 899	213 185	26 812	159 561	684	601
苏　州	6 267 449	3 211 367	848 852	1 507 624	3 056 082	799 782	1 448 428	8 537	7 284
南　通	1 541 603	765 791	107 841	550 012	775 813	109 940	555 892	2 404	2 080
常　州	320 490	162 536	34 208	94 120	157 954	31 662	94 630	471	407
江　阴	539 339	277 278	45 891	185 496	262 061	39 995	182 071	1 037	929
扬　州	516 046	271 657	67 070	136 840	244 389	59 107	125 763	590	515
泰　州	350 843	175 193	51 729	71 733	175 649	51 531	72 585	406	335
徐　州	40 679	19 383	1 262	16 859	21 296	1 258	18 780	76	67
连云港	–	–	–	–	–	–	–	–	–
无　锡	46 784	22 624	5 028	12 034	24 160	5 495	13 170	65	55
宿　迁	92 916	46 134	2 078	41 978	46 782	2 064	42 654	177	157
淮　安	243 887	121 645	3 315	112 967	122 243	3 079	113 857	513	464
扬州内河	–	–	–	–	–	–	–	–	–
镇江内河	–	–	–	–	–	–	–	–	–
苏州内河	45 859	22 275	9 870	2 535	23 584	10 385	2 814	55	43
常州内河	–	–	–	–	–	–	–	–	–
江苏其他	–	–	–	–	–	–	–	–	–
浙江合计	**949 401**	**454 010**	**114 575**	**220 342**	**495 391**	**117 395**	**232 750**	**1 108**	**907**
杭　州	75 025	37 972	2 646	32 680	37 053	2 166	32 721	103	88
嘉兴内河	272 306	116 459	22 636	66 669	155 847	25 425	77 167	332	275
湖　州	526 680	262 459	88 530	85 399	264 221	89 055	86 111	509	395
宁波内河	–	–	–	–	–	–	–	–	–
绍　兴	70 923	35 190	478	34 234	35 733	236	35 261	157	142
金　华	–	–	–	–	–	–	–	–	–
青　田	–	–	–	–	–	–	–	–	–
浙江其他	4 466	1 930	285	1 360	2 536	513	1 490	7	7

5-27 （续表三）

港　口	总计（TEU）	出港（TEU）			进港（TEU）			重量（万吨）	
			40 英尺	20 英尺		40 英尺	20 英尺		货重
安徽合计	**1 794 097**	**900 212**	**320 288**	**258 684**	**893 885**	**310 161**	**271 189**	**1 623**	**1 306**
马鞍山	154 253	78 807	36 251	6 282	75 447	34 476	6 472	118	102
芜　湖	1 006 339	492 033	183 892	123 425	514 306	190 021	131 915	694	499
铜　陵	32 978	15 431	1 083	13 265	17 547	1 051	15 445	51	43
池　州	18 138	9 111	577	7 957	9 027	569	7 889	30	26
安　庆	150 406	75 071	18 402	38 265	75 334	18 104	39 124	203	187
阜　阳	–	–	–	–	–	–	–	–	–
合　肥	386 294	207 545	78 860	49 721	178 749	64 813	49 123	421	352
六　安	–	–	–	–	–	–	–	–	–
滁　州	1 175	549	–	549	626	–	626	2	2
淮　南	–	–	–	–	–	–	–	–	–
蚌　埠	44 515	21 666	1 223	19 220	22 849	1 127	20 595	104	95
亳　州	–	–	–	–	–	–	–	–	–
安徽其他	–	–	–	–	–	–	–	–	–
江西合计	**709 617**	**349 578**	**65 423**	**218 732**	**360 039**	**68 836**	**222 367**	**1 069**	**927**
南　昌	188 811	89 969	11 439	67 091	98 842	15 481	67 880	354	316
九　江	520 806	259 609	53 984	151 641	261 197	53 355	154 487	715	611
樟　树	–	–	–	–	–	–	–	–	–
江西其他	–	–	–	–	–	–	–	–	–
河南合计	**–**	**–**	**–**	**–**	**–**	**–**	**–**	**–**	**–**
湖北合计	**2 085 759**	**1 036 696**	**233 997**	**567 449**	**1 049 063**	**231 859**	**584 078**	**3 149**	**2 729**
嘉　鱼	–	–	–	–	–	–	–	–	–
武　汉	1 704 945	847 575	205 780	434 771	857 370	204 673	446 766	2 545	2 207
黄　州	–	–	–	–	–	–	–	–	–
鄂　州	–	–	–	–	–	–	–	–	–
黄　石	77 587	38 706	4 480	29 737	38 881	2 567	33 738	155	138
襄　阳	–	–	–	–	–	–	–	–	–
荆　州	117 408	57 677	5 723	46 231	59 731	5 905	47 921	162	137
宜　昌	175 181	87 110	18 014	51 082	88 071	18 690	50 691	266	229
潜　江	–	–	–	–	–	–	–	–	–
天　门	–	–	–	–	–	–	–	–	–
汉　川	–	–	–	–	–	–	–	–	–
湖北其他	10 638	5 628	–	5 628	5 010	24	4 962	20	18
湖南合计	**690 843**	**350 170**	**108 666**	**132 831**	**340 673**	**103 174**	**134 314**	**929**	**790**
长　沙	165 292	87 502	31 450	24 600	77 789	26 370	25 047	168	134
湘　潭	–	–	–	–	–	–	–	–	–
株　洲	–	–	–	–	–	–	–	–	–

5-27 (续表四)

港　口	总计（TEU）	出港（TEU）			进港（TEU）			重量（万吨）	
			40英尺	20英尺		40英尺	20英尺		货重
岳　阳	506 588	253 518	77 216	99 081	253 070	76 804	99 453	716	615
沅　陵	–	–	–	–	–	–	–	–	–
常　德	17 232	8 531	–	8 531	8 701	–	8 701	41	37
湖南其他	1 732	619	–	619	1 113	–	1 113	4	4
广东合计	**7 344 011**	**3 752 575**	**890 472**	**1 959 557**	**3 591 436**	**832 018**	**1 923 796**	**10 007**	**8 511**
番　禺	91 768	45 884	22 942	–	45 884	22 942	–	71	53
新　塘	5 672	2 864	1 146	572	2 808	1 107	500	6	4
五　和	304 473	151 522	34 368	82 304	152 952	33 640	84 830	583	514
中　山	34 832	17 440	8 494	452	17 392	8 506	380	16	9
佛　山	4 438 825	2 303 073	561 747	1 175 059	2 135 751	503 169	1 128 403	5 801	4 901
江　门	911 387	457 606	158 421	135 112	453 781	157 323	137 729	877	694
东　莞	369 013	182 323	58 985	64 353	186 690	60 052	66 581	494	420
肇　庆	668 725	334 686	27 109	279 092	334 039	27 750	278 291	1 147	1 010
惠　州	172 996	86 510	7 704	71 102	86 486	7 626	71 234	276	245
云　浮	227 495	111 875	4 166	103 499	115 620	4 267	107 086	481	430
韶　关	–	–	–	–	–	–	–	–	–
清　远	118 826	58 792	5 390	48 012	60 034	5 636	48 762	255	231
河　源	–	–	–	–	–	–	–	–	–
广西合计	**1 126 379**	**555 091**	**36 208**	**482 623**	**571 288**	**35 872**	**498 667**	**2 411**	**2 158**
南　宁	13 391	6 454	1 053	4 296	6 937	1 055	4 738	26	23
柳　州	–	–	–	–	–	–	–	–	–
贵　港	353 793	169 265	16 762	135 741	184 528	16 685	150 530	814	734
梧　州	737 555	368 598	18 393	331 812	368 957	18 132	332 533	1 535	1 369
来　宾	21 640	10 774	–	10 774	10 866	–	10 866	37	32
广西其他	–	–	–	–	–	–	–	–	–
重　庆	**1 251 138**	**630 024**	**156 396**	**317 216**	**621 114**	**149 037**	**323 024**	**1 758**	**1 495**
四川合计	**437 641**	**237 915**	**46 386**	**145 143**	**199 726**	**42 266**	**115 194**	**730**	**629**
泸　州	213 611	110 164	21 786	66 592	103 447	20 848	61 751	290	242
宜　宾	224 030	127 751	24 600	78 551	96 279	21 418	53 443	440	387
乐　山	–	–	–	–	–	–	–	–	–
南　充	–	–	–	–	–	–	–	–	–
四川其他	–	–	–	–	–	–	–	–	–
贵州合计	**–**	**–**	**–**	**–**	**–**	**–**	**–**	**–**	**–**
云南合计	**10 845**	**5 574**	**–**	**5 574**	**5 271**	**–**	**5 271**	**17**	**14**
昭　通	10 845	5 574	–	5 574	5 271	–	5 271	17	14
云南其他	–	–	–	–	–	–	–	–	–

5-28 全国港口集装箱吞吐量（重箱）

港　口	总计（TEU）	出港（TEU）	出港 40 英尺	出港 20 英尺	进港（TEU）	进港 40 英尺	进港 20 英尺
全国总计	**169 507 421**	**101 424 221**	**31 410 434**	**37 615 536**	**68 083 200**	**18 418 551**	**31 140 278**
1. 沿海合计	**149 338 162**	**90 424 302**	**28 742 853**	**31 961 630**	**58 913 860**	**16 517 143**	**25 786 852**
辽宁合计	**10 826 380**	**6 698 071**	**1 301 031**	**4 093 496**	**4 128 309**	**1 035 025**	**2 057 874**
丹　东	287 381	172 314	26 863	118 588	115 067	23 944	67 179
大　连	5 562 706	2 964 733	785 924	1 390 372	2 597 973	734 885	1 127 818
营　口	3 925 223	2 654 913	438 559	1 777 795	1 270 310	266 568	737 174
盘　锦	188 135	152 925	1 773	149 379	35 210	505	34 200
锦　州	831 895	723 655	47 753	628 149	108 240	8 795	90 650
葫芦岛	31 040	29 531	159	29 213	1 509	328	853
河北合计	**1 586 521**	**1 117 861**	**110 039**	**897 783**	**468 660**	**45 648**	**377 085**
秦皇岛	256 964	186 770	50 495	85 780	70 194	9 082	52 030
黄　骅	293 021	232 373	18 713	194 947	60 648	4 396	51 856
唐　山	1 036 536	698 718	40 831	617 056	337 818	32 170	273 199
天　津	**9 713 105**	**5 910 894**	**1 527 445**	**2 842 857**	**3 802 212**	**1 125 979**	**1 547 675**
山东合计	**17 388 072**	**10 807 274**	**3 268 981**	**4 212 647**	**6 580 798**	**1 886 534**	**2 802 843**
滨　州	–	–	–	–	–	–	–
东　营	–	–	–	–	–	–	–
潍　坊	309 357	115 429	20 663	72 831	193 928	14 257	165 344
烟　台	1 295 039	793 135	175 984	441 167	501 904	119 863	262 178
威　海	545 547	382 286	134 960	100 236	163 262	48 603	64 998
青　岛	12 069 585	7 808 382	2 665 159	2 435 042	4 261 203	1 458 864	1 339 762
日　照	3 168 544	1 708 042	272 215	1 163 371	1 460 502	244 947	970 561
上　海	**31 423 549**	**19 097 046**	**6 892 474**	**5 114 838**	**12 326 503**	**4 240 679**	**3 825 393**
江苏合计	**2 102 086**	**1 256 465**	**299 118**	**657 239**	**845 621**	**111 512**	**622 248**
连云港	2 002 211	1 191 857	271 517	647 833	810 354	102 182	605 641
盐　城	99 875	64 608	27 601	9 406	35 267	9 330	16 607
浙江合计	**18 406 304**	**12 461 113**	**4 877 073**	**2 464 493**	**5 945 192**	**1 883 982**	**2 165 413**
嘉　兴	996 582	593 894	212 530	168 834	402 688	114 701	173 286
宁波舟山	16 681 414	11 530 015	4 555 500	2 177 862	5 151 399	1 705 608	1 728 373
#宁　波	16 211 239	11 274 791	4 451 445	2 134 292	4 936 448	1 620 612	1 686 195
舟　山	470 175	255 224	104 055	43 570	214 951	84 996	42 178
台　州	235 183	122 805	33 621	55 563	112 378	14 430	83 518
温　州	493 125	214 399	75 422	62 234	278 727	49 243	180 236

5-28 （续表一）

港　口	总计（TEU）	出港（TEU）	40英尺	20英尺	进港（TEU）	40英尺	20英尺
福建合计	**12 225 171**	**6 711 291**	**1 966 262**	**2 692 670**	**5 513 881**	**1 228 138**	**3 041 973**
福　州	2 190 386	1 133 380	295 729	530 748	1 057 006	156 049	744 277
# 福州市港口	2 101 092	1 102 911	293 769	504 199	998 181	155 459	686 632
宁德市港口	89 294	30 469	1 960	26 549	58 825	590	57 645
莆　田	11 502	999	330	339	10 503	4 600	1 303
泉　州	2 042 751	930 730	166 819	596 811	1 112 021	178 270	755 384
厦　门	7 980 533	4 646 182	1 503 384	1 564 772	3 334 351	889 219	1 541 009
# 厦门市港口	7 676 071	4 516 771	1 492 805	1 456 528	3 159 301	862 592	1 419 215
漳州市港口	304 461	129 411	10 579	108 244	175 050	26 627	121 794
广东合计	**40 738 787**	**23 940 185**	**8 131 373**	**7 299 631**	**16 798 602**	**4 623 603**	**7 514 425**
潮　州	4	–	–	–	4	–	4
汕　头	878 708	507 509	217 653	68 517	371 199	98 925	173 347
揭　阳	–	–	–	–	–	–	–
汕　尾	–	–	–	–	–	–	–
惠　州	136 872	104 981	47 737	9 084	31 891	5 281	21 286
深　圳	16 827 912	12 048 624	4 878 309	1 956 573	4 779 288	1 718 960	1 311 645
东　莞	2 328 900	938 952	147 286	643 347	1 389 948	294 054	801 363
广　州	16 512 090	7 992 717	2 201 063	3 557 778	8 519 373	2 179 756	4 153 291
中　山	848 426	663 034	262 706	133 725	185 392	45 956	93 464
珠　海	1 907 798	1 049 147	231 253	586 429	858 651	159 061	540 401
江　门	384 726	169 559	46 595	76 074	215 167	47 224	120 719
阳　江	40 163	13 763	65	13 633	26 400	718	24 964
茂　名	64 140	23 638	4 248	15 142	40 502	5 697	29 101
湛　江	809 050	428 263	94 458	239 329	380 787	67 971	244 840
广西合计	**2 865 035**	**1 501 329**	**193 748**	**1 113 819**	**1 363 707**	**136 103**	**1 091 478**
广西北部湾港	2 865 035	1 501 329	193 748	1 113 819	1 363 707	136 103	1 091 478
# 北　海	261 957	120 316	17 121	86 074	141 641	12 936	115 769
钦　州	2 299 938	1 232 262	173 204	885 840	1 067 677	121 044	825 566
防　城	303 140	148 751	3 423	141 905	154 389	2 123	150 143
海南合计	**2 063 152**	**922 775**	**175 309**	**572 157**	**1 140 377**	**199 940**	**740 445**
海　口	1 541 008	609 321	100 784	407 753	931 687	166 708	598 219
洋　浦	521 057	313 454	74 525	164 404	207 603	33 232	141 139
八　所	–	–	–	–	–	–	–
三　亚	1 087	–	–	–	1 087	–	1 087
清　澜	–	–	–	–	–	–	–
海南其他	–	–	–	–	–	–	–
2. 内河合计	**20 169 259**	**10 999 918**	**2 667 581**	**5 653 906**	**9 169 340**	**1 901 408**	**5 353 426**
黑龙江合计	**5 080**	**35**	**–**	**31**	**5 045**	**19**	**4 996**
黑　河	4 809	–	–	–	4 809	–	4 809

5-28 （续表二）

港口	总计（TEU）	出港（TEU）			进港（TEU）		
			40 英尺	20 英尺		40 英尺	20 英尺
肇 源	–	–	–	–	–	–	–
哈尔滨	–	–	–	–	–	–	–
佳木斯	271	35	–	31	236	19	187
黑龙江其他	–	–	–	–	–	–	–
山东合计	**–**	**–**	**–**	**–**	**–**	**–**	**–**
济 宁	–	–	–	–	–	–	–
枣 庄	–	–	–	–	–	–	–
山东其他	–	–	–	–	–	–	–
上 海	**14 668**	**–**	**–**	**–**	**14 668**	**–**	**14 668**
江苏合计	**9 208 028**	**5 062 071**	**1 261 654**	**2 534 768**	**4 145 957**	**908 035**	**2 320 195**
南 京	1 596 016	1 015 102	307 780	398 829	580 913	134 374	312 046
镇 江	284 779	171 160	19 880	131 400	113 619	18 261	77 097
苏 州	4 786 413	2 465 246	656 829	1 151 307	2 321 167	612 331	1 088 624
南 通	1 064 266	545 091	94 619	355 819	519 175	67 228	384 703
常 州	206 407	105 812	26 803	52 206	100 595	13 392	73 811
江 阴	421 820	201 266	34 515	132 236	220 554	31 758	157 038
扬 州	315 142	201 808	50 917	99 549	113 334	16 739	79 777
泰 州	222 109	157 030	50 053	56 922	65 079	6 650	51 779
徐 州	27 911	15 798	1 259	13 280	12 113	983	10 147
连云港	–	–	–	–	–	–	–
无 锡	34 192	18 797	4 508	9 247	15 395	3 298	8 799
宿 迁	60 039	42 215	1 868	38 479	17 824	683	16 458
淮 安	165 993	101 601	3 058	93 480	64 393	2 054	58 687
扬州内河	–	–	–	–	–	–	–
镇江内河	–	–	–	–	–	–	–
苏州内河	22 941	21 144	9 565	2 014	1 797	284	1 229
常州内河	–	–	–	–	–	–	–
江苏其他	–	–	–	–	–	–	–
浙江合计	**551 555**	**298 968**	**107 194**	**80 717**	**252 587**	**26 846**	**198 465**
杭 州	41 176	9 787	2 530	4 727	31 389	598	30 193
嘉兴内河	153 421	67 776	17 983	27 947	85 645	16 537	52 161
湖 州	303 472	205 972	86 198	33 576	97 500	9 039	79 422
宁波内河	–	–	–	–	–	–	–
绍 兴	50 583	15 028	477	14 074	35 555	159	35 237
金 华	–	–	–	–	–	–	–
青 田	–	–	–	–	–	–	–
浙江其他	2 903	405	6	393	2 498	513	1 452

5-28 （续表三）

港　口	总计（TEU）	出港（TEU）			进港（TEU）		
			40英尺	20英尺		40英尺	20英尺
安徽合计	**937 691**	**559 779**	**194 714**	**170 146**	**377 912**	**86 607**	**204 698**
马鞍山	80 898	9 454	2 235	4 984	71 444	34 163	3 118
芜　湖	446 679	274 720	100 795	73 031	171 959	39 263	93 433
铜　陵	24 483	8 763	431	7 901	15 720	914	13 892
池　州	10 579	7 568	506	6 556	3 011	91	2 829
安　庆	93 087	54 664	12 851	28 960	38 423	4 499	29 425
阜　阳	–	–	–	–	–	–	–
合　肥	246 185	187 786	76 810	34 062	58 399	7 433	43 533
六　安	–	–	–	–	–	–	–
滁　州	619	361	–	361	258	–	258
淮　南	–	–	–	–	–	–	–
蚌　埠	35 161	16 463	1 086	14 291	18 698	244	18 210
亳　州	–	–	–	–	–	–	–
安徽其他	–	–	–	–	–	–	–
江西合计	**481 665**	**242 853**	**40 672**	**161 509**	**238 812**	**30 738**	**177 336**
南　昌	135 599	75 062	11 217	52 628	60 537	2 653	55 231
九　江	346 066	167 791	29 455	108 881	178 275	28 085	122 105
樟　树	–	–	–	–	–	–	–
江西其他	–	–	–	–	–	–	–
河南合计	**–**	**–**	**–**	**–**	**–**	**–**	**–**
湖北合计	**1 599 412**	**865 536**	**191 106**	**482 104**	**733 876**	**168 866**	**396 007**
嘉　鱼	–	–	–	–	–	–	–
武　汉	1 338 015	726 889	169 938	385 800	611 126	156 076	298 837
黄　州	–	–	–	–	–	–	–
鄂　州	–	–	–	–	–	–	–
黄　石	56 975	25 678	4 269	17 133	31 297	689	29 919
襄　阳	–	–	–	–	–	–	–
荆　州	80 096	44 804	5 005	34 794	35 292	2 166	30 960
宜　昌	117 858	66 177	11 894	42 389	51 681	9 935	31 811
潜　江	–	–	–	–	–	–	–
天　门	–	–	–	–	–	–	–
汉　川	–	–	–	–	–	–	–
湖北其他	6 468	1 988	–	1 988	4 480	–	4 480
湖南合计	**507 697**	**254 276**	**80 118**	**94 035**	**253 421**	**67 882**	**117 655**
长　沙	112 528	73 578	29 089	15 398	38 950	8 239	22 472
湘　潭	–	–	–	–	–	–	–
株　洲	–	–	–	–	–	–	–

5-28 （续表四）

港　　口	总计（TEU）	出港（TEU）			进港（TEU）		
			40 英尺	20 英尺		40 英尺	20 英尺
岳　阳	377 256	172 095	51 029	70 035	205 160	59 643	85 872
沅　陵	–	–	–	–	–	–	–
常　德	16 560	8 136	–	8 136	8 424	–	8 424
湖南其他	1 353	466	–	466	887	–	887
广东合计	**4 775 284**	**2 558 795**	**606 960**	**1 343 320**	**2 216 489**	**446 587**	**1 321 222**
番　禺	45 884	–	–	–	45 884	22 942	–
新　塘	4 181	2 201	894	413	1 980	779	328
五　和	213 276	78 606	20 401	37 658	134 670	26 117	81 603
中　山	17 716	17 011	8 300	411	705	308	89
佛　山	2 833 491	1 648 410	387 398	873 427	1 185 081	262 996	658 423
江　门	583 620	402 414	147 792	105 608	181 206	45 752	89 454
东　莞	240 616	58 687	9 957	38 773	181 929	59 635	62 654
肇　庆	439 991	193 705	20 915	151 875	246 286	13 027	219 984
惠　州	136 008	55 735	6 273	43 189	80 273	7 207	65 859
云　浮	166 274	61 467	1 694	58 079	104 807	3 138	98 531
韶　关	–	–	–	–	–	–	–
清　远	94 228	40 559	3 336	33 887	53 669	4 686	44 297
河　源	–	–	–	–	–	–	–
广西合计	**802 951**	**498 565**	**33 195**	**432 175**	**304 386**	**16 460**	**270 749**
南　宁	9 988	5 880	1 043	3 794	4 108	296	3 427
柳　州	–	–	–	–	–	–	–
贵　港	294 839	133 562	15 035	103 492	161 277	9 557	141 535
梧　州	486 695	348 420	17 117	314 186	138 275	6 607	125 061
来　宾	11 429	10 703	–	10 703	726	–	726
广西其他	–	–	–	–	–	–	–
重　庆	**934 795**	**469 007**	**116 408**	**236 186**	**465 789**	**119 347**	**227 079**
四川合计	**345 159**	**184 761**	**35 560**	**113 641**	**160 398**	**30 021**	**100 356**
泸　州	174 906	79 387	15 259	48 869	95 519	20 734	54 051
宜　宾	170 253	105 374	20 301	64 772	64 879	9 287	46 305
乐　山	–	–	–	–	–	–	–
南　充	–	–	–	–	–	–	–
四川其他	–	–	–	–	–	–	–
贵州合计	**–**	**–**	**–**	**–**	**–**	**–**	**–**
云南合计	**5 274**	**5 274**	**–**	**5 274**	**–**	**–**	**–**
昭　通	5 274	5 274	–	5 274	–	–	–
云南其他	–	–	–	–	–	–	–

主要统计指标解释

码头泊位长度 指报告期末用于停系靠船舶，进行货物装卸和上下旅客地段的实际长度，包括固定的、浮动的各种型式码头的泊位长度。计算单位：米。

泊位个数 指报告期末泊位的实际数量。计算单位：个。

旅客吞吐量 指报告期内经由水路乘船进、出港区范围的旅客数量，不包括免票儿童、船员人数，以及轮渡和港内短途客运的旅客人数。计算单位：人。

货物吞吐量 指报告期内经由水路进、出港区范围并经过装卸的货物数量，包括邮件、办理托运手续的行李、包裹及补给的船舶的燃料、物料和淡水。计算单位：吨。

集装箱吞吐量 指报告期内由水路进、出港区范围并经过装卸的集装箱数量。计算单位：箱、TEU、吨。

六、交通固定资产投资

简 要 说 明

一、本篇资料反映我国公路水运交通固定资产投资的基本情况。主要包括：固定资产投资额、资金到位情况、新增固定资产和新增生产能力或工程效益。

二、公路和水运建设投资的统计范围为全社会固定资产投资，由各省（区、市）交通运输厅（局、委）提供。其他投资的统计范围为交通运输部门投资，交通运输部所属单位和有关运输企业的数据由各单位直接报送。

三、根据《"十三五"交通扶贫规划》，贫困地区包括集中连片特困地区、国家扶贫开发重点县，以及上述范围之外的一批革命老区县、少数民族县和边境县。

6-1 交通固定资产投资额（按地区和使用方向分）

单位：万元

地　区	总　计	公路建设	沿海建设	内河建设	其他建设
全国总计	**234 523 346**	**218 950 415**	**5 238 070**	**6 136 376**	**4 198 486**
东部地区	**81 371 813**	**72 959 487**	**4 981 259**	**2 433 140**	**997 927**
中部地区	**49 309 196**	**45 486 480**	**–**	**2 616 016**	**1 206 700**
西部地区	**103 842 337**	**100 504 448**	**256 811**	**1 087 220**	**1 993 859**
北　京	1 466 299	1 419 337	–	–	46 962
天　津	1 078 408	773 671	249 788	–	54 949
河　北	8 357 110	8 050 098	242 642	–	64 371
山　西	5 449 963	5 369 390	–	573	80 000
内蒙古	4 070 179	3 866 499	–	–	203 680
辽　宁	817 208	740 553	65 379	–	11 276
吉　林	3 035 588	3 028 981	–	–	6 607
黑龙江	2 295 422	2 130 518	–	–	164 904
上　海	2 023 026	1 625 768	–	266 969	130 289
江　苏	8 743 953	7 329 241	529 800	847 436	37 476
浙　江	18 424 264	16 303 622	1 230 494	843 760	46 388
安　徽	7 861 132	6 785 968	–	1 074 520	645
福　建	7 673 809	6 733 804	819 988	78 859	41 158
江　西	7 046 983	6 570 411	–	474 804	1 768
山　东	12 694 082	11 318 976	832 225	225 912	316 970
河　南	6 177 143	5 800 805	–	129 392	246 946
湖　北	11 905 658	10 715 558	–	779 472	410 628
湖　南	5 537 307	5 084 850	–	157 256	295 201
广　东	18 460 431	17 075 483	973 633	170 205	241 110
广　西	10 592 877	9 840 354	256 811	198 563	297 149
海　南	1 633 223	1 588 935	37 311	–	6 978
重　庆	6 053 795	5 783 942	–	253 345	16 508
四　川	18 056 688	17 158 908	–	455 203	442 577
贵　州	12 077 808	11 685 302	–	79 643	312 863
云　南	23 409 440	23 303 068	–	99 980	6 392
西　藏	4 574 411	4 551 929	–	–	22 482
陕　西	7 071 152	6 830 976	–	94	240 082
甘　肃	8 190 990	7 996 191	–	392	194 407
青　海	2 036 221	1 924 658	–	–	111 563
宁　夏	1 412 693	1 409 695	–	–	2 998
新　疆	6 296 083	6 152 925	–	–	143 158
#兵团	1 004 314	1 004 314	–	–	–

6-2 公路建设投资完成额

单位：万元

地 区	总 计	高速公路	其他公路	农村公路
全国总计	**218 950 415**	**115 035 289**	**57 280 952**	**46 634 174**
东部地区	**72 959 487**	**37 153 286**	**19 958 764**	**15 847 437**
中部地区	**45 486 480**	**15 528 735**	**14 944 842**	**15 012 903**
西部地区	**100 504 448**	**62 353 268**	**22 377 346**	**15 773 834**
北 京	1 419 337	1 142 424	176 848	100 065
天 津	773 671	384 167	340 958	48 546
河 北	8 050 098	4 895 420	2 007 820	1 146 858
山 西	5 369 390	1 224 754	1 015 098	3 129 538
内蒙古	3 866 499	997 813	1 690 345	1 178 341
辽 宁	740 553	105 414	401 096	234 042
吉 林	3 028 981	2 096 720	302 278	629 983
黑龙江	2 130 518	588 448	899 065	643 005
上 海	1 625 768	370 859	453 335	801 575
江 苏	7 329 241	1 881 587	3 495 694	1 951 960
浙 江	16 303 622	6 858 021	4 342 796	5 102 806
安 徽	6 785 968	851 743	3 196 434	2 737 791
福 建	6 733 804	2 614 362	2 526 842	1 592 600
江 西	6 570 411	1 397 467	2 866 263	2 306 681

6-2 （续表一）

单位：万元

地　区	总　计	高速公路	其他公路	农村公路
山　东	11 318 976	6 474 083	2 435 995	2 408 898
河　南	5 800 805	3 249 899	1 566 519	984 387
湖　北	10 715 558	4 310 552	3 209 021	3 195 985
湖　南	5 084 850	1 809 152	1 890 165	1 385 533
广　东	17 075 483	11 811 637	3 338 271	1 925 575
广　西	9 840 354	7 242 175	1 533 317	1 064 862
海　南	1 588 935	615 312	439 110	534 513
重　庆	5 783 942	3 002 651	1 085 312	1 695 979
四　川	17 158 908	8 569 075	5 397 272	3 192 561
贵　州	11 685 302	8 457 313	1 612 786	1 615 203
云　南	23 303 068	20 200 994	1 091 653	2 010 421
西　藏	4 551 929	1 426 544	1 837 368	1 288 017
陕　西	6 830 976	3 407 157	1 989 723	1 434 097
甘　肃	7 996 191	5 342 051	1 711 540	942 600
青　海	1 924 658	553 454	1 196 487	174 717
宁　夏	1 409 695	823 404	299 652	286 639
新　疆	6 152 925	2 330 637	2 931 892	890 396
#兵团	1 004 314	–	938 995	65 319

注：其他公路指普通国道、普通省道、专用公路项目和场站项目。

6-3 公路建设投资

地　区	总　计	国　道		省　道	县　道	乡　道
			国家高速公路			
全国总计	**218 950 415**	**76 927 939**	**35 484 109**	**85 129 041**	**15 355 218**	**10 331 747**
东部地区	**72 959 487**	**24 980 163**	**8 390 559**	**27 398 729**	**8 759 742**	**3 155 979**
中部地区	**45 486 480**	**11 421 696**	**4 016 199**	**16 818 986**	**2 730 919**	**4 133 381**
西部地区	**100 504 448**	**40 526 081**	**23 077 351**	**40 911 326**	**3 864 557**	**3 042 386**
北　京	1 419 337	186 484	38 402	1 030 625	90 914	8 431
天　津	773 671	446 587	–	223 827	12 498	23 078
河　北	8 050 098	3 904 364	1 759 720	2 785 199	117 094	286 188
山　西	5 369 390	1 129 931	317 464	990 551	976 758	664 182
内蒙古	3 866 499	1 925 039	539 882	614 554	402 523	140 746
辽　宁	740 553	299 445	50 614	130 837	28 837	9 169
吉　林	3 028 981	2 232 902	1 996 100	125 746	169 262	382 557
黑龙江	2 130 518	1 023 849	45 970	354 862	16 440	147 484
上　海	1 625 768	334 342	–	489 852	–	801 575
江　苏	7 329 241	1 232 949	509 981	2 693 848	1 862 790	–
浙　江	16 303 622	7 375 285	754 993	3 080 093	3 302 241	1 161 826
安　徽	6 785 968	1 745 412	614 059	2 131 396	46 450	241 712
福　建	6 733 804	2 836 997	1 323 921	1 730 088	898 685	439 071
江　西	6 570 411	2 010 323	369 289	2 120 356	707 238	1 170 468
山　东	11 318 976	4 530 812	3 203 975	3 975 672	465 954	365 752
河　南	5 800 805	882 671	23 000	3 741 024	143 317	224 278
湖　北	10 715 558	1 469 150	240 448	5 022 556	512 157	1 032 428
湖　南	5 084 850	927 458	409 869	2 332 495	159 297	270 273
广　东	17 075 483	3 331 046	503 819	10 770 070	1 898 184	–
广　西	9 840 354	3 112 510	2 363 145	5 419 987	508 027	254 208
海　南	1 588 935	501 853	245 134	488 618	82 545	60 890
重　庆	5 783 942	1 380 976	897 857	2 658 446	411 417	148 846
四　川	17 158 908	4 896 190	2 815 862	8 312 505	841 357	754 116
贵　州	11 685 302	3 577 355	555 137	5 980 995	508 120	74 954
云　南	23 303 068	8 026 867	5 356 213	13 149 251	462 574	454 771
西　藏	4 551 929	2 530 980	1 426 544	112 847	122 320	547 364
陕　西	6 830 976	4 369 179	3 101 644	896 320	284 483	135 720
甘　肃	7 996 191	4 677 483	3 112 082	2 092 724	169 715	153 596
青　海	1 924 658	1 180 330	153 412	531 167	15 682	40 131
宁　夏	1 409 695	828 445	546 559	198 666	21 389	50 342
新　疆	6 152 925	4 020 728	2 209 014	943 864	116 950	287 592
#兵团	1 004 314	202 515	–	641 055	32 716	25 403

注：国道（国家高速公路）投资完成额中不包括属于国家高速公路网中的独立桥梁、隧道部分。

完成额（按设施分）

单位：万元

村　道	专用公路	农村公路渡口改造、渡改桥	独立桥梁	独立隧道	客运站	货运站	普通国省道服务区
19 250 808	**1 714 718**	**15 274**	**3 500 887**	**311 921**	**3 327 977**	**2 999 683**	**85 202**
3 367 528	**230 596**	**–**	**1 478 898**	**213 964**	**2 020 485**	**1 335 510**	**17 892**
7 384 706	**94 416**	**2 940**	**1 255 783**	**12 878**	**634 152**	**953 038**	**43 588**
8 498 574	**1 389 706**	**12 334**	**766 207**	**85 080**	**673 340**	**711 135**	**23 722**
720	29 066	–	48 953	–	–	23 872	272
12 970	–	–	–	–	–	54 711	–
689 706	–	–	67 321	–	91 267	108 820	140
1 463 865	–	603	22 846	4 911	113 544	2 200	–
610 331	7 528	–	39 865	–	13 010	111 650	1 254
189 529	–	–	32 646	5 516	34 943	7 500	2 130
52 508	2 295	–	41 640	–	10 930	6 515	4 627
301 372	10 567	–	226 271	–	18 665	31 007	–
–	–	–	–	–	–	–	–
50 200	1 050	–	261 100	195 000	761 834	269 755	715
555 895	8 506	–	80 782	–	232 443	501 576	4 975
2 418 496	–	–	68 996	–	94 754	32 073	6 679
97 499	181 474	–	233 229	13 448	149 445	151 831	2 037
233 478	–	–	254 676	–	31 799	25 726	16 348
1 487 281	10 500	–	98 994	–	176 039	203 389	4 583
447 770	19 532	–	192 044	–	58 315	91 854	–
1 567 490	–	–	349 543	5 439	143 019	606 363	7 412
899 727	62 021	2 337	99 768	2 527	163 126	157 299	8 522
–	–	–	544 600	–	515 491	14 056	2 035
290 020	135 425	10 530	9 382	–	62 793	36 276	1 196
283 727	–	–	111 273	–	59 024	–	1 005
1 113 111	–	1 259	30 725	260	16 459	17 499	4 945
1 528 640	280 438	–	137 624	74 159	231 679	102 199	–
994 056	315 000	–	63 379	904	120 566	48 275	1 698
1 041 727	–	–	112 759	1 757	12 185	38 407	2 770
588 419	533 875	–	92 896	–	20 919	875	1 434
979 966	–	545	51 774	–	29 255	83 734	–
601 009	40 210	–	50 463	8 000	54 951	146 996	1 044
89 274	–	–	31 656	–	27 843	7 000	1 575
194 996	10 426	–	74 779	–	29 586	–	1 066
467 025	66 804	–	70 904	–	54 095	118 224	6 740
1 600	–	–	60 561	–	10 200	23 524	6 740

主要统计指标解释

交通固定资产投资额 是以货币形式表现的在一定时期内建造和购置固定资产活动的工作量以及与此有关的费用的总称。它是反映交通固定资产投资规模、结构和发展速度的综合性指标，又是观察工程进展和考核投资效果的重要依据。交通固定资产投资一般按以下分组标志进行分类：

按照构成，分为建筑、安装工程，设备、器具购置和其他。

按照行业分类，分为水上运输业、公路运输业、支持系统和交通部门其他。

固定资产投资的资金来源 指固定资产投资建设单位和建设项目在报告期收到的，用于固定资产建造和购置的各项资金，是反映固定资产投资的资金投入规模、结构以及投资过程中的资金运转情况的重要指标。

根据固定资产投资的资金来源，分为国家预算（包括中央预算、中央国债、地方预算、地方政府债务）、部专项资金、国内贷款、利用外资、企事业单位自筹资金和其他资金。中央预算、中央国债和部专项资金合称为中央投资。

新增生产能力或工程效益 指通过固定资产投资活动而新增加的设计生产能力或工程效益，是以实物形态表现的固定资产投资成果的指标。新增生产能力或工程效益的计算，是以能独立发挥生产能力或工程效益的单项工程（或项目）为对象。当单项工程（或项目）实际建成，经有关部门验收合格，正式移交投入生产，即可计算新增生产能力。

七、交通运输科技

简要说明

一、本篇资料反映交通运输行业科技机构、人员、基础条件建设、科技项目、科技成果基本情况。

二、交通运输科技活动人员、科研建设投资、实验室及工程技术中心统计范围是纳入统计的交通运输科技机构所拥有的科技活动人员、为科研投入的资金、所拥有的实验室及工程技术中心。

三、交通运输科技项目包括列入科技管理部门、行业管理部门、重点交通运输企事业单位计划的交通运输领域科技项目。

四、本篇资料由交通运输部科技司提供。

7-1 交通运输科技机构数量（按地区分）

单位：个

地区	合计	事业性科研机构	转制为企业的科研机构	高等院校	交通运输企业	其他性质科研机构
全国总计	**192**	**36**	**23**	**24**	**96**	**13**
东部地区	**112**	**21**	**6**	**14**	**58**	**13**
北京	30	9	–	1	15	5
天津	9	2	–	–	6	1
河北	3	–	–	–	3	–
辽宁	10	–	1	1	8	–
上海	9	2	1	2	4	–
江苏	16	2	1	6	5	2
浙江	11	2	–	1	6	2
福建	3	–	1	1	1	–
山东	5	1	1	2	1	–
广东	16	3	1	–	9	3
海南	–	–	–	–	–	–
中部地区	**35**	**8**	**5**	**6**	**16**	**–**
山西	3	1	–	1	1	–
吉林	2	2	–	–	–	–
黑龙江	2	1	–	1	–	–
安徽	4	–	1	–	3	–
江西	5	1	–	–	4	–
河南	3	–	1	1	1	–
湖北	12	3	2	1	6	–
湖南	4	–	1	2	1	–
西部地区	**44**	**7**	**12**	**4**	**21**	**–**
内蒙古	6	2	1	–	3	–
广西	4	–	–	1	3	–
重庆	6	–	4	1	1	–
四川	4	1	1	1	1	–
贵州	4	–	1	–	3	–
云南	4	1	1	–	2	–
西藏	1	1	–	–	–	–
陕西	6	–	1	1	4	–
甘肃	1	–	–	–	1	–
青海	2	1	–	–	1	–
宁夏	2	–	1	–	1	–
新疆	4	1	2	–	1	–

7-2 交通运输科技活动人员数量（按机构性质分）

单位：人

		总计	事业性科研机构	转制为企业的科研机构	高等院校	交通运输企业	其他性质科研机构
全国总计		**58 205**	**6 059**	**4 375**	**9 482**	**36 240**	**2 049**
按编制分类	事业编制	13 581	4 147	73	9 040	107	214
	企业编制	44 624	1 912	4 302	442	36 133	1 835
按性别分类	女性	13 485	2 057	1 167	3 235	6 424	602
	男性	44 720	4 002	3 208	6 247	29 816	1 447
按学位分类	博士	5 577	804	105	3 990	596	82
	硕士	16 022	2 651	1 123	3 191	8 365	692
	其他	36 607	2 604	3 147	2 301	27 280	1 275
按学历分类	研究生	20 664	3 257	1 208	6 813	8 648	738
	大学本科	29 711	2 271	2 499	2 430	21 415	1 096
	大专及其他	7 831	531	668	239	6 178	215
按职称分类	高级	18 428	2 858	1 209	4 224	9 892	245
	中级	20 052	1 670	1 359	4 067	12 568	388
	初级及其他	19 725	1 531	1 807	1 191	13 780	1 416

7-3　交通运输科研实验室及研究中心数量（按地区分）

单位：个

地　区	实验室和研究中心数量总计	机构内设科研实验室数量					机构内设工程技术（研究）中心数量				
		合计	其中：省部级以上 小计	国家级	行业级	省级	合计	其中：省部级以上 小计	国家级	行业级	省级
合　计	**516**	**248**	**201**	**23**	**69**	**109**	**268**	**249**	**36**	**55**	**158**
交通运输部直属科技机构	**98**	**64**	**46**	**4**	**28**	**14**	**34**	**30**	**7**	**16**	**7**
省、自治区、直辖市属科技机构	**50**	**26**	**17**	**3**	**5**	**9**	**24**	**20**	**3**	**8**	**9**
市属科技机构	**158**	**105**	**95**	**4**	**28**	**63**	**53**	**47**	**7**	**5**	**35**
直属及联系紧密高等院校	**201**	**53**	**43**	**12**	**8**	**23**	**148**	**143**	**18**	**21**	**104**
事业、企业单位属科技机构	**9**	**–**	**–**	**–**	**–**	**–**	**9**	**9**	**1**	**5**	**3**
东部地区	**279**	**113**	**96**	**12**	**36**	**48**	**166**	**155**	**25**	**30**	**100**
北　京	70	31	18	3	12	3	39	39	8	13	18
天　津	19	11	11	3	3	5	8	8	4	–	4
河　北	5	1	–	–	–	–	4	4	–	2	2
辽　宁	40	26	26	–	4	22	14	14	3	–	11
上　海	48	11	11	2	6	3	37	36	9	1	26
江　苏	57	20	20	4	8	8	37	33	1	10	22
浙　江	9	2	1	–	–	1	7	2	–	2	–
福　建	5	2	2	–	–	2	3	3	–	–	3
山　东	11	6	6	–	3	3	5	4	–	–	4
广　东	15	3	1	–	–	1	12	12	–	2	10
海　南	–	–	–	–	–	–	–	–	–	–	–
中部地区	**100**	**59**	**47**	**3**	**13**	**31**	**41**	**38**	**2**	**12**	**24**
山　西	7	5	5	1	1	3	2	2	–	–	2
吉　林	10	8	3	–	2	1	2	–	–	–	–
黑龙江	6	4	4	–	2	2	2	2	–	–	2
安　徽	2	–	–	–	–	–	2	2	–	2	–
江　西	12	2	1	–	–	1	10	9	–	1	8
河　南	17	8	8	–	–	8	9	9	–	2	7
湖　北	15	6	6	–	4	2	9	9	2	4	3
湖　南	31	26	20	2	4	14	5	5	–	3	2
西部地区	**133**	**74**	**56**	**8**	**19**	**29**	**59**	**54**	**8**	**13**	**33**
内蒙古	4	3	3	–	1	2	1	1	–	–	1
广　西	12	1	1	–	–	1	11	11	2	1	8
重　庆	42	29	24	4	6	14	13	12	4	1	7
四　川	8	4	2	–	–	2	4	4	–	2	2
贵　州	12	6	–	–	–	–	6	2	–	1	1
云　南	9	2	2	1	–	1	7	7	–	4	3
西　藏	2	2	2	–	1	1	–	–	–	–	–
陕　西	32	18	14	2	9	3	14	14	1	4	9
甘　肃	2	2	2	–	–	2	–	–	–	–	–
青　海	3	3	3	–	1	2	–	–	–	–	–
宁　夏	3	2	1	–	–	1	1	1	–	–	1
新　疆	4	2	2	1	1	–	2	2	1	–	1

7-4　交通运输科技成果、效益及影响情况

指　　标	计量单位	数量	指　　标	计量单位	数量
形成研究报告数	篇	3 363	形成新产品、新材料、新工艺、新装置数	项	574
发表科技论文数	篇	12 998	其中：国家级重点新产品	项	35
其中：核心期刊	篇	4 589	省级重点新产品	项	50
向国外发表	篇	2 549	政府科技奖获奖数	项	209
SCI、EI、ISTP 收录	篇	3 157	其中：国家级	项	6
出版著作数	篇	304	省部级	项	147
	万字	7 688	社会科技奖获奖数	项	586
专利申请受理数	项	7 077	其中：公路学会奖	项	167
其中：发明专利	项	3 374	航海学会奖	项	70
实用新型	项	3 627	港口协会奖	项	61
外观设计	项	76	水运建设协会奖	项	53
其中：国外申请受理数	项	28	制定标准数	个	371
专利授权数	项	4 970	其中：国家标准	个	38
其中：发明专利	项	1 605	行业标准	个	97
实用新型	项	3 303	地方标准	个	165
外观设计	项	62	团体标准	个	71
其中：国外授权数	项	15	出台规章制度数	项	190
科技成果鉴定数	项	615	出台政策建议数	项	242
软件产品登记数	项	151	培养人才数	人	7 484
成果转让合同数	项	490			
成果转让合同金额	万元	65 485	其中：博士	人	859
研究成果推广数	项	879	硕士	人	4 076

主要统计指标解释

交通运输科技机构 指纳入《交通运输科技统计报表制度》，从事交通运输行业科学研究与技术开发活动的单位。

交通运输科技活动人员 指在交通运输领域从事科技活动、科技服务及科技管理的人员。对于交通运输企业而言，科技活动人员是指直接从事（或参与）交通运输科技活动、专门从事交通运输科技活动管理和为交通运输科技活动提供直接服务且累计从事科技活动时间占制度工作时间10%（含）以上的人员。

国家（重点）实验室、工程技术（研究）中心 通过科技部、国家发展和改革委员会验收或评估，正式授予“国家重点实验室”“国家工程技术研究中心”“国家工程技术中心”称号，颁发证书和牌匾的实验室或工程技术（研究）中心。

行业（重点）实验室、工程技术（研究）中心 通过交通运输部验收或评估，正式授予“交通运输行业重点实验室”称号或“交通运输行业工程技术（研究）中心”称号，并颁发证书和牌匾的实验室或工程技术（研究）中心；或通过教育部等其他部委验收或评估，但研究领域属于交通运输行业，授予称号并颁发证书和牌匾的实验室和工程技术（研究）中心。

交通运输科研基本建设投资完成额 指基本建设投资渠道中用于交通运输领域科研建设的投资额，包括科研业务用房及设施建设（如科研楼、试验用房的土建及装修等）、科研设备购置等。

在研项目 指本年正在实施中的研究项目，包括上年未完成本年继续研究的项目，以及本年新开展的研究项目。

新签项目 指本年完成新签合同的项目。

培养人才数 参与科研项目，并通过科研项目顺利获得博士、硕士学位的人员数量。

八、救助打捞

简 要 说 明

一、本篇资料反映交通运输救助打捞系统执行救助和抢险打捞任务，以及救助打捞系统装备的基本情况。

二、填报范围：交通运输部各救助局、打捞局、救助飞行队。

三、本篇资料由交通运输部救助打捞局提供。

8-1 救助任务执行情况

项 目	计算单位	总 计
一、船舶值班待命艘天	艘天	24 399
二、应急救助任务	次	1 258
三、救捞力量出动	次	1 987
救捞船舶	艘次	378
救助艇	艘次	253
救助飞机	架次	641
应急救助队	队次	715
四、海上救助志愿力量出动	人次	235
出动救助志愿船	艘次	–
五、获救遇险人员	人	2 398
中国籍	人	2 230
外国籍	人	168
六、获救遇险船舶	艘	89
中国籍	艘	82
外国籍	艘	7
七、获救财产价值	万元	38.96
八、打捞任务	次	25
其中：打捞沉船	艘	22
中国籍	艘	21
外国籍	艘	1
打捞沉物	件 / 批	3
打捞航空器	架	–
打捞遇难人员	人	121
其他抢险打捞任务	次	15
九、应急清污任务	次	11
清除沉船存油	吨	89.4

8-2 救捞系统船舶情况

项目		计算单位	总计
救捞船舶合计	艘数	艘	190
	总吨位	吨	859 961
	功率	千瓦	864 791
	起重能力	吨	28 650
	载重能力	吨	288 429
一、海洋救助船	艘数	艘	31
	总吨位	吨	108 791
	功率	千瓦	281 580
二、近海快速救助船	艘数	艘	10
	总吨位	吨	5 325
	功率	千瓦	49 280
三、沿海救生艇	艘数	艘	31
	总吨位	吨	925
	功率	千瓦	24 920
四、救捞拖轮	艘数	艘	76
	总吨位	吨	187 045
	功率	千瓦	439 244
五、救捞工程船	艘数	艘	27
	总吨位	吨	287 286
	功率	千瓦	95 479
六、起重船	艘数	艘	14
	总吨位	吨	228 178
	起重量	吨	23 350
七、货船	艘数	艘	16
	总吨位	吨	156 184
	载重量	吨	178 528

8-3 救助航空器飞行情况

项　　目	计算单位	总　　计
一、航空器飞行次数	架次	9 634
救助（任务）飞行次数	架次	680
训练飞行次数	架次	8 954
二、航空器飞行时间	小时：分钟	5 597:25
其中：海上飞行时间	小时：分钟	2 643:40
夜间飞行时间	小时：分钟	451:28
救助飞行时间	小时：分钟	1 487:15
训练飞行时间	小时：分钟	4 110:10

8-4 捞、拖完成情况

项　　目	计算单位	总　　计
一、打捞业务	次	37
其中：抢险打捞	次	30
内:（一）打捞沉船	艘	22
（二）救助遇险船舶	艘	14
（三）打捞货物	吨	19 666
二、拖航运输	次	116
三、海洋工程船舶服务	艘天	25 306
拖轮	艘天	21 400
工程船	艘天	4 638
其他	艘天	870
四、大件吊装	次	65
五、其他综合业务	次	68

主要统计指标解释

救捞力量 指交通运输部各救助局、打捞局、救助飞行队的救捞船舶、救助艇、救助飞机、应急救助队等。

防污 指执行清除海洋污染任务。

海洋救助船 指交通运输部各救助局拥有航速在30节以下的专业海洋救助船。

近海快速救助船 指交通运输部各救助局拥有航速在30节以上的专业近海救助船。

沿海救生艇 指交通运输部各救助局拥有的船长小于16米的专业小型沿海救生艇。

救捞拖轮 指交通运输部各打捞局拥有的拖轮，包括救助拖轮、三用拖轮、平台供应船、港作拖轮等。

救捞工程船 指交通运输部各打捞局拥有起重能力在300吨以下的各类用于海洋工程、抢险打捞等工作的船舶（含起重驳船）。

起重船 指交通运输部各打捞局拥有起重能力在300吨以上的起重船舶。

货船 指交通运输部各打捞局拥有用于货物运输的船舶，包括货船、集装箱船、滚装船、甲板驳、半潜（驳）船、油船等。

附录　交通运输历年主要指标

简要说明

本篇资料列示了 1978 年以来的交通运输主要指标的历史数据，主要包括：公路总里程、公路密度及通达情况、内河航道里程、公路水路客货运输量、沿海内河规模以上港口泊位及吞吐量、交通固定资产投资。

附录 1-1　全国公路总里程（按行政等级分）

单位：公里

年　份	总　计	国　道	省　道	县　道	乡　道	专用公路	村　道
1978	890 236	237 646		586 130		66 460	–
1979	875 794	249 167		311 150	276 183	39 294	–
1980	888 250	249 863		315 097	281 000	42 290	–
1981	897 462	250 966		319 140	285 333	42 023	–
1982	906 963	252 048		321 913	290 622	42 380	–
1983	915 079	254 227		322 556	295 485	42 811	–
1984	926 746	255 173		325 987	302 485	43 101	–
1985	942 395	254 386		331 199	313 620	43 190	–
1986	962 769	255 287		341 347	322 552	43 583	–
1987	982 243	106 078	161 537	329 442	343 348	41 838	–
1988	999 553	106 290	162 662	334 238	353 216	43 147	–
1989	1 014 342	106 799	163 562	338 368	362 444	43 169	–
1990	1 028 348	107 511	166 082	340 801	370 153	43 801	–
1991	1 041 136	107 238	169 352	340 915	379 549	44 082	–
1992	1 056 707	107 542	173 353	344 227	386 858	44 727	–
1993	1 083 476	108 235	174 979	352 308	402 199	45 755	–
1994	1 117 821	108 664	173 601	364 654	425 380	45 522	–
1995	1 157 009	110 539	175 126	366 358	454 379	50 607	–
1996	1 185 789	110 375	178 129	378 212	469 693	49 380	–
1997	1 226 405	112 002	182 559	379 816	500 266	51 762	–
1998	1 278 474	114 786	189 961	383 747	536 813	53 167	–
1999	1 351 691	117 135	192 517	398 045	589 886	54 108	–
2000	1 679 848	118 983	212 450	461 872	800 681	85 861	–
2001	1 698 012	121 587	213 044	463 665	813 699	86 017	–
2002	1 765 222	125 003	216 249	471 239	865 635	87 096	–
2003	1 809 828	127 899	223 425	472 935	898 300	87 269	–
2004	1 870 661	129 815	227 871	479 372	945 180	88 424	–
2005	1 930 543	132 674	233 783	494 276	981 430	88 380	–
2006	3 456 999	133 355	239 580	506 483	987 608	57 986	1 531 987
2007	3 583 715	137 067	255 210	514 432	998 422	57 068	1 621 516
2008	3 730 164	155 294	263 227	512 314	1 011 133	67 213	1 720 981
2009	3 860 823	158 520	266 049	519 492	1 019 550	67 174	1 830 037
2010	4 008 229	164 048	269 834	554 047	1 054 826	67 736	1 897 738
2011	4 106 387	169 389	304 049	533 576	1 065 996	68 965	1 964 411
2012	4 237 508	173 353	312 077	539 519	1 076 651	73 692	2 062 217
2013	4 356 218	176 814	317 850	546 818	1 090 522	76 793	2 147 421
2014	4 463 913	179 178	322 799	552 009	1 105 056	80 338	2 224 533
2015	4 577 296	185 319	329 662	554 331	1 113 173	81 744	2 313 066
2016	4 695 250	353 980	313 180	562 103	1 147 192	68 325	2 250 469
2017	4 773 469	358 389	333 782	550 702	1 157 727	72 038	2 300 831
2018	4 846 532	362 979	372 214	549 678	1 173 813	71 669	2 316 179
2019	5 012 496	366 135	374 812	580 287	1 198 160	71 093	2 422 008

附录 1-2　全国公路总里程（按技术等级分）

单位：公里

年　份	总　计	合　计	等级公路					等外公路
			高速	一级	二级	三级	四级	
1978	890 236	–	–	–	–	–	–	–
1979	875 794	506 444	–	188	11 579	106 167	388 510	369 350
1980	888 250	521 134	–	196	12 587	108 291	400 060	367 116
1981	897 462	536 670	–	203	14 434	111 602	410 431	360 792
1982	906 963	550 294	–	231	15 665	115 249	419 149	356 669
1983	915 079	562 815	–	255	17 167	119 203	426 190	352 264
1984	926 746	580 381	–	328	18 693	124 031	437 329	346 365
1985	942 395	606 443	–	422	21 194	128 541	456 286	335 952
1986	962 769	637 710	–	748	23 762	136 790	476 410	325 059
1987	982 243	668 390	–	1 341	27 999	147 838	491 212	313 853
1988	999 553	697 271	147	1 673	32 949	159 376	503 126	302 282
1989	1 014 342	715 923	271	2 101	38 101	164 345	511 105	298 419
1990	1 028 348	741 104	522	2 617	43 376	169 756	524 833	287 244
1991	1 041 136	764 668	574	2 897	47 729	178 024	535 444	276 468
1992	1 056 707	786 935	652	3 575	54 776	184 990	542 942	269 772
1993	1 083 476	822 133	1 145	4 633	63 316	193 567	559 472	261 343
1994	1 117 821	861 400	1 603	6 334	72 389	200 738	580 336	256 421
1995	1 157 009	910 754	2 141	9 580	84 910	207 282	606 841	246 255
1996	1 185 789	946 418	3 422	11 779	96 990	216 619	617 608	239 371
1997	1 226 405	997 496	4 771	14 637	111 564	230 787	635 737	228 909
1998	1 278 474	1 069 243	8 733	15 277	125 245	257 947	662 041	209 231
1999	1 351 691	1 156 736	11 605	17 716	139 957	269 078	718 380	194 955
2000	1 679 848	1 315 931	16 285	25 219	177 787	305 435	791 206	363 916
2001	1 698 012	1 336 044	19 437	25 214	182 102	308 626	800 665	361 968
2002	1 765 222	1 382 926	25 130	27 468	197 143	315 141	818 044	382 296
2003	1 809 828	1 438 738	29 745	29 903	211 929	324 788	842 373	371 090
2004	1 870 661	1 515 826	34 288	33 522	231 715	335 347	880 954	354 835
2005	1 930 543	1 591 791	41 005	38 381	246 442	344 671	921 293	338 752
2006	3 456 999	2 282 872	45 339	45 289	262 678	354 734	1 574 833	1 174 128
2007	3 583 715	2 535 383	53 913	50 093	276 413	363 922	1 791 042	1 048 332
2008	3 730 164	2 778 521	60 302	54 216	285 226	374 215	2 004 563	951 642
2009	3 860 823	3 056 265	65 055	59 462	300 686	379 023	2 252 038	804 558
2010	4 008 229	3 304 709	74 113	64 430	308 743	387 967	2 469 456	703 520
2011	4 106 387	3 453 590	84 946	68 119	320 536	393 613	2 586 377	652 796
2012	4 237 508	3 609 600	96 200	74 271	331 455	401 865	2 705 809	627 908
2013	4 356 218	3 755 567	104 438	79 491	340 466	407 033	2 824 138	600 652
2014	4 463 913	3 900 834	111 936	85 362	348 351	414 199	2 940 986	563 079
2015	4 577 296	4 046 290	123 523	90 964	360 410	418 237	3 053 157	531 005
2016	4 695 250	4 225 484	129 990	99 165	370 197	424 658	3 201 474	469 766
2017	4 773 469	4 338 560	136 449	105 224	380 481	429 035	3 287 372	434 909
2018	4 846 532	4 465 864	142 593	111 703	393 471	437 060	3 381 036	380 667
2019	5 012 496	4 698 725	149 571	117 061	405 345	446 107	3 580 640	313 771

附录 1-3　全国内河航道里程及构筑物数量

年　份	内河航道里程（公里）		通航河流上永久性构筑物（座）		
		等级航道	碍航闸坝	船闸	升船机
1978	135 952	57 408	4 163	706	35
1979	107 801	57 472	2 796	756	40
1980	108 508	53 899	2 674	760	41
1981	108 665	54 922	2 672	758	41
1982	108 634	55 595	2 699	768	40
1983	108 904	56 177	2 690	769	41
1984	109 273	56 732	3 310	770	44
1985	109 075	57 456	3 323	758	44
1986	109 404	57 491	2 590	744	44
1987	109 829	58 165	3 134	784	44
1988	109 364	57 971	3 136	782	55
1989	109 040	58 131	3 187	825	46
1990	109 192	59 575	3 208	824	45
1991	109 703	60 336	3 193	830	45
1992	109 743	61 430	3 184	798	43
1993	110 174	63 395	3 063	790	44
1994	110 238	63 894	3 177	817	51
1995	110 562	64 323	3 157	816	48
1996	110 844	64 915	3 154	823	50
1997	109 827	64 328	3 045	823	48
1998	110 263	66 682	3 278	872	56
1999	116 504	60 156	1 193	918	59
2000	119 325	61 367	1 192	921	59
2001	121 535	63 692	1 713	906	60
2002	121 557	63 597	1 711	907	60
2003	123 964	60 865	1 813	821	43
2004	123 337	60 842	1 810	821	43
2005	123 263	61 013	1 801	826	42
2006	123 388	61 035	1 803	833	42
2007	123 495	61 197	1 804	835	42
2008	122 763	61 093	1 799	836	42
2009	123 683	61 546	1 809	847	42
2010	124 242	62 290	1 825	860	43
2011	124 612	62 648	1 827	865	44
2012	124 995	63 719	1 826	864	44
2013	125 853	64 900	1 835	864	45
2014	126 280	65 362	1 836	864	45
2015	127 001	66 257	1 839	856	45
2016	127 099	66 409	1 838	859	46
2017	127 019	66 160	1 839	858	46
2018	127 126	66 442	1 841	863	46
2019	127 298	66 749	1 848	858	46

注：等级航道里程数，1973—1998 年为水深 1 米以上航道里程数；自 2004 年始，内河航道里程为内河航道通航里程数。

附录 1-4 公路客、货运输量

年 份	客运量（万人）	旅客周转量（亿人公里）	货运量（万吨）	货物周转量（亿吨公里）
1978	149 229	521.30	151 602	350.27
1979	178 618	603.29	147 935	350.99
1980	222 799	729.50	142 195	342.87
1981	261 559	839.00	134 499	357.76
1982	300 610	963.86	138 634	411.54
1983	336 965	1 105.61	144 051	462.68
1984	390 336	1 336.94	151 835	527.38
1985	476 486	1 724.88	538 062	1 903.00
1986	544 259	1 981.74	620 113	2 117.99
1987	593 682	2 190.43	711 424	2 660.39
1988	650 473	2 528.24	732 315	3 220.39
1989	644 508	2 662.11	733 781	3 374.80
1990	648 085	2 620.32	724 040	3 358.10
1991	682 681	2 871.74	733 907	3 428.00
1992	731 774	3 192.64	780 941	3 755.39
1993	860 719	3 700.70	840 256	4 070.50
1994	953 940	4 220.30	894 914	4 486.30
1995	1 040 810	4 603.10	939 787	4 694.90
1996	1 122 110	4 908.79	983 860	5 011.20
1997	1 204 583	5 541.40	976 536	5 271.50
1998	1 257 332	5 942.81	976 004	5 483.38
1999	1 269 004	6 199.24	990 444	5 724.31
2000	1 347 392	6 657.42	1 038 813	6 129.39
2001	1 402 798	7 207.08	1 056 312	6 330.44
2002	1 475 257	7 805.77	1 116 324	6 782.46
2003	1 464 335	7 695.60	1 159 957	7 099.48
2004	1 624 526	8 748.38	1 244 990	7 840.86
2005	1 697 381	9 292.08	1 341 778	8 693.19
2006	1 860 487	10 130.85	1 466 347	9 754.25
2007	2 050 680	11 506.77	1 639 432	11 354.69
2008	2 682 114	12 476.11	1 916 759	32 868.19
2009	2 779 081	13 511.44	2 127 834	37 188.82
2010	3 052 738	15 020.81	2 448 052	43 389.67
2011	3 286 220	16 760.25	2 820 100	51 374.74
2012	3 557 010	18 467.55	3 188 475	59 534.86
2013	1 853 463	11 250.94	3 076 648	55 738.08
2014	1 736 270	10 977.00	3 113 334	56 847.00
2015	1 619 097	10 742.66	3 150 019	57 955.72
2016	1 542 759	10 228.71	3 341 259	61 080.10
2017	1 456 784	9 765.18	3 686 858	66 771.52
2018	1 367 170	9 279.68	3 956 871	71 249.21
2019	1 301 173	8 857.08	3 435 480	59 636.39

附录 1-5　水路客、货运输量

年　份	客运量（万人）	旅客周转量（亿人公里）	货运量（万吨）	货物周转量（亿吨公里）
1949	1 562	15.17	2 543	63.12
1950	2 377	14.72	2 684	51.31
1951	2 945	21.66	3 860	103.51
1952	3 605	24.50	5 141	145.75
1953	5 324	34.12	7 237	185.64
1954	5 523	34.38	10 163	241.73
1955	5 646	35.20	11 715	303.98
1956	7 177	42.29	13 892	343.63
1957	8 780	46.38	15 806	417.39
1958	9 492	45.75	22 540	522.26
1959	10 626	53.35	34 337	704.10
1960	12 333	61.90	38 630	784.90
1961	15 152	79.49	25 903	554.47
1962	16 397	83.92	18 013	455.97
1963	12 678	58.80	17 659	471.19
1964	11 878	51.32	21 044	555.03
1965	11 369	47.37	24 155	676.44
1966	12 780	64.23	25 067	771.81
1967	13 548	65.96	21 868	686.42
1968	14 038	67.76	19 976	791.69
1969	15 531	74.71	22 804	867.30
1970	15 767	71.01	26 848	939.85
1971	15 638	73.35	30 230	1 285.24
1972	17 297	77.10	32 916	1 523.62
1973	19 270	83.60	35 423	1 965.90
1974	19 647	86.87	35 198	2 180.55
1975	21 015	90.59	38 968	2 827.83
1976	21 298	94.28	39 875	2 490.41
1977	22 452	97.48	43 731	2 787.90
1978	23 042	100.63	47 357	3 801.76
1979	24 360	114.01	47 080	4 586.72
1980	26 439	129.12	46 833	5 076.49
1981	27 584	137.81	45 532	5 176.33
1982	27 987	144.54	48 632	5 505.25
1983	27 214	153.93	49 489	5 820.03
1984	25 974	153.53	51 527	6 569.44
1985	30 863	178.65	63 322	7 729.30

附录 1-5 （续表一）

年　份	客运量（万人）	旅客周转量（亿人公里）	货运量（万吨）	货物周转量（亿吨公里）
1986	34 377	182.06	82 962	8 647.87
1987	38 951	195.92	80 979	9 465.06
1988	35 032	203.92	89 281	10 070.38
1989	31 778	188.27	87 493	11 186.80
1990	27 225	164.91	80 094	11 591.90
1991	26 109	177.20	83 370	12 955.40
1992	26 502	198.35	92 490	13 256.20
1993	27 074	196.45	97 938	13 860.80
1994	26 165	183.50	107 091	15 686.60
1995	23 924	171.80	113 194	17 552.20
1996	22 895	160.57	127 430	17 862.50
1997	22 573	155.70	113 406	19 235.00
1998	20 545	120.27	109 555	19 405.80
1999	19 151	107.28	114 608	21 262.82
2000	19 386	100.54	122 391	23 734.18
2001	18 645	89.88	132 675	25 988.89
2002	18 693	81.78	141 832	27 510.64
2003	17 142	63.10	158 070	28 715.76
2004	19 040	66.25	187 394	41 428.69
2005	20 227	67.77	219 648	49 672.28
2006	22 047	73.58	248 703	55 485.75
2007	22 835	77.78	281 199	64 284.85
2008	20 334	59.18	294 510	50 262.74
2009	22 314	69.38	318 996	57 556.67
2010	22 392	72.27	378 949	68 427.53
2011	24 556	74.53	425 968	75 423.84
2012	25 752	77.48	458 705	81 707.58
2013	23 535	68.33	559 785	79 435.65
2014	26 293	74.34	598 283	92 774.56
2015	27 072	73.08	613 567	91 772.45
2016	27 234	72.33	638 238	97 338.80
2017	28 300	77.66	667 846	98 611.25
2018	27 981	79.57	702 684	99 052.82
2019	27 267	80.22	747 225	103 963.04

附录 2-1　沿海港口泊位及吞吐量

年　份	生产用泊位数（个）		旅客吞吐量（千人）		货物吞吐量（千吨）		集装箱吞吐量（TEU）
		万吨级		离港		外贸	
1978	311	133	5 035	5 035	198 340	59 110	–
1979	313	133	6 850	6 850	212 570	70 730	2 521
1980	330	139	7 480	7 480	217 310	75 220	62 809
1981	325	141	15 970	8 010	219 310	74 970	103 196
1982	328	143	16 290	8 140	237 640	81 490	142 614
1983	336	148	17 560	8 790	249 520	88 530	191 868
1984	330	148	17 990	8 950	275 490	104 190	275 768
1985	373	173	22 220	11 060	311 540	131 450	474 169
1986	686	197	38 660	19 170	379 367	140 487	591 046
1987	759	212	40 409	20 038	406 039	146 970	588 046
1988	893	226	57 498	28 494	455 874	161 288	900 961
1989	905	253	52 890	26 195	490 246	161 688	1 090 249
1990	967	284	46 776	23 288	483 209	166 515	1 312 182
1991	968	296	51 231	24 726	532 203	195 714	1 896 000
1992	1 007	342	62 596	31 134	605 433	221 228	2 401 692
1993	1 057	342	69 047	34 204	678 348	242 869	3 353 252
1994	1 056	359	60 427	27 957	743 700	270 565	4 008 173
1995	1 263	394	65 016	31 324	801 656	309 858	5 515 145
1996	1 282	406	58 706	29 909	851 524	321 425	7 157 709
1997	1 330	449	57 548	29 026	908 217	366 793	9 135 402
1998	1 321	468	60 885	30 746	922 373	341 366	11 413 127
1999	1 392	490	64 014	31 798	1 051 617	388 365	15 595 479
2000	1 455	526	57 929	29 312	1 256 028	523 434	20 610 766
2001	1 443	527	60 532	30 423	1 426 340	599 783	24 700 071
2002	1 473	547	61 363	30 807	1 666 276	710 874	33 821 175
2003	2 238	650	58 593	29 231	2 011 256	877 139	44 548 747
2004	2 438	687	71 398	35 742	2 460 741	1 047 061	56 566 653
2005	3 110	769	72 897	36 524	2 927 774	1 241 655	69 888 051
2006	3 291	883	74 789	37 630	3 421 912	1 458 269	85 633 771
2007	3 453	967	69 415	34 942	3 881 999	1 656 307	104 496 339
2008	4 001	1 076	68 337	34 190	4 295 986	1 782 712	116 094 731
2009	4 516	1 214	76 000	38 186	4 754 806	1 979 215	109 908 156
2010	4 661	1 293	66 886	33 814	5 483 579	2 269 381	131 122 248
2011	4 733	1 366	73 255	37 128	6 162 924	2 523 176	145 955 734
2012	4 811	1 453	71 195	36 179	6 652 454	2 762 213	157 520 053
2013	4 841	1 524	70 160	35 557	7 280 981	3 024 311	169 015 371
2014	4 970	1 614	72 513	36 695	7 695 570	3 208 391	180 835 358
2015	5 132	1 723	73 072	36 940	7 845 778	3 253 260	188 079 698
2016	5 152	1 793	73 377	37 078	8 109 327	3 390 264	194 807 332
2017	5 324	1 892	77 285	39 414	8 654 635	3 588 172	209 925 494
2018	5 302	1 942	88 033	44 705	9 223 918	3 721 286	221 182 139
2019	5 562	2 076	82 058	41 178	9 187 738	3 855 254	230 921 240

注：1. 旅客吞吐量一栏 1980 年及以前年份为离港旅客人数。
2. 2008 年规模以上港口口径调整。
3. 从 2019 年起，港口统计范围由规模以上港口调整为全国所有获得港口经营许可的业户。

附录 2-2　内河港口泊位及吞吐量

年　份	生产用泊位数（个）		旅客吞吐量（千人）		货物吞吐量（千吨）		集装箱吞吐量（TEU）
		万吨级		离港		外贸	
1978	424	–	–	–	81 720	–	–
1979	432	–	–	–	85 730	–	–
1980	462	–	–	–	89 550	–	–
1981	449	4	–	–	87 860	834	–
1982	456	4	–	–	96 000	1 286	–
1983	482	6	–	–	106 580	1 802	6 336
1984	464	7	–	–	109 550	2 781	14 319
1985	471	16	–	–	114 410	5 913	28 954
1986	1 436	20	44 380	22 130	165 920	6 483	39 534
1987	2 209	20	41 943	21 518	236 203	8 616	42 534
1988	1 880	25	73 642	36 210	238 466	8 498	63 943
1989	2 984	23	59 659	29 773	249 041	8 792	86 605
1990	3 690	28	48 308	23 631	232 888	9 363	115 044
1991	3 439	28	49 899	24 552	246 196	10 893	153 000
1992	3 311	30	58 367	28 291	273 064	13 695	193 754
1993	3 411	39	51 723	26 439	277 437	18 104	280 373
1994	4 551	42	43 415	23 447	295 172	15 596	359 726
1995	4 924	44	38 874	20 124	313 986	19 336	574 828
1996	5 142	44	63 210	33 649	422 711	22 484	555 807
1997	7 403	47	40 235	20 373	401 406	28 702	701 700
1998	8 493	47	45 765	22 804	388 165	28 993	1 023 558
1999	7 826	52	34 280	16 346	398 570	37 547	1 884 731
2000	6 184	55	27 600	13 538	444 516	43 968	2 021 689
2001	6 982	57	26 470	12 669	490 019	50 861	1 986 468
2002	6 593	62	23 364	11 800	567 008	59 530	2 361 163
2003	5 759	121	17 926	9 191	662 243	72 650	2 810 798
2004	6 792	150	16 369	8 557	864 139	84 577	3 625 749
2005	6 833	186	13 224	6 602	1 014 183	100 630	4 542 438
2006	6 880	225	11 056	5 568	1 175 102	120 597	6 356 928
2007	7 951	250	10 169	5 470	1 382 084	140 086	8 086 212
2008	8 772	259	8 794	4 625	1 594 806	142 882	9 641 322
2009	13 935	293	25 479	12 979	2 216 785	182 965	12 170 563
2010	14 065	318	21 539	11 014	2 618 223	210 246	14 586 422
2011	14 170	340	18 804	9 537	2 955 216	239 667	17 251 325
2012	14 014	369	17 140	8 712	3 122 277	268 314	19 373 065
2013	13 904	394	15 180	7 707	3 367 926	299 606	20 404 144
2014	13 894	406	13 097	6 648	3 492 457	320 909	20 479 620
2015	13 532	414	11 571	5 775	3 618 038	360 464	22 221 879
2016	12 923	423	10 568	5 115	3 779 388	395 580	23 842 862
2017	11 456	418	10 262	4 968	4 017 096	434 818	27 015 957
2018	10 521	437	10 701	5 250	4 121 073	441 654	28 642 125
2019	17 331	444	5 072	2 558	4 763 094	465 440	30 150 756

注：1. 旅客吞吐量一栏 1980 年及以前年份为离港旅客人数。
2. 2008 年规模以上港口口径调整。
3. 从 2019 年起，港口统计范围由规模以上港口调整为全国所有获得港口经营许可的业户。

附录 3-1　交通固定资产投资（按使用方向分）

单位：亿元

年　份	合　计	公路建设	内河建设	沿海建设	其他建设
1978	24.85	5.76	0.69	4.31	14.09
1979	25.50	6.04	0.72	4.39	14.34
1980	24.39	5.19	0.70	6.11	12.38
1981	19.82	2.94	0.84	5.80	10.25
1982	25.74	3.67	0.76	9.41	11.91
1983	29.98	4.05	1.37	12.37	12.19
1984	52.42	16.36	1.95	16.17	17.94
1985	69.64	22.77	1.58	18.26	27.03
1986	106.46	42.45	3.68	22.81	37.51
1987	122.71	55.26	3.38	27.42	36.66
1988	138.57	74.05	5.07	23.12	36.33
1989	156.05	83.81	5.32	27.32	39.60
1990	180.53	89.19	7.13	32.05	52.17
1991	215.64	121.41	6.68	33.77	53.77
1992	360.24	236.34	9.39	43.83	70.68
1993	604.64	439.69	14.47	57.55	92.92
1994	791.43	584.66	22.51	63.06	121.20
1995	1 124.78	871.20	23.85	69.41	160.32
1996	1 287.25	1 044.41	29.35	80.33	133.16
1997	1 530.43	1 256.09	40.54	90.59	143.21
1998	2 460.41	2 168.23	53.93	89.80	148.45
1999	2 460.52	2 189.49	53.34	89.44	128.26
2000	2 571.73	2 315.82	54.46	81.62	119.83
2001	2 967.94	2 670.37	50.50	125.19	121.88
2002	3 491.47	3 211.73	39.95	138.43	101.36
2003	4 136.16	3 714.91	53.79	240.56	126.90
2004	5 314.07	4 702.28	71.39	336.42	203.98
2005	6 445.04	5 484.97	112.53	576.24	271.30
2006	7 383.82	6 231.05	161.22	707.97	283.58
2007	7 776.82	6 489.91	166.37	720.11	400.44
2008	8 335.42	6 880.64	193.85	793.49	467.44
2009	11 142.80	9 668.75	301.57	758.32	414.16
2010	13 212.78	11 482.28	334.53	836.87	559.10
2011	14 464.21	12 596.36	397.89	1 006.99	462.97
2012	14 512.49	12 713.95	489.68	1 004.14	304.71
2013	15 533.22	13 692.20	545.97	982.49	312.56
2014	17 171.51	15 460.94	508.12	951.86	250.59
2015	18 421.00	16 513.30	546.54	910.63	450.52
2016	19 887.63	17 975.81	552.15	865.23	494.45
2017	23 141.16	21 253.33	669.49	569.39	648.96
2018	23 350.15	21 335.18	627.90	563.40	823.67
2019	23 452.33	21 895.04	523.81	613.64	419.85